지구 생명 공동체의 회복을 위한

어느 과학자의
생명이야기

| 박재환 지음 |

쿰란출판사

| 여는 시 |

생 명

이명동(의선교회 목사, 시인)

백과사전은 '잡초'를
'가꾸지 않아도 저절로 나서 자라는
불필요한 식물'이라 정의합니다
저절로 나서 자라주는 고마운 식물이
왜 불필요한 잡초인지 알 수 없습니다
이는 너무 무례한 정의입니다
민둥산에 가장 먼저 생겨나는 것이 잡초입니다
그 잡초가 흙을 부드럽게 하고 나면
비로소 화초들과 나무들이 생겨납니다
잡초에도 생명이 있는 것이 아니라 잡초는 생명입니다
하나님은 잡초에게 강한 생명을 주셨습니다
그래서 민둥산에서 가장 먼저 생명 운동을 시작하는 것입니다
인간은 너무 쉽게 생명 있는 것을
필요 불필요로 확정하는 버릇이 있습니다
한 젊은 조경사가 서울을 떠나 전주 산골마을로 간 것은
어느 날,

어느 **과학자**의
생명 이야기

철쭉을 상품가치로만 분류하고 있는 자신을 발견한 까닭입니다
익숙하게 상중하로 분류하고
필요한 것과 불필요한 것을 구분해내던 자신을 본 것입니다
그가 익숙한 손놀림을 멈춘 것은
철쭉이 상품이 아닌 생명으로 느껴졌기 때문입니다
사람을 상중하로 분류하는
못된 버릇도 멈추지 않는 사람들이 많은데
그는 꽃나무 분류를 멈추고 산골마을로 내려가서 고요합니다
그는 아름답기 때문에 생명이 있는 것이 아니라
생명이 있기 때문에 아름답다는 것을 알게 된 것입니다

| 차례 |

여는 시_ 생명(이명동) · 2

I부_ 아름답게 창조된 생명

1. 우주와 생명 시스템 · 8
   (1) 우주와 지구 · 8
   (2) 지구 생명 시스템 · 27

2. 피조물에 나타난 질서와 아름다움 · 39
   (1) 소의 매력 · 39
   (2) 오이가 여물어 가는 경이로움 · 44
   (3) 물고기의 특별한 구조 · 52
   (4) 채소와 과일에 숨어 있는 질서 · 57
   (5) 인체 시스템 · 63
   (6) 자연은 자연스럽다 · 81

II부_ 황폐화된 생명 공동체

3. 인간의 욕심과 생명 공동체의 붕괴 · 88
   (1) 지구 생명 시스템의 파괴 · 89
   (2) 피조물의 고통 · 101
   (3) 자원 고갈 · 104

4. 현대 사회의 어두운 그늘 · 108
   (1) 신자유주의의 폐해 · 109
   (2) 자유 무역 체제의 문제점 · 116
   (3) 인터넷과 정보 통신 기술의 어두운 그림자 · 125
   (4) 민주주의는 가장 선한 해결책인가? · 136

| 차례 |

III부_ 생명 살리기

5. 생명력 있는 삶 · 148

　(1) 영적 거듭남 · 149

　(2) 하나님 안에서 누리는 풍성한 생명 · 167

　(3) 영적 계산법 · 184

　(4) 삶의 목적 재정립 · 201

6. 지구 생명 공동체의 청지기 · 231

　(1) 사람을 돌아봄 · 232

　(2) 생명체를 돌아봄 · 255

　(3) 지구 생명 공동체 살리기 · 278

맺음말 · 290

1부

아름답게 창조된 생명

1

우주와 생명 시스템

(1) 우주와 지구

 우주의 광대함

"태초에 하나님이 천지를 창조하시니라 땅이 혼돈하고 공허하며 흑암이 깊음 위에 있고 하나님의 영은 수면 위에 운행하시니라 하나님이 이르시되 빛이 있으라 하시니 빛이 있었고 그 빛이 하나님이 보시기에 좋았더라 하나님이 빛과 어두움을 나누사 빛을 낮이라 부르시고 어둠을 밤이라 부르시니라 저녁이 되고 아침이 되니 이는 첫째 날이니라"(창 1:1~5).

몇 년 전 서울에서 해남 땅끝마을로 내려가면서 우리나라의 국토가 참 넓다는 생각을 한 적이 있었다. 하루 종일 산과 들, 논과 밭, 강과 바다의 풍경이 펼쳐졌다. 샌프란시스코에서 그랜드캐니언까지 버스로 이동하면 며칠에 걸쳐 끝없이 펼쳐진 사막 지대를 지나게 되는데, 미국 대륙의 넓이가 얼마나 넓은지 실감하게 된다.

그러면 지구의 크기는 과연 얼마만 할까? 지구 둘레는 대략 4만 km에 달하고, 지구 반지름은 6,400km에 달한다. 에베레스트 산이 높다고 하지만 지구 반지름에 비하면 1/700 정도의 수준이다. 지구를 사과에 비교할 때 에베레스트 산의 높이는 사과를 감싼 주방용 랩의 두께 정도이다. 지상에서는 매우 높은 산으로 보이지만 지구 전체 스케일에서 보면 돌출된 부분이 거의 느껴지지 않을 정도의 높이에 불과한 것이다.

또한 지구의 무게는 6,000,000,000,000,000,000,000,000(6×10^{24})kg에 달한다. 우리나라 4,000만 인구 전체의 몸무게를 합하면 약 20억 kg이 되는데 지구의 무게는 이것의 3,000조 배에 달하는 어마어마한 수준이다.

한편 태양의 크기는 얼마가 될까? 그 크기는 지구의 약 100배에 달하며, 무게는 30만 배 더 무겁다. 태양의 둘레는 약 440만km로 시속 60km로 달린다면 7만 3,000시간(8년)이 걸린다. 그러나 이렇게 거대한 태양도 우주에 있는 더 큰 별들에 비하면 매우 작은 편에 속한다.

우리 은하계에서 큰개자리에 위치한 거대 항성 VY 카니스 마조리스(Canis Majoris)의 경우 태양 크기의 2,000배, 밝기는 50만 배 더 밝은 것으로 알려져 있다. 만약 비행기를 타고 이 별의 둘레를 한

바퀴 돌려면 1,000년 이상 소요된다. 지구에서부터 이 별까지의 거리는 5,000광년 정도인데, 시속 1,000km의 여객기를 타고 이동한다면 100만 년이 소요된다. 한편 지구에서 태양까지의 거리는 1억 5,000만km이며 빛이 이동하는데 8분 19초가 소요된다(0.000016광년).

지구가 속해 있는 우리 은하(은하수)의 길이는 10만 광년이며 우리 은하에 속한 별은 대략 2,000억 개 정도로 추산하고 있다. 우리 은하 외에 우주에 존재하는 은하계의 수는 수천억 개 이상일 것으로 추정한다. 따라서 이러한 광대한 우주 안에 있는 별의 숫자는 지구에 있는 모래알의 개수보다도 많을 것이며, 그 질량과 에너지의 무궁함은 상상조차 할 수 없다.

●●● 하나님의 지혜와 능력은 무궁하시며, 하나님께서 창조하신 우주는 지극히 광대하여 그 크기와 넓이는 감히 상상조차 할 수 없다.

하나님께서는 온 우주의 주인이시다.

하나님의 능력과 지혜는 한량없으시며 그 지으신 우주는 광대하기가 이를 데 없다. 온 우주는 하나님의 보좌이며, 땅은 그의 발등상과 같다. 우주에 존재하는 모든 것들의 창조주 되시고, 주관자 되시고, 궁극적으로 심판자 되시는 분은 오직 하나님이시다. 인간이 만든 심오한 건축물, 깊은 지식, 귀한 보물들은 하나님 앞에서 어떤 가치도 지니지 못한다. 그러므로 나의 물건, 나의 돈, 나의 지혜를 통해서는 하나님께 의미 있는 그 어떤 것도 드릴 수가 없다. 하나님께서 귀하게 여기시는 것은 하나님 앞에서 가난하고 겸손한 마음, 통회하는 마음이다.

"여호와께서 이와 같이 말씀하시되 하늘은 나의 보좌요 땅은 나의 발판이니 너희가 나를 위하여 무슨 집을 지으랴 내가 안식할 처소가 어디랴 나 여호와가 말하노라 내 손이 이 모든 것을 지었으므로 그들이 생겼느니라 무릇 마음이 가난하고 심령에 통회하며 내 말을 듣고 떠는 자 그 사람은 내가 돌보려니와 소를 잡아 드리는 것은 살인함과 다름이 없이 하고 어린 양으로 제사드리는 것은 개의 목을 꺾음과 다름이 없이 하며 드리는 예물은 돼지의 피와 다름이 없이 하고 분향하는 것은 우상을 찬송함과 다름이 없이 행하는 그들은 자기의 길을 택하며 그들의 마음은 가증한 것을 기뻐한즉"(사 66:1~3).

우주의 질서

우주는 팽창하고 있다. 천문학자 허블의 발견에 의하면, 외부 은하 사이의 팽창 속도는 은하 사이의 거리에 비례하는 속도로 서로 멀어지고 있는데 그 비율은 허블 상수로서 H=70km/s/Mpc(1Mpc=326만 광년)가 된다. 즉 300만 광년 떨어져 있는 두 은하단은 초당 70km의 속도로 서로 멀어지고 있다는 것이다. 현재 팽창하고 있는 우주의 속도를 역산하면 최초 하나의 지점에 모든 별들이 모여 있다고 가정할 수 있고, 이것을 우주의 나이라고 추산하기도 하는데 대략 150억 년으로 계산된다.

빅뱅 이론은 150억 년 전 우주는 하나의 점에서 대폭발을 일으켜 현재의 우주에 이르기까지 팽창하고 있다는 것이 주된 내용이다. 그런데 여기에서 몇 가지 의문점이 제기된다.

- 우주 팽창의 초기 조건을 모른다

동적 시스템의 해석에서 가장 중요한 것은 초기 조건(initial condition)을 파악하는 것이다. 초기 조건이란 시스템의 동작이 시작되는 시점에서 여러 가지 변수의 값이 무엇이었는가 하는 것이다. 우주 빅뱅 이론, 탄소 연대 측정법 등에서의 문제점은 초기 조건을 모른 채 우주와 지구는 과거로부터 현재까지 동일한 움직임을 하고 있다는 가정과, 초기값이 제로였다는 근거 없는 가정을 하는 데 있다.

허블의 우주 팽창론을 통한 우주의 나이 계산에서도 우주는 하나의 점에서 초기 속도 0으로부터 출발했다는 가정을 하고 있다. 어떤 팽창 속도를 가진 상태의 우주로서 창조되었을 가능성을 배제하는 이론인 것이다. 예컨대 골프 경기에서 연장 결승전으로 오후 2시에 '추가 3홀 경기'가 시작되었다고 하자. 오후 3시에 마지막 세 번째 홀 경기에 도착한 관중은 이 경기가 18홀 매치라고 여기고 "이 경기는 오전 10시에 시작되었다"라고 생각할 수 있는데, 이는 초기 조건을 몰랐던 탓이다.

- **최초 질량의 출처를 모른다**

빅뱅 이론 자체가 초기 조건을 무시한 채 제기된 이론이므로 타당성 자체가 빈약하다. 그러나 빅뱅 이론을 받아들인다 해도 중대한 추가적 문제가 제기된다. "빅뱅을 일으키기 위해 최초 한 지점에 모여 있었던 질량은 도대체 어디서 온 것인가?"

빅뱅 이론에 따르면 태양, 지구, 달 등 모든 우주의 개체들은 하나의 점에 모여 있었던 질량체(양자론적 관점에서는 에너지)에서 시작되었다는 것이다. 내 몸을 구성하는 65kg의 질량, 내가 들고 다니는 휴대전화 100g의 무게도 빅뱅을 일으킨 최초 덩어리 속에 있었다는 말이 된다. 지금 이 순간 나의 몸무게를 구성하는 65kg의 질량은 빅뱅 이전에는 어디에서부터 생겼단 말인가? 인간의 과학은 이 점을 설명하지 못한다.

모든 피조물은 반드시 그것을 생성시킨 주체가 있다. 내가 들고 다니는 스마트폰이 존재하기 위해서는 부품을 만든 사람, 부품을 케이스에 조립한 사람이 틀림없이 존재한다. 산과 들에 굴러다니는 돌멩이는 창조한 사람이 없는 것일까? 예컨대 길을 걷다가 무게 1kg의 돌멩이 하나가 내 발에 채였다고 하자. 이 1kg의 질량은 절대로 저절로 생성되지 않는다. 빅뱅이 실제 이루어졌다면 그 시점에도 존재하였던 질량이었다. 심지어 3차원적 공간도 저절로 생성될 수 없다.

현재 우주 안에 존재하고 있는 질량, 에너지, 공간, 시간은 저절로 만들어진 것이 아니며 창조자가 존재하는 것이다. 내가 65kg의 질량을 가진 인간으로 현재 우주 안에 존재하고 있는 것 자체가 전율을 일으킬 정도로 놀랄 일이다. 내 몸 자체가 하나님의 천지 창조의 명확한 결과물이다. 내가 살아 숨쉬고 있으며, 음식을 섭취하고 걸어다니며, '나는 어디서 왔는가?'라는 고민을 하는 것 자체가 '이 세상을 창조한 조물주'가 계심을 시사하고 있는 것이다.

성서적 연대기에 의하면 우주와 지구의 역사는 수십억 년이 아닌 6,000년 전후로 파악되고 있으며, 이러한 연대기를 뒷받침하는 물리학, 생물학, 천문학, 지질학적 발견이 계속 이루어지고 있다.[1]

세상의 과학과 성경의 과학

어떤 사람들은 성경이 '비과학적'이라고 말한다. 예컨대 천지 창조에 관한 성경의 설명이 과학적이지 못하고 추상적으로 묘사되었다고 한다. 또한 성경에 나타난 여러 가지 기적들(노아의 홍수, 태양이 멈추어짐, 물 위를 걸으심 등)에 관한 성경의 설명이 과

---

[1] 한국창조과학회 홈페이지(http://www.kacr.or.kr)를 통해 창조 과학과 관련된 각종 자료를 열람할 수 있다.

학적 근거를 제시하지 못한다고 한다. 그러나 피조물인 인간의 지식은 제한적이다. 우리는 태초의 순간, t=0 또는 t<0의 시간에 무슨 일이 있었는지 알지 못한다. 아인슈타인이 우주의 질서를 연구하여 노벨상을 받았으나 그 역시 자신의 의사와 무관하게 이 세상에 태어났고 병약한 모습으로 세상을 떠난 하나의 피조물에 불과하였다. 천지창조와 생명체의 오묘함에 비하여 인간의 과학체계는 턱없이 부족해 보인다.

하나님께서 그의 지혜와 능력을 따라 천지 창조의 과정을 설명하신다면 어떤 사람도 그것을 이해할 수 없을 것이다. "태초에 하나님이 천지를 창조하시니라"는 표현은 '인간의 수준에서 이해할 수 있는 최고 수준의 과학적 표현'일 수 있다.

한편 우주의 별들이 운행하고 사물이 운동하게 하는 힘은 무엇일까? 우주를 움직이는 힘은 크게 4가지로 알려져 있다. 이 중에 강력과 약력은 입자 레벨의 미시적 세계에서 존재하는 힘이며 거시적으로 우리 생활 주변에서 관찰할 수 있는 힘은 전자기력과 중력이다.

<우주의 운행과 관련된 4가지 힘>

종류	작용 입자	교환 입자	작용 범위	크기	사례 안정된 계	사례 전형적 작용
강력	쿼크, 글루온	글루온(gluon)	10^{-15}m	1	중입자, 핵	핵작용
전자기력	전하를 띤 입자	광자(photon)	무한대	1/137	원자	인력, 척력
약력	광자를 제외한 모든 입자	W, Z 입자	10^{-18}m	$\sim 10^{-6}$	없음	베타 붕괴
중력	모든 입자	중력자(graviton)	무한대	$\sim 10^{-38}$	태양계	자유 낙하

1. 우주와 생명 시스템

이러한 4가지 힘 중에서 거시적으로 가장 손쉽게 경험할 수 있는 중력에 대해 살펴보자. 사과나무에서 사과가 자유 낙하하는 것을 볼 때 중력이 분명히 존재한다는 것을 쉽게 알 수 있다. 내 몸이 지구에 붙어 있게 하고, 지구가 태양 주변을 공전하게 하는 힘의 근원이 중력이다. 그런데 이러한 중력의 근원이 무엇인지 현대 과학은 아직 정확히 알아내지 못하고 있다.

인력은 전기적으로 중성인 물체 사이에도 존재하며 질량을 가진 모든 물체 사이에 존재하는 힘이다. 뉴턴은 관찰을 통해 만유인력의 법칙을 '발견'하였으나, 인력이 발생하는 이유를 '설명'하지 못하였다. 현대 물리학에서 가장 비중 있게 받아들여지고 있는 이론은 중력자(graviton)에 의해 중력이 발생한다는 것이다. 전기적으로 중성이고 질량이 동일한 2개의 쇠구슬이 있다고 하자. 이 쇠구슬은 중력자라고 하는 입자를 상호 교환함으로써 두 쇠구슬 사이에 인력이 발생한다는 것이다.

이러한 중력자의 교환은 진공에서도 이루어지며 철판 등 어떤 물체가 가로막아도 이루어진다고 한다. 중력자는 질량도 없고, 색깔도 없고, 전하도 띠지 않는 입자라고 주장되고 있으나, 아직 실험적으로 중력자의 존재가 확인되지 않아 가설 단계이다. 한편 최근에는 엔트로피 증가의 관점에서 중력의 근원을 해석하는 새로운 이론도 등장하고 있다.[2]

---

[2] Tom Siegfried, "A new view of gravity: entropy and information may be crucial concepts for explaining roots of familiar force", Vol.178, *Science News*(2010).

중력에 대한 연구의 변화

	주요 내용	비고
뉴턴 '만유인력의 법칙'	만물은 크기에 따라 서로 끌어당기는 힘이 다르며 모든 힘은 서로 평형을 이룬다.	지구상에서만 정확히 적용되며 우주 공간이나 원자 이하의 소물질에는 맞지 않음.
아인슈타인 '상대성 이론'	빛의 속도처럼 빠른 상황에서는 뉴턴의 법칙이 맞지 않으며, 이를 해결하기 위해서는 새로운 수식이 필요하다.	거시 우주 상황에서는 대부분 적용되지 않음.
현대 물리학의 정설	중력은 물질 자체에 들어 있는 '중력자'라는 입자에 의해 발생한다.	중력자의 존재 자체가 불확실함.
에릭 페를린더 교수 '새 중력 이론'	중력은 물질 내에 있는 입자의 힘이 아니라 상호 간의 무질서를 감소하기 위해 발생한다.	

●●● 중력이 발생하는 원인을 설명하는 여러 가지 이론들. 현대 과학은 사과나무에서 사과가 떨어지는 이유를 아직 정확하게 설명하지 못하고 있다.

    인간의 과학은 사과나무에서 사과가 지상으로 떨어지게 하는 힘의 근원이 무엇인지조차 확실하게 제시하지 못하고 있다. 사과 열매와 지구가 중력자라고 하는 입자를 서로 주고받으면서 서로 당기는 힘을 갖게 되었다는 주장을 믿어야 하는 군색한 처지에 놓여 있다. 인류가 발견한 물리학, 생물학, 천문학, 의학의 지식이라는 것은 하나님께서 우주를 창조하시고 운행하시는 지혜에는 비교할 수 없을 정도로 미약하다. 마치 바닷가에서 신기하게 파도를 바라보고 있는 한 살배기 아기의 모습과 비슷하다는 생각이 든다.

태양

태양은 수소 핵융합 반응에 의해 매 순간 엄청난 에너지를 생성하고 있다. 수소 핵융합 반응은 2개의 수소(원자량 4.03)가 모여 하나의 헬륨(원자량 4.00)으로 바뀌는 과정이다. 2개의 수소 원자량에 비해 1개의 헬륨 원자량이 0.03만큼 감소하며, 질량 기준으로는 5×10^{-26}g이 줄어들게 된다. 이와 같이 줄어든 질량은 아인슈타인의 특수 상대성 이론인 $E=mc^2$ 관계식에 의해 에너지로 전환된다(줄어든 질량에 빛의 속도의 제곱 값을 곱한 만큼의 에너지가 생성됨). 이 결과 태양은 엄청난 에너지를 열과 빛으로 발산하게 된다.

태양의 표면 온도는 약 6,000℃에 달한다. 지구상에서 가장 뜨거운 온도는 어느 정도일까? 용광로의 온도는 약 1,600℃, 산소 용접기의 온도는 약 3,000℃ 정도이다. 6,000℃의 온도는 사람이 일상생활에서 관찰할 수 없는 극고온이다.

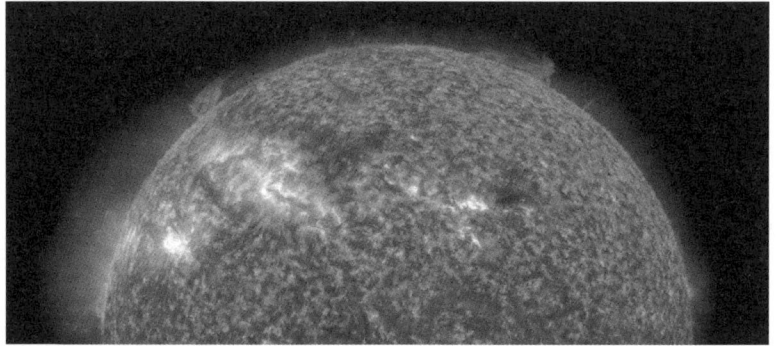

●●● 우주에 존재하는 모든 별들의 에너지 생성 과정은 핵융합 반응이다. 태양이 1초에 발산하는 에너지는 지구상의 모든 인류가 200만 년간 사용할 수 있는 엄청난 양이다 (그림: NASA Goddard photo).

한편 태양의 내부는 1,600만℃ 정도로, 수소 핵융합 반응이 일어나는 임계 조건을 만족하고 있다. 현재 태양을 구성하고 있는 총질량의 10%가 수소 핵융합 반응에 쓰인다고 가정하면 향후 태양에서 생성될 수 있는 총에너지는 약 1.2×10^{44} J 정도다. 태양이 현재와 같은 비율로 에너지를 방출한다면 태양이라는 거대한 핵융합 원자로의 수명은 약 50억~100억 년 정도가 될 것으로 예상된다.

태양이 발산하는 에너지는 실로 상상을 초월한다. 매초 수소 핵융합 폭탄이 1조 개 터지는 것과 같은 정도의 에너지 양에 해당한다. 태양이 1초 동안에 우주 공간에 방출하는 에너지의 양은 9×10^{22}Kcal이며, 이는 인류가 200만 년 이상 사용할 수 있는 에너지 양에 해당한다(태양은 0.0001초 만에 인류가 유사 이래 사용한 모든 에너지 양에 해당하는 정도의 에너지를 일시에 방출한다).

태양과 지구의 거리는 1억 5,000만km로서, 지구에 도달할 무렵 태양 에너지는 크게 감소하게 되는데, 대략 태양 표면에서 발산한 에너지의 20억분의 1 정도가 지구에 도달한다. 지표상에 도달하는 태양 에너지를 1시간 동안 모으면 세계 연간 에너지 소모량에 해당할 정도로 방대하다. 지표상에 도달하는 태양 에너지의 크기를 전기 에너지로 환산하면 1m² 당 약 1kw이다. 즉 가로, 세로 1m인 면적당 전기난로 1대를 켜 놓은 것과 같은 정도로 큰 값이다.

여름 바닷가에서 태양 광선에 1시간 정도만 노출되어도 피부가 빨갛게 타는 것은 엄청난 태양 에너지를 실감하게 해준다. 만약 부산에 아무리 거대한 난로를 켜 놓는다 해도 서울에 있는 나의 피부에는 약간의 온기조차 전달되지 않는다. 동경에서 핵폭탄을 터트려도 서울에는 어떤 온기도 전달되지 않는다. 그러나 1억 5,000만km 밖에 켜져 있는 태양은 지구에 있는 우리의 피부를 빨갛게 타게 할 정도로 강력하다.

다음 절에서 다루겠지만, 지구 생명 시스템을 구동하는 에너지의 원천은 태양광이다. 태양광을 화학 에너지로 변환시킬 수 있는 능력은 식물만이 보유하고 있으며, 동물은 식물이 만든 화학 에너지를 전달받아 생존하게 된다. 인간이 만든 동력 기기는 전기, 석유 등의 직접적인 에너지를 사용하는 것에 비해, 하나님께서 창조하신 지구 생명 시스템은 무선(wireless) 방식에 의해 에너지를 조달한다. 즉 태양광에 실린 에너지가 진공의 우주 공간을 경유하여 지구 표면에 도달된다. 이러한 획기적인 에너지 전달 시스템으로 인하여 태양과 지구 사이에 송전선로나 송유관 등이 필요 없다.

지구

지구는 태양으로부터의 거리가 3번째이고, 크기가 5번째인 태양계의 행성으로, 인간을 비롯하여 다양한 생물들이 생존하고 있다. 지구의 질량은 지표상에서의 중력, 다른 별과의 궤도 등을 분석하여 비교적 정확하게 계산할 수 있는데 그 크기는 6×10^{24}kg이다. 지구의 모양은 자전축을 중심으로 옆구리가 약간 튀어나온 타원으로, 적도 반지름이 약 6,378km이고 극(極) 반지름은 약 6,357km이다. 반지름의 최대 차이는 약 20km에 불과해 99.7%의 편평도(偏平度)를 나타내므로 거의 원에 가깝다고 볼 수 있다.

지구는 중심으로부터 암권(岩圈), 수권(水圈), 기권(氣圈)으로 구성된다.

암권은 암석과 금속 성분으로 이루어진 부분으로 지구의 주된 부분을 차지하는데 핵(核), 맨틀, 지각 등으로 나뉜다. 지구의 가장 중심부를 구성하고 있는 핵과 맨틀의 온도는 3,000~5,000℃ 정도로 매우 뜨겁다. 지각은 생명체가 기대어 사는 부분으로, 그 두께는 30km 정도로 지구 전체의 깊이에 비해 매우 얇다(지각의 두께는 지구 반경의 1/1,000 정도임). 핵은 고온으로 인해 일부 조직은 액체 상태인 것으로 추정되며, 맨틀은 고체 상태이다. 맨틀의 온도도 수천 도에 달할 정도로 고온으로, 대부분의 암석이 액체로 녹아버리는 온도이다. 그런데 맨틀 내부의 압력이 수만에서 수백만 기압 정도로 매우 높기 때문에 액체가 아닌 고체 상태를 유지할 수 있게 된다. 지각 변동으로 인해 부분적으로 맨틀과 지각의 압력이 갑작스럽게 낮아지면 고체 부분이 액화되면서 용암으로 분출된다. 그러므로 지각 부분은 부분적으로 상당히 불안정한 상태가 되는데 이것이 지진과 화산활동의 원인이다.

수권(水圈)은 바다, 강, 호수 등 물(H_2O)로 구성되는 부분이다. 지하수도 수권에 포함되므로 지표 가까이에서는 암권과 수권이 섞여 있는 셈이다. 지구에 존재하는 물의 양은 어느 정도일까? 지구의 면적 중에서 바다가 차지하는 비율은 71% 정도이며, 수권 전체에 분포하는 물의 98%가 바다에 존재한다. 바다에 있는 물은 태양열에 의해 증발하여 공중으로 올라갔다가, 빗물이 되어 하천과 호수 등 다양한 형태의 물로 이동하게 된다. 수증기 및 빗물 형태로 이동하고 있는 물은 바다에 존재하는 물의 10만분의 1 정도이다. 이러한 미미한 양의 물이 거대한 강과 호수를 채우고, 때로는 엄청난 물난리를 일으키기도 한다. 이런 정도로 지구에는 물이 많다.

수증기나 비를 통해 이동하는 물은 식물 생명체의 광합성에 결정적인 역할을 한다. 지구에 존재하는 물의 양은 13억km^3 정도의 엄청난 규모로, 지구의 모든 물을 지구의 표면적에 고르게 펼친다고 하면 그 높이는 2,600m가 된다(노아의 홍수에 대한 지질학적 해석 중의 하나로 심해저 융기론이 있다. 대양의 평균 수심은 대륙의 평균 고도에 비해 훨씬 크기 때문에 태평양의 해저가 지구 반경의 1/1000 정도만 솟아나면 지구 대부분의 지역이 다 물에 잠기게 된다). 물은 식물의 광합성과 동물의 생리 작용에 결정적인 역할을 하게 되지만, 흡수와 배출이 밸런스를 이루고 있어 창조로부터 지구상에 존재하는 물의 총량은 불변한다.

기권(氣圈)은 지표면 바깥쪽에 대기로 구성된 부분이다. 대기는 지표에서 약 500km 높이까지 넓게 퍼져 있으며, 75% 이상의 공기가 대류권(10km) 안에 모여 있다. 대류권을 벗어나면 기압이 0.3 기압 이하로 떨어져서 인체 생리 작용이 정상적으로 이루어지지 못하게 되는데, 폐와 뇌에서 물이 빠져 나오고 혈액 순환 장애가 발생하여 인간이 사망에 이르게 된다. 사람이 느끼기에는 온 세상에 공기가 가득한 것 같지만 사실 공기가 존재하는 부분은 지구 반지름의 0.1% 정도의 높이에 국한되어 분포하고 있다(지구를 사과에 비교한다면 대기가 존재하는 부분은 사과 껍질보다 더 얇다).

대기 압력은 지표에서 1기압(1,013mb)이며 에베레스트 산(8,800m) 정상에서는 0.34 기압 정도가 되어, 걷기만 해도 지상에서 전력 질주한 것처럼 숨이 가쁘다. 8,000m 이상의 고산에서는 물이 70℃에서 끓게 되므로 고산을 등반할 때는 압력밥솥을 휴대하여야 밥을 지어 먹을 수 있다. 지구 대기의 구성은 질소(N_2) 78%, 산소(O_2) 21%, 아르곤(Ar) 1%, 이산화탄소 (CO_2) 0.03% 등으로 구성되어 있다. 이 중에서 질소와 아르곤은 불활성 기체이며, 지구에서 살아가는 생명체들의 대사와 아무 관련이 없다. 산소는 동물 생명체의 대사에 결정적 역할을 하며, 이산화탄소는 식물 생명체의 대사에 결정적 역할을 한다.

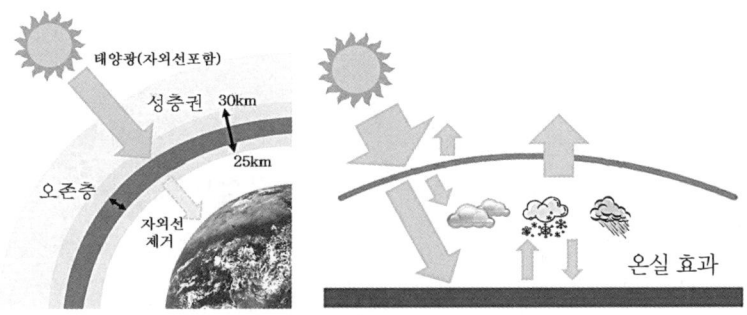

●●● 지구는 오존층이라는 겉옷과 온실 효과라는 속옷을 입고 있다. 오존층은 지상 25~30km 높이에 있으며, 온실 효과는 지상 0~10km 높이에서 주로 발생한다.

지구 대기는 태양으로부터 복사 에너지를 받아 복잡한 반응과 운동을 하고 있다. 특히 지표로부터 25~30km 사이에는 대기의 구성 성분인 산소(O_2)가 태양의 자외선과 광화학적 반응을 일으켜 오존(O_3) 형태로 존재하고 있는데, 이를 오존층이라 한다. 오존층은 지구로 유입되는 유해 자외선을 대부분 차단하는 매우 중요한 역할을 한다(여름철 피부에 바르는 선크림의 역할과 유사하다). 그러나 에어컨 냉매로 주로 사용되는 프레온 가스의 남용으로 인해 오존층의 농도가 급격히 감소하고 있어 인류 생존에 큰 위협이 되고 있다.

한편 지표로 주입된 태양열은 지표면에서 반사되어 우주로 흩어지는 것이 아니라 대기층에 의해 적절히 흡수되어 지표면을 온화하게 감싸는 역할을 하는데, 이를 대기의 온실 효과(greenhouse effect)라고 한다(인체를 감싸는 의복의 역할과 유사하다). 이러한 온실 효과로 인해 지구의 대기는 밤낮과 지역적 편차가 크지 않은 상태로 온화하게 유지된다. 이러한 온실 효과를 담당하는 주체를 온실 기체라고 하는데, 주로 대기 중의 수증기, 이산화탄소, 오존이며 수증기가 가장 큰 역할을 한다.

예컨대, 수증기가 존재하지 않는다면 지구상의 모든 장소에서 밤 기온은 영하로 곤두박질하게 된다. 이처럼 대기의 온실 효과는 기본적으로 생명체에게 유익한 것이지만, 문제는 최근 들어 온실 기체 중에서 이산화탄소의 양이 급격히 증가하고 있다는 것이다. 즉 산소를 연소시켜서 이산화탄소를 발생시키는 자동차, 화력 발전소, 제철소 등이 많아짐으로써 온실 효과가 가속화되고, 지구 온난화 및 환경 파괴가 급속도로 진행되고 있다(이는 3장에서 상세히 다루기로 한다).

이와 같이 온실 효과를 가속시키는 이산화탄소의 배출량을 줄이려는 산업 발전 방향이 최근 이슈가 되고 있는 '저탄소 녹색 성장'이다(사실은 저탄소라는 말은 어폐가 있다. 지구상의 탄소의 양은 창조로부터 항상 일정하다. '저이산화탄소' 라는 표현이 정확하다).

지구의 자전축은 지구의 공전축을 기준으로 23.5° 기울어져 있으며, 이로 인해 사계절이 발생한다. 만약 하나님께서 지구의 자전축과 공전축이 일치되도록 창조하셨다면 어떻게 되었을까? 계절의 개념이 없어지면서 적도 지역은 365일 내내 수직의 각도로 태양광을 받게 되어 엄청나게 더운 지역이 되고, 극지역은 반대로 매우 추운 지역이 된다. 그렇게 되면 인류는 위도 40~60° 부근의 온화한 기후대로 몰려서 생활하게 될 것이며, 적도 및 극 지역은 인류가 거주하지 않는 통제 불능 지역이 되고 말 것이다.

만약 지구의 자전축이 공전축에 대해 수직(90°)으로 기울어져 있다면 어떻게 되었을까? 이 경우는 지구의 절반은 항상 낮이고, 지구의 절반은 항상 밤이 된다. 따라서 인류는 밤과 낮이 교차되는 극히 일부 지역에 집중적으로 모여 살게 되며 나머지 지역은 생존할 수 없게 된다.

결론적으로, 지축의 경사각 23.5°는 계절의 변화가 온화하게 이루어지게 함으로써 1년 주기의 농경 체제를 자연스럽게 이룰 수 있고, 지구의 70~80% 면적을 효율적으로 활용할 수 있게 하며, 밤과 낮이 지구의 대부분의 면적에서 구현되도록 하는 매우 절묘한 각도이다. 만약 인류가 지구의 자전축의 각도를 변경할 수 있는 기회를 갖는다 해도 더 이상의 좋은 각도를 생각해 내지 못할 것이다.

"하나님이 이르시되 하늘의 궁창에 광명체들이 있어 낮과 밤을 나뉘게 하고 그것들로 징조와 계절과 날과 해를 이루게 하라 또 광명체들이 하늘의 궁창에 있어 땅을 비추라 하시니 그대로 되니라 하나님이 두 큰 광명체를 만드사 큰 광명체로 낮을 주관하게 하시고 작은 광명체로 밤을 주관하게 하시며 또 별들을 만드시고 하나님이 그것들을 하늘의 궁창에 두어 땅을 비추게 하시며 낮과 밤을 주관하게 하시고 빛과 어둠을 나뉘게 하시니 하나님이 보시기에 좋았더라 저녁이 되고 아침이 되니 이는 넷째 날이니라"(창 1:14~19).

밤낮과 계절의 질서

"낮도 주의 것이요 밤도 주의 것이라 주께서 빛과 해를 마련하셨으며 주께서 땅의 경계를 정하시며 여름과 겨울을 만드셨나이다"(시 74:16~17).

하나님께서는 지구의 자전 주기를 24시간으로 하심으로써 밤과 낮을 만드셨다. 또한 자전축과 공전축의 오차를 23.5°로 하심으로써 사계절이 있도록 하셨다. 밤을 만드신 목적은 사람과 모든 생명체가 쉬도록 하기 위함이다. 사람들은 전기를 발명하여 밤에도 일하고 있다. 특히 젊은 사람들은 새벽 2~3시까지 일하면서 쉬지 않는다. 또한 아침에 해가 떠도 일어나지 않는다.

이와 같이 밤낮이 뒤바뀐 방식의 생활 리듬은 창조 질서와 맞지 않는다. 해가 지면 가능한 한 빨리 잠자고, 해가 뜨면 바로 일어나는 것이 창조의 질서와 맞고 몸의 신체 리듬과도 부합한다.

하나님께서 계절을 주신 이유는 무엇일까? 봄에 파종하고, 여름에 기르고, 가을에 거두어, 겨울에 먹는 삶을 통해 생각하고 계획하고 예비하는 삶을 살도록 하셨다. 아울러 한 해가 저물어 갈 때 나의 삶의 유한함을 헤아리면서 하나님을 경외하며 겸손한 마음으로 살도록 하셨다.

(2) 지구 생명 시스템

🌏 지구 생명 시스템의 에너지원

지구상에 존재하는 생명체의 에너지는 모두 태양으로부터 공급된다. 식물은 광합성을 통해 탄수화물을 생성할 수 있다. 광합성은 지구상에 풍부하게 존재하는 물(H_2O), 이산화탄소(CO_2)를 원료로 하고 태양광 에너지를 공급받아 동물의 운동 에너지로 활용될 수 있는 탄수화물을 생성시키는 과정이다.

한편 동물들은 식물로부터 탄수화물을 얻고, 호흡을 통해 산소(O_2)를 받아들여 생리 작용과 운동을 하게 된다.

●●● 지구 생명 시스템의 개요. 물, 산소, 이산화탄소는 지구 생명 시스템을 구동하는 세 가지의 핵심 플랫폼이며, 생명활동을 위한 에너지는 오직 태양으로부터 공급된다.

이러한 지구 생명 시스템의 사이클에서 물은 투입량과 배출량이 동일하므로 손실되는 양이 없다. 탄소(C) 역시 대기 중에서 이산화탄소(CO_2) 형태로 존재하는 양과 탄수화물 속에 고정되어 있는 양을 합하면 지구상의 총량은 항상 일정하다. 또한 산소 및 수소의 총량 역시 항상 일정하다. 그러므로 지구 안에 존재하는 H_2O + 탄수화물 + CO_2 + O_2 의 총량은 항상 일정하다. 결론적으로, 지구상의 모든 물질들은 순환적으로 재사용하게 되며, 지구의 생명 시스템을 구동하는 유일한 에너지원은 태양광이다.

인간의 육체는 어디로 돌아가는가?

인간은 흙에서 태어나 흙으로 돌아간다는 말이 있다. 인체의 구성 성분 중 50~60%는 물이며 나머지는 C, H, O, N 등의 원소로 구성된다. 그러므로 인간의 몸이 자연으로 돌아가면 몸이 분해되어 주로 물과 공기(O_2, CO_2, N_2)로 전환되며, 나머지는 탄소화합물로 대지 위에 뿌려진 후 다른 생명체의 대사 작용에 재사용된다.

식물 생명체

식물은 광합성을 통해 동물이 에너지원으로 사용할 수 있는 탄수화물을 합성해 낸다. 녹색 식물의 세포에 들어 있는 엽록체가 광합성이 일어나는 장소이다.

광합성은 크게 명반응과 암반응이라는 두 단계로 나뉘는데, 명반응은 빛이 있어야 진행되며, 암반응은 빛이 없어도 진행된다. 엽록소와 전자 전달계에서 명반응이 일어난다. 명반응은 다시 물의 광분해와 광인산화 반응의 두 단계로 나눌 수 있다. 물의 광분해 과정은 엽록소에 흡수된 빛 에너지에 의해 물(H_2O)이 분해되는 것으로, 전자($e-$)와 수소이온 ($H+$), 그리고 산소(O_2)를 만들어 낸다. 광인산화 과정은 엽록소가 흡수한 빛 에너지를 화학 에너지로 전환시켜 ATP(Adenosine Tri-Phosphate)를 만들어 내는 과정이다.

빛 에너지가 엽록소에 흡수되면 엽록소가 흥분하여 전자를 방출하는데, 전자가 전자 전달계를 거치면서 ATP를 만들어 낸다. 또 광인산화 과정에서 $NADPH_2$(Nicotinamide Adenine Dinucleotide Phosphate, reduced)도 함께 만들어지는데 이들은 암반응에 쓰인다. 엽록체의 스트로마에서 일어나는 암반응은 명반응에서 생성된 ATP와 $NADPH_2$를 이용해 이산화탄소(CO_2)로부터 포도당과 같은 탄수화물을 합성하는 과정이다. 이러한 탄수화물은 식물의 열매 등의 형태로 동물들의 에너지원으로 전달된다.

식물 생명체의 광합성을 전체적으로 보면, 광합성의 명반응에서 (O_2)가 생성되고, 암반응을 통해 포도당이 합성되고 물이 생성되는 것이다. 이러한 광합성 반응이 진행하는 데 필요한 에너지는 모두 태양광으로부터 공급된다. 광합성의 전체적인 반응식은 다음과 같다.

$$6CO_2 + 12H_2O + 광에너지 \Rightarrow C_6H_{12}O_6 + 6H_2O + 6O_2$$

식물의 광합성은 광반응, 화학 반응, 전자 이온 반응 등이 어우러지고 무수히 많은 효소가 관여하는 매우 복잡하고 정교한 과정이다. 현대 과학은 아직도 식물 광합성의 모든 부분을 이해하지 못하고 있다. 아무 말 없이 고요하게 서 있는 사과나무에서 사과가 달리고, 벼에서 쌀이 생산되는 과정은 매우 복잡하고 신묘막측하여 우주선이 움직이고 슈퍼컴퓨터가 동작하는 것 이상의 고도의 과학이 숨어 있다.

광합성의 과정에서 투입되는 기체는 이산화탄소이며, 생성되는 것은 산소이다. 큰 플라타너스 나무 한 그루의 전체 잎[葉] 면적은 250m^2 정도이며, 이곳에서 하루에 생성되는 산소량은 3kg 정도이다. 이는 성인 3~4명 정도가 하루에 필요로 하는 산소량에 해당한다. 한편 이 나무는 하루에 3.5kg 정도의 이산화탄소를 흡수하는데, 이것 역시 성인 3~4명이 하루에 호흡으로 방출하는 이산화탄소 양에 해당한다. 결국 큰 나무 한 그루는 사람 3~4명의 호흡을 책임지고 있는 셈이다.

식물의 광합성에서는 빛 에너지 3.5J을 사용하여 화학 에너지 1J을 생성시키며 이는 28.6%의 효율이다. 현재 국내외에서 사용되고 있는 태양 전지의 최고 효율이 12~18% 정도임을 감안하면 식물의 광합성의 효율은 매우 높은 편이다. 또한 인간이 만든 태양 전지는 빛 에너지를 전기 에너지로 변환하므로 빛이 없는 밤에는 에너지 생산이 멈추게 되지만, 하나님께서 창조하신 식물은 광합성을 통해 화학 에너지로 축적해 두기 때문에 밤낮없이 에너지를 사용할 수 있으며 다른 동물에게 건네줄 수도 있다. 즉 인간이 만든 태양 전지와 전기 화학 배터리 시스템이 결합된 기능성이 식물 생명체 안에 들어 있는 셈이다.

이러한 식물의 에너지 수집 및 저장 시스템은 모든 식물 내부에 한결같이 견고하게 설치되어 있어 오류를 일으키는 식물 생명체는 거의 없다. 인간이 만든 에너지 발생 시스템은 제조, 설치, 저장, 유지 등의 영역에서 안정성이 결여되어 실제 운용될 때 잦은 고장을 일으키며 수명이 짧다. 그러나 하나님이 식물 생명체에 허락하신 에너지 수확 시스템은 고효율, 자동 유지, 자동 청소, 자동 복제, 자동 냉각, 자동 치유되는 놀라운 시스템이며, 그 수명은 수백 년 이상 유지되기도 한다. 또한 식물 스스로 사용하고 남는 에너지를 자동적으로 열매 형태로 비축하여 지구의 종속 영양 (heterotrophic) 생물체들이 생존할 수 있는 귀중한 에너지로 공급하게 된다.

이러한 모든 과정에서 일체의 유해물이나 쓰레기를 생산하지 않으며 소리 없이 조용히 이루어진다. 사과나무가 사과 열매를 만들어 내고, 오이가 오이 열매를 생산하고, 벼에서 쌀이 수확되는 것은 참으로 놀라운 기적이며 신비스러운 일이다. 이 모든 것은 창조주 하나님의 전지전능하심을 통해 치밀하게 설계되고 구현된 것이다. 현대 과학 기술을 총동원해도 한 그루의 사과나무가 이루어 내는 일을 이해할 수 없으며, 수천억 원의 돈을 들여도 그 동작을 흉내낼 수 없다.

동물 생명체

앞서 설명하였듯이 동물은 식물이 생성한 탄수화물을 입으로 섭취하고 호흡을 통해 받아들인 산소를 이용하여 연소시킨 후 동물 생명체의 유지 및 운동에 필요한 에너지를 얻게 된다. 가장 고등한 동물인 인간의 몸을 기준으로 이러한 에너지 대사가 어떻게 이루어지는지 대략적으로 살펴보자.

인체는 소화와 흡수, 체온 조절, 순환계 및 내분비계 작동, 운동 등 다양한 영역에서 에너지를 필요로 하며, 이러한 에너지는 탄수화물과 같은 유기 영양소로부터 공급된다. 인체의 에너지 대사를 모두 살펴보는 것은 복잡하므로 탄수화물로부터 운동 에너지를 얻는 과정만 살펴보자.

자동차가 움직이려면 연료가 필요하듯이, 인간이 근육을 움직여 운동을 하기 위해서는 반드시 적정한 에너지의 공급이 필요하다. 인체를 구동하는 에너지원은 ATP라는 화학 물질이다. ATP가 얻어지는 과정을 간략히 정리하면 다음과 같다. 먼저 식물로부터 획득한 탄수화물($C_6H_{12}O_6$)과 물(H_2O)을 구강으로 섭취한 후 소화와 흡수를 통해 근육 등과 같은 인체의 각 조직으로 운반된다. 한편 호흡을 통해 섭취한 산소(O_2) 역시 폐에서 흡수되고 동맥과 심장을 거쳐 근육 등 인체의 각 조직으로 운반된다.

인체 세포 조직의 미토콘드리아에서는 다음의 식과 같이 당 1분자의 연소에 의하여 38개의 ATP를 생성하게 된다.

$$C_6H_{12}O_6 + 6H_2O + 6O_2 \Rightarrow 38ATP + 6CO_2 + 12H_2O + 열$$

입으로 섭취한 탄수화물은 여러 단계의 중간 화합물로 변화되는 과정(해당 과정), TCA 회로, 전자 전달계 등에서 각각 ATP라고 하는 인체의 에너지원을 생성하게 된다. 인간이 근육을 움직이는 과정에서 근육 속에 비축된 ATP는 2인산(ADP)과 인산(P)으로 분리되면서 방출되는 에너지를 사용하여 근육 수축을 일으킨다.

한편 근육 세포 주변에 상시적으로 분포하는 ATP의 양은 매우 적어서 몇 초 정도 근육을 움직이면 완전히 고갈된다. 이러한 문제에 대응하기 위해 근육 세포는 크레아틴 인산이라고 하는 고에너지 물질을 항상 준비하고 있는데, 이 물질은 매우 짧은 시간 동안 ATP가 소모되어 발생된 ADP를 ATP로 되돌리는 역할을 한다. 이러한 기구를 포스파겐 시스템이라 하며, 약 10초 정도 근육의 운동 에너지를 공급할 수 있다.

좀더 긴 시간 동안 ATP를 생성시킬 수 있는 연료는 글리코겐이며, 이것 역시 근육 세포에 저장되어 있다. 이러한 글리코겐의 분해로부터 ATP와 젖산이 생성될 수 있으며, 이러한 메커니즘에 의해 1~2분 정도 근육의 운동 에너지를 공급할 수 있다. 만약 마라톤과 같이 오랜 시간 동안 근육 운동이 계속되면 어떻게 될까? 이때는 유산소 에너지 대사가 시작되는데, 근육 속에 존재하는 글리코겐과 폐로부터 공급된 산소가 직접 반응하여 ATP를 생성시킬 수 있게 된다. 이 과정은 매우 오랜 시간 동안 연속적으로 이루어질 수 있다.

만약 어떤 사람이 마라톤을 시작했다고 가정할 때 근육 내에서 일어나는 에너지 대사를 살펴보자. 출발과 동시에 약 3초 동안 근육 주변에 상시적으로 준비되어 있는 ATP 에너지가 먼저 소진된다. 그다음 10초 정도는 포스파겐 시스템이 작동하여 ATP가 공급된다.

50~100m 가량 달리기가 지속되면 글리코겐 젖산 시스템이 작동하기 시작하면서 근육에 ATP를 공급하게 된다. 500~1000m 지점을 통과하면서부터는 유산소 대사가 시작된다. 호흡으로부터 획득된 산소가 근육 세포로 전달되면서 글리코겐의 직접적인 연소 과정이 시작되는 것이다. 이때부터 달리는 사람은 숨이 차 헐떡거리게 된다. 이와 같이 산소의 연소를 직접적으로 필요로 하는 운동을 소위 '유산소 운동'이라 한다.

ATP 조달 방법	작동 시간	적용 상황
1. 근육에 상존하는 유동 ATP	~3초	몸을 뒤척일 때
2. 포스파겐 시스템	~10초	10m 달리기
3. 글리코겐 젖산 시스템	~100초	200m 달리기
4. 유산소 대사	~수시간	마라톤

●●● 근육이 움직이는 시간이 길어지면서 ATP를 확보하는 방식은 무산소 대사에서 유산소 대사로 자동 변경된다. 인체 시스템은 이처럼 매우 정교하고 복잡하다.

인체가 포도당($C_6H_{12}O_6$) 1몰을 섭취하여 380kcal에 해당하는 에너지를 ATP 형태로 전환하여 운동에 사용하게 된다. 포도당 1몰을 화학적으로 완전 연소시킬 때 얻어지는 에너지가 686kcal이므로 인체 시스템의 에너지 효율은 56%로 볼 수 있다. 이는 인류가 현재까지 개발한 어떤 열 기관의 에너지 효율보다 월등히 높다.

그러므로 밥 한 그릇을 먹고 인간이 일하는 것이, 동일한 칼로리의 에너지를 자동차나 로봇에 주입하여 일한 경우에 비해 훨씬 작업량이 많다. 사람은 밥 한 그릇, 라면 한 사발을 먹고 난 후 마라톤을 완주할 수 있을 정도로 에너지 효율이 높다. 인체를 움직이는 에너지 및 구동 시스템은 사람이 만든 로봇과는 비교할 수 없을 정도로 초소형, 초경량, 초고효율의 특성이 있다. 또한 윤활유 주입이나 부품 교체 등 번거로운 유지 관리 절차가 불필요하며, 음식을 골고루 먹고 물을 적당히 마시면 70~100년간 고장나지 않는다. 만약 사람이 이러한 성능과 특징을 갖는 로봇을 제작한다면 수백억 원 정도의 가치가 있을지도 모른다.

인체 안에서 일어나고 있는 일들은 매우 복잡하며, 인체는 가히 작은 우주와도 같다. 내가 생존하는 70~80년 동안 내 몸의 주인 노릇을 하고 있으나, 미시적 레벨에서 내 몸이 동작하는 메커니즘에 대해 내가 이해하거나 통제할 수 있는 부분은 거의 없다. 수천억 원을 가진 자산가도 그의 흰 머리 한 올도 검게 할 수 없으며, 수천 개의 핵탄두를 발사할 권한을 지닌 미국 대통령이라 해도 몸살이나 장염에 걸리면 속수무책으로 며칠 동안 침대에서 끙끙거려야 한다. 우리 인간들이 할 수 있는 것, 내가 할 수 있는 일은 음식을 골고루 먹고, 적당한 운동을 하며, 마음을 즐겁게 하면서 살아가야 한다는 정도가 고작이다.

이상과 같이 식물 생명체와 동물 생명체에서 이루어지는 에너지 대사의 개략적 내용을 살펴보았다. 식물의 광합성과 동물의 탄수화물 산화 작용은 매우 신비로우며, 현대 인류의 과학 기술로도 완전히 이해하지 못하는 부분이 많을 정도로 복잡하고 난해하다. 생명체의 에너지 대사만을 살펴보아도 이처럼 복잡하며, 더 나아가 생명체의 성장, 자기 복제, 조절과 항상성, 면역 시스템, 감각기관 등을 살펴보면 더 복잡하고 정교한 기술이 숨겨져 있다.

내가 잠들어도 나의 호흡과 심장이 멎지 않고 계속 뛰고 있으며, 내가 음식물을 섭취하지 않으면 뇌가 배고픔을 느끼고, 상처나 감염이 발생할 경우 나의 몸은 모든 수단을 동원하여 스스로 치유해 나간다. 무의식 중에도 대소변 배출 통로가 정확히 통제되어 누출이 발생하지 않으며, 추운 겨울이든 더운 여름이든 나의 체온은 정확히 36.5℃에서 벗어나지 않고, 눈물샘에서 끊임없이 누액이 분비되어 눈동자의 표면을 마찰로부터 보호하고 있으며, 나의 모발과 손발톱은 나의 의지와 무관하게 일정한 속도로 계속 자라나고 있다.

이러한 신묘막측한 일들이 나의 의지와 무관하게 한 치의 오차도 없이 나의 몸에서 매일 매순간 이루어지고 있다. 우주 왕복선이나 항공모함 등 인류가 만든 첨단 시스템이라고 하는 것들은 생명체에 비하면 아이들의 레고 장난감 정도의 수준에 불과하다.

소리 없이 움직이는 하나님의 질서

식물이 열매를 맺고, 동물이 움직이는 과정은 인텔 펜티엄 CPU보다 훨씬 더 복잡하고, 우주 왕복선이 움직이는 것과 비교할 수 없을 정도로 정교하다. 그러나 이러한 기적 같은 일을 보면서도 감탄하거나 놀라지 않는 이유는 무엇일까?

매우 완벽하고 자연스럽기 때문이다. 하나님께서 창조하신 생명체는 완벽하게 동작한다. 거의 고장나지 않으며 스스로 치유하고, 스스로 성장하고, 스스로 복제한다. 내면적으로는 신비로운 과학이 숨어 있으나 외형적으로는 쉽고 단순하게 행동한다. 사람들은 우주선을 쏘아올렸다고 법석을 떨지만, 하나님께서 창조하신 기적 같은 생명체들은 소리 없이 조용히 움직이고 있다. 그래서 있는 듯 없는 듯하다. 자녀를 향한 부모님의 사랑, 세상을 향한 하나님의 사랑은 고요하게 깊다. 그래서 있는 듯 없는 듯하다. 고요하지만 능력 있는 생명체들의 모습은 하나님의 성품을 드러내며 이 세상을 향한 하나님의 은혜와 사랑이 어떠하신가를 나타내준다.

"주 하나님 지으신 모든 세계 내 마음속에 그리어 볼 때
하늘의 별 울려 퍼지는 뇌성 주님의 권능 우주에 찼네

숲속이나 험한 산 골짝에서 지저귀는 저 새소리들과
고요하게 흐르는 시냇물은 주님의 솜씨 노래하도다

주님의 높고 위대하심을 내 영혼이 찬양하네
주님의 높고 위대하심을 내 영혼이 찬양하네"(새찬송가 79장).

식물과 동물 생명체의 분업 체계

진화론에서는 가스가 반응하여 미생물이 만들어지고, 미생물에서 모든 식물과 동물이 진화하였다고 주장하고 있으며, 식물 생명체의 광합성도 진화의 결과라고 주장한다. 만약 광합성 기구가 진화되어 왔다면 운동 에너지를 필요로 하는 인간의 몸에 엽록체가

탑재되는 것이 타당한 결과일 것이다. 즉 진화의 최종 단계로서 녹색인간이 등장해야 하는 것이다. 가장 고등한 인간의 몸이 왜 하찮은 식물의 엽록체를 갖지 못했단 말인가?

그러나 녹색 인간은커녕 녹색 곤충도 존재하지 않는다. 앞절에서 설명하였듯이, 우주의 피조물들은 각각 그 역할이 있어 자로 잰 듯이 자신의 할 행동을 정교하게 이루어 가고 있다. 태양은 거대한 에너지를 우주 공간에 분출하고, 식물 생명체는 광합성을 통해 탄수화물이라는 고체 상태의 화학 에너지를 만들어 내며, 동물들은 탄수화물을 받아 대사 에너지로 사용한다. 이 모든 협동적 생명 질서는 우주와 생명체를 설계한 지적 설계자(intelligent designer)가 존재함을 암시하고 있다.[3]

●●● 좌측의 칼은 사람이 만들었는지, 자연의 풍화 작용에 의해 만들어졌는지 다소 불확실하다. 그러나 우측의 칼은 누군가에 의해 제작된 것이 틀림없다. 정확하게 서로 들어맞는 칼과 칼집이 하나의 세트로 존재하기 때문이다. 식물 생명체가 에너지를 만들어 동물 생명체로 건네주는 협동적 생명 체계는 조물주가 계심을 보여주고 있다.

---

[3] 한국창조과학회 홈페이지(http://www.kacr.or.kr)를 통해 창조과학 및 지적설계론과 관련된 각종 자료를 열람할 수 있다. 지적설계론은 과학적 구성 요소와 체계를 갖추지 못한 것으로 진화론에 대응할 만한 과학 이론이 아니라는 비판도 있다. 그러나 지적설계론은 우주와 생명의 질서를 진화론이라는 과학 체계보다 하나님의 창조로 이해하려는 사람들의 믿음과 간증의 표현으로 이해해도 좋을 것이다.

피조물에 나타난 질서와 아름다움

(1) 소의 매력

필자는 농촌 마을에서 태어나서 어린 시절을 보냈다. 마을 뒤에는 나지막한 산이 있었고, 마을 앞에는 논밭과 강이 흐르고 있는 전형적인 시골이었다. 여름이면 논 주변에서 개구리, 미꾸라지를 잡거나 어망을 이용해서 고기를 잡기도 했다. 산 중턱에는 보리밭이 있었고 그 뒤에는 군부대가 있었는데, 친구들과 보리밭을 뛰어 놀다가 군부대 초소로 가서 건빵을 얻어먹곤 하였던 추억이 있다.

우리 집에는 가축들이 많이 있었는데 여러 마리의 소, 돼지, 닭, 염소, 고양이, 토끼, 개 등이 있었다. 동물마다 살아가는 스타일이 전혀 달랐다. 돼지, 염소 등은 성격이 거칠고 반항적인 기질이 있다. 고양이, 토끼 등은 조심스럽고 겁이 많다. 고양이는 평상시에는 느릿느릿한 것처럼 보이지만, 쥐를 잡을 때는 상상을 초월하는 스피드를 보여주는데 마당에 쥐가 나타났을 때 눈 깜짝할 사이에 잡아

채는 모습을 보면서 감탄했던 기억이 있다. 그러나 여러 종류의 동물 중에 가장 매력을 느끼게 하는 동물은 소였다.

소는 체중이 500kg 정도이며, 그 힘이 엄청나다. 그런데 소는 천성이 부지런하며 순종적이다. 시골길을 걸어가다 보면 초등학생 정도의 어린이가 소를 몰고 가는 모습을 볼 수 있다. 만약 하나님께서 소에게 돼지의 거친 캐릭터를 부여하셨다면 사람을 해치게 되어 도저히 농가에서 키울 수 없을 것이다. 그러나 소가 사람을 공격했다는 것은 수천 년간 거의 없는 일이며 필자도 본 적이 없다. 또한 소는 죽을 힘을 다해서 주인을 위해 일한다.

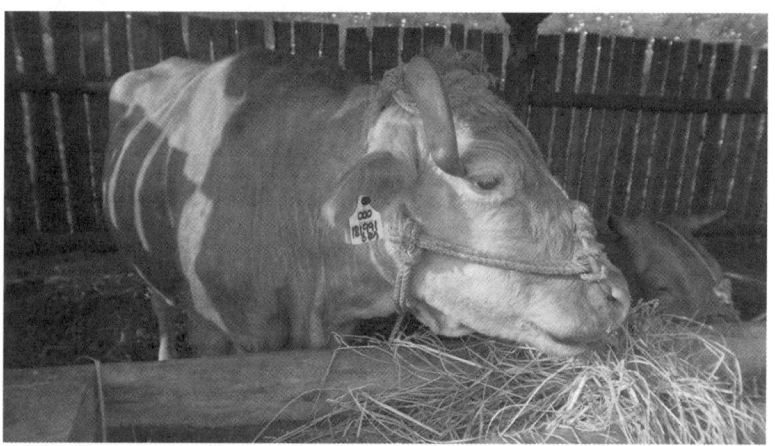

●●● 소는 농가에 주신 하나님의 큰 선물이다. 주인의 농토에서 힘을 다해 봉사하며, 사람을 번거롭게 하는 어떤 행동도 하지 않는다.

이른 봄 논을 갈기 위해 소를 투입하게 되는데, 멍에를 씌우고 논에 깊이 박은 쟁기를 얹어 주면 하루 종일 소는 묵묵히 일한다. 소가 얼마나 힘이 드는지 엉덩이 근육을 씰룩거리면서 힘든 기색이

역력한데, 주인이 고삐를 잡고 "이랴, 이랴" 하면서 툭툭 쳐주면 부지런히 일을 계속한다. 사람이면 힘들다고 대들거나 도망가거나 할 수도 있을 텐데, 파업이나 태업을 하는 소는 본 적이 없다. 두 마리의 소가 보조를 맞추어 밭을 가는 모습은 소가 얼마나 순종적인지를 단적으로 보여준다(다른 가축으로는 불가능한 일이다).

소는 초식 동물이다. 여름에는 들과 산에서 잡풀을 낫으로 베어 소가 먹을 꼴을 확보한다. 겨울철에는 풀이 없으므로, 볏짚을 대용한다. 소는 아침과 저녁 두 끼를 먹는데, 이를 준비하기 위해 먼저 작두를 이용해서 풀 또는 볏짚을 썬다. 보통 아버지는 풀을 작두로 넣어주는 역할, 어린 아들은 작두질을 하는 식으로 두 명이 작업을 한다. 절단 작업이 끝나면 어머니는 소꼴을 물에 넣어 삶는다.

소는 워낙 체구가 크고 일을 많이 하는 동물이라 먹는 양이 엄청나다. 보통 한 끼 먹는 양이 사람의 수십 배가 될 것이다. 하나님께서는 소가 풀을 먹고 살도록 창조하셨는데, 이것은 사람들과 먹는 음식이 겹치지 않도록 배려하신 것으로 생각된다. 만약 소가 육식 또는 잡식성 동물이었다면 먹이 문제로 인해 도저히 농가에서는 키울 수가 없을 것이다. 과거 시대에 사람도 근근이 먹고살아가는 상황에 소에게 줄 고기와 양식이 어디 있었겠는가? 소는 농가 주변의 풀과 볏짚 등을 먹고 건강하게 살아갈 수가 있다. 반면, 사람은 위장에서 셀룰로오스를 분해할 수 없기 때문에 소가 먹는 풀, 볏짚 등을 먹을 수가 없다. 결국 인간이 먹는 음식과 소가 먹는 것은 전혀 겹치지 않으므로 먹는 문제로 서로 갈등을 일으킬 염려가 없다.

또 하나 흥미로운 것은 소의 되새김질이다. 소는 위장이 4개가 있어 처음 섭취한 음식은 제1 위에 일단 보관하였다가, 나중에 음식을 꺼내서 되새김질을 한다. 그러므로 소는 아침에 꼴을 대량 섭취한 후 일터로 일단 투입되고 나면 점심 등을 먹지 않고 하루 종일 일한다. 사람들이 논두렁에서 새참이나 점심을 먹을 때 소는 자신이 아침에 섭취했던 것을 되새김질한다. 소는 자신이 하루 종일 먹을 음식을 자신의 뱃속에 있는 도시락 통에 넣어 출근하는 셈이다. 이것은 하나님께서 소를 농가의 일꾼으로 주실 때 세심한 배려를 해주신 것으로 생각된다. 소의 점심 도시락을 준비하지 않도록 하여 농부의 부담을 최대한 줄여주신 것이다.

소는 불평이 없다. 아무리 배고프고, 춥고, 힘들어도 울거나 거칠게 행동하지 않는다. 1970년대 초반이었던 것으로 기억되는데, 영하 수십 도의 한파가 몰아닥쳤던 어느 겨울날 밤, 걱정스런 마음에 외양간에 가보았다. 삭풍이 몰아치는 가운데 여러 소들이 앉아서 큰 눈을 껌뻑거리면서 말없이 나를 쳐다보던 그 모습은 지금도 잊히지 않는다. 바람막이도 변변치 않은 우사(牛舍)에서 그렇게 매서운 추위를 당하면서도 침묵 가운데 앉아 있었던 것이다.

소는 살아서 주인의 논밭에서 힘을 다해 일하고 죽어서는 주인에게 고기와 가죽을 준다. 소는 뿔에서부터 꼬리까지 하나도 버리는 것이 없다. 한마디로 소는 하나님께서 농가에 주신 완벽하게 훌륭한 일꾼이요, 선물이다.

소 vs 개

한편 농가에는 소와 더불어 개를 키우는 경우가 많은데, 개의 캐릭터는 소와는 완전히 딴판이다. 개는 사람과 정서적으로 교감하면서 주인을 돕는 일을 한다. 개는 주인에게 충성하고 집안의 안전을 지키려는 습성이 있다. 개는 사람과 비슷한 잡식성이며 주인의 음식을 나누어 먹는다(그러나 개는 먹는 양이 작아서 농가에 큰 부담이 되지는 않는다). 개는 후각, 청각이 매우 발달하여 집을 지키기에 적합한 기능을 가지고 있다. 개는 크기, 색상, 무늬 등이 다양하여 어느 집 소속인지 외형상 금방 식별이 된다.

전체적으로 살펴볼 때, 하나님께서 개를 주신 목적은 일꾼으로서보다는 주인을 보좌하여 집의 안전을 도모하고 재산을 지키는 목적임을 미루어 짐작할 수 있다. 소가 생산직 직원이라면, 개는 사무직(비서실) 직원에 해당한다. 이처럼 가금들의 특징을 관찰해 보면 사람을 돕는 역할을 잘할 수 있도록 설계된 것을 알 수 있다.

	소	개
외형		
크기/색상	일정하다	다양하다
먹는 음식	사람이 먹지 않는 것	사람이 먹는 것
성격	성실, 순종형	인간 교감형
주특기	농업 보조(힘)	사교 및 감시(후각, 청각)
활동 범위	집과 논밭	집과 동네 전역

●●● 하나님께서 소는 농가의 생산직 사원, 개는 사무직 사원의 역할을 하기에 적합한 특성을 갖도록 창조하셨다. 각각의 동물들은 그 특징과 역할이 모두 다르다.

(2) 오이가 여물어 가는 경이로움

필자는 여러 해 동안 뒷산 중턱에 오이를 재배하고 있다. 오이 씨앗이 발아하여 열매를 맺기까지의 모든 과정은 기적같이 경이롭고 어떤 드라마보다 다이내믹하다.

가을에 채취한 종자를 바짝 말려 두었다가 봄에 파종한 후 열흘 정도 기다리면, 두 개의 떡잎이 흙을 뚫고 지상으로 모습을 드러낸다. 며칠간은 떡잎이 굵어지는 단계를 거치게 되는데, 이때는 씨앗 내부에 축적된 에너지를 사용하는 기간이다. 떡잎이 어느 정도 넓어지면 떡잎 사이로 오이 잎이 2개 출현한다. 이때 잎의 모양은 떡잎과는 전혀 다르며, 오각형 형태의 오이 고유한 형태를 나타낸다. 떡잎 모드에서 자생력을 가진 오이 줄기 모드로 변화되는 놀라운 순간이다.

오이 잎이 충분히 넓어지고 튼튼하게 성장하게 되면 오이 줄기의 중심부에서 줄기가 상방향으로 계속 확장되면서 줄기는 급성장한다. 하나의 줄기가 여러 개로 분화하면서 줄기마다 잎이 계속 생성되어 2~3주가 지나면 풍성한 넝쿨을 이룬다. 이때 오이꽃이 피기 시작한다.

오이는 수꽃과 암꽃이 한 곳에 있는 암수 한그루 식물이다. 먼저 줄기 하단부에는 수꽃이 피고 뒤이어 줄기가 퍼져 나가면서 암꽃이 피기 시작한다. 암꽃은 1~2cm 정도로 아주 작은 오이 형상의 끄트머리에 꽃대를 달고 피어난다. 벌과 나비가 수꽃과 암꽃 사이를 오가면서 수분(受粉)을 시켜주면 초소형 오이는 닷새 정도가 지나 큰 오이로 급성장한다. 만약 수분이 이루어지지 않으면 초소형의 오이는 조금도 자라지 못하고 그 모양 그대로 누렇게 변하면서 떨어지게 된다.

한편 오이 줄기에서 생겨나는 잎 옆에는 넝쿨손이 동시에 생겨나는데, 이러한 넝쿨손들은 사방팔방으로 손을 뻗어서 지지물(끈, 지지대 등)을 만나면 손을 여러 번 휘감아서 줄기를 단단하게 고정시키게 된다. 이 과정을 보면 오이 줄기가 마치 살아 움직이는 것같이 다이내믹하다. 오이 넝쿨이 풍성하게 자라나면서 많은 수의 오이 열매가 수확된다. 오이 씨앗 한 개로부터 수확할 수 있는 오이 열매는 수십 개이다.

●●● 오이 줄기가 사방으로 퍼져나가면서 풍성한 넝쿨을 이루어 수십 개의 열매가 달린다.

5mm 정도의 작은 씨앗 하나가 발아하여 몇 아름 되는 거대한 오

이 넝쿨을 이루고 20~30cm 크기의 열매가 수십 개 달리는 일련의 과정을 지켜보노라면 경이롭고 아름답다. 며칠에 한 번씩 오이밭에 가게 되는데 줄기가 끊임없이 환경 변화에 맞추어 스스로 수정 보완하면서 성장해 가는 모습을 바라보면서 감탄하게 된다. 오이 잎들은 태양빛을 잘 받는 방향으로 계속 위치를 수정하여 정렬한다. 장마로 잎이 뒤집어지는 경우에도 햇빛이 들면 그 방향과 위치를 올바르게 스스로 수정한다. 사고로 줄기가 부러지거나 상처를 입은 경우에도 진액을 분비하여 상처 부위를 스스로 수리하면서 계속 성장해 나간다.

오이 넝쿨이 과도하거나 광량이 부족하거나 성장한 오이 열매를 따 주지 않으면 후속 열매들의 성장은 자동적으로 느려진다. 즉 오이 한 그루는 자신이 받아들이고 있는 태양 에너지와 뿌리에서 흡수되는 물의 총량을 계산하면서 열매로 생성시키는 오이의 개수 및 크기를 예민하게 조절하고 있다. 오이 열매가 맺기까지는 강렬한 태양빛과 풍부한 물과 벌, 나비를 통한 수분이라는 여러 가지 요소가 필요한데, 이러한 모든 과정이 자로 잰 듯이 이루어지는 것을 보면 마치 웅장하고 아름다운 오케스트라의 연주같이 느껴진다.

생명의 신비는 참으로 경이롭다. 온 세상의 모든 과학과 지식을 다 동원한다 해도 오이 줄기에서 일어나는 일들을 설명하기 어려울 것이다. 하나님 앞에서 마음을 낮추고 겸손하게 살아야 함을 생각하게 된다.

현재 시중에서 판매되는 오이는 오이 순과 호박을 접붙임하여 수확량을 늘린 것이다. 하나님께서 창조하신 자연의 섭리는 수확량을 늘리려는 편법을 동원할 경우 맛이 떨어지게 되어 있다. 결국 호박 접붙임 오이는 맛이 그다지 없다. 그러나 토종 오이를 자연 방식으로 재배하여 거둔 열매는 그 맛과 향이 질적으로 다르다. 여름에 이 오이를 가지고 오이채국을 만들거나 된장에 찍어 먹으면 몸과 마음이 시원해진다.

꽃, 벌·나비, 인간의 삼각 관계

식물이 열매를 맺기 위해서는 수술(stamen)에 있는 정핵과 암술(pistil)의 밑씨가 결합하여 수정란을 형성해야 한다. 형태는 다르지만 동물의 암수가 결합하여 수정란을 만드는 과정과 유사하다. 꽃에서 수술은 수술대라고 하는 여러 가닥의 줄기 위에 꽃밥이 놓여 있는 구조이다. 암술은 꽃의 중심부에 큼직하게 위치하며 밑씨를 포함하는 씨방을 가지고 있다(사람으로 치면 자궁에 해당한다). 수술의 꽃밥에서 만들어진 꽃가루는 여러 가지 방법(바람, 벌과 나비 등)에 의해 암술머리로 이동한 후 화분관을 타고 밑씨에 도달하여 최종적으로 수정란을 만들게 된다. 이러한 과정을 수분(受粉)이라고 한다.

식물에서 수술과 암술이 자리잡은 형태에 의해 양성화(兩性花, 암술과 수술이 한 꽃에 있음), 단성화(암술과 수술이 다른 꽃에 있음)로 나뉘며, 단성화의 경우 자웅동주(雌雄同株, 암꽃과 수꽃이 한 나무에 있음), 자웅이주(雌雄異株, 암꽃과 수꽃이 다른 나무에 있음)로 나뉜다. 양성화는 바람에 수분이 가능하겠지만, 오이와 같은 단성화의 경우 벌과 나비의 도움 없이는 수분이 불가능하다.

하나님께서 식물 생명체가 자동적으로 열매를 맺는 것이 아니라 암술, 수술의 수분을 통해 열매를 맺게 하신 이유는 무엇일까? 생명체에서는 동종 번식의 경우 유전자 오류가 발생할 가능성이 커지는 것으로 알려져 있다. 따라서 이종의 유전자를 결합시켜 하나의 수정체를 만듦으로써 유전 정보의 변이를 막기 위함인 것으로 추정된다.

벌과 나비는 어떤 동기로 식물의 수분 과정에 참여하게 된 것일까? 사실은 벌과 나비는 식물이 열매 맺도록 돕기 위해 돌아다니는 것이 아니라 꽃에 숨어 있는 꿀을 채취하기 위해 움직이는 것이다.

꽃 안에는 꿀샘[蜜腺]이 숨어 있는데 이곳에서 설탕 성분과 유사한 달콤한 점액을 분비하게 된다. 벌과 나비는 꽃향기를 따라 꽃을

●●● 식물의 수분(受粉)을 담당하는 일꾼은 벌과 나비이다. 이들이 꿀을 따는 과정에서 의도하지 않았던 수분이 이루어진다.

찾아온 다음 꿀을 따게 되는데, 이 과정에서 벌과 나비의 다리에 꽃가루가 묻게 되고 암꽃과 수꽃 사이를 오가면서 자연스럽게 수분이 이루어진다.

벌과 나비의 다리는 잔털이 매우 많은 구조로 되어 있는데, 꽃 안에서 꿀 따는 작업을 하다 보면 다리에 꿀이 묻어서 끈적끈적한 상태가 된다. 이런 상황에서 자연스럽게 꽃가루가 벌과 나비의 다리

에 달라붙게 되고, 암꽃과 수꽃 사이를 오갈 때 벌과 나비가 인지하지 못한 채 수분이 되는 것이다. 사실 벌과 나비는 자신들의 다리에 꿀과 꽃가루가 달라붙는 것을 매우 성가시게 생각할 것 같다. 몸에 이물질이 달라붙는 것 자체가 성가신 일이고, 몸무게가 증가하여 날아다니는 데 방해가 되기 때문이다.

이러한 식물 생명체와 벌, 나비의 관계를 보면 지적 설계자에 의해 지구 생명 시스템이 설계된 것임을 알 수 있다. 먼저 식물을 살펴보자.

식물은 화려한 색깔과 감미로운 향기와 꿀을 머금은 꽃을 만들어 곤충들이 찾아오도록 한다. 사실 에너지 대사 측면에서 꽃은 식물에서 도움이 되는 존재는 아니다. 꽃잎은 엽록체가 없어 광합성을 못하기 때문에 식물체에 기여하는 바가 없으며, 오히려 꽃잎에서 일어나는 수분 증발로 인해 식물 체내의 수분을 빼앗아 간다. 또한 향기와 꿀이라는 고품위 탄수화물이 꽃잎에 공급되어야 하므로 식물의 잎에서 생성한 에너지를 대거 빼앗아 가는 존재이다.

특히 봄에 꽃이 피면 사람들은 좋다고들 하지만, 식물 입장에서는 어려운 형편(겨울 내내 광합성을 하지 못해 전체적 영양 상태가 좋지 않음) 중에 꽃을 피우기 위해 노력하는 힘든 상황이다.

이와 같이 부담스러운 꽃을 식물 생명체가 생성시키는 이유는 무엇일까? 꽃향기와 꿀을 좇아 찾아올 벌과 나비가 있다는 것이 전제되었기 때문이다.

이번에는 벌과 나비를 생각해 보자. 이들의 다리는 왜 잔털이 많은 구조로 되어 있을까? 이것은 식물 생명체의 수분 과정에서 벌과 나비가 동원될 것이 전제되었기 때문이다.

한편 인간의 관점에서는 어떤가? 식물체가 생성하는 아름다운 꽃과 깊은 향기로 인해 큰 기쁨과 즐거움을 얻게 된다. 또한 벌과 나비가 인간을 대신하여 수분 작업을 해주기 때문에 씨앗을 파종한 이후 열매를 따먹기만 하면 된다. 그리고 때로는 벌이 채취해 둔 꿀을 훔쳐 먹기도 한다. 즉 식물과 곤충들이 상호작용을 통해 애쓰는 동안 인간이 이익을 얻는 구조로 되어 있다.

이러한 총체적 생명 시스템을 진화이론으로 설명하기란 참으로 난해하다. 벌과 나비가 존재한다는 것을 모르는 식물의 꽃에는 왜 꿀이 있는 것인가? 꽃에서 수분이 필요한 것을 인지하지 못하는 곤충이 왜 다리털이 많은 구조로 이루어져야만 했단 말인가? 모든 피조물들은 인간을 가장 유익하게 하는 방향으로 정교하게 디자인되어 있다. 이 모든 사실은 우주 만물을 설계하시고 창조하신 하나님

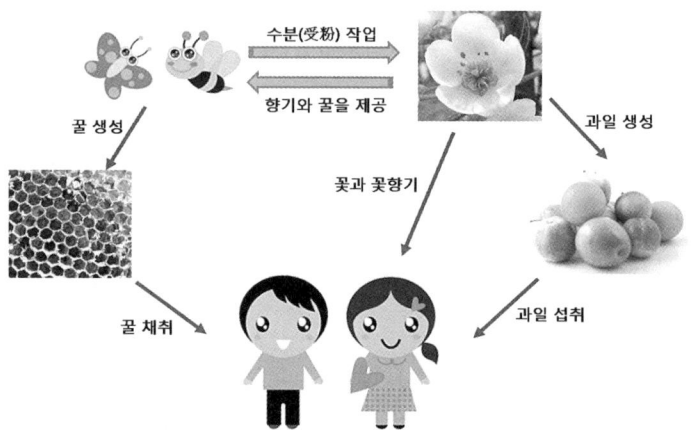

●●● 꽃과 벌과 나비의 상호작용은 진화론으로 설명하기가 매우 어렵다. 자연계의 모든 피조물들은 인간에게 최대한의 유익을 주도록 창조되어 있다.

의 살아 계심을 가리키고 있다.

꿀벌의 신비

일벌은 50일 정도의 생존 기간에 몸이 부서질 정도로 열심히 일하는데, 이는 하나님께서 식물에 대한 수분 작업을 위해 벌에게 그러한 본성을 주신 것으로 판단된다. 벌과 나비의 부지런함은 지구상에 피어나는 거의 모든 꽃의 수분 작업을 거의 완료시키는 정도의 수준이다.

벌의 생태에서 신비로운 것은 여왕벌과 로열젤리이다. 벌통 1개에 3만~5만 마리의 벌이 있는데, 이 중 여왕벌은 오직 한 마리이다. 여왕벌의 임무는 수만 마리의 벌들을 지휘하며 산란을 통해 벌들을 생산하는 것이다. 여왕벌은 혈통이 따로 있는 것이 아니다. 벌통에서 여왕벌의 수명이 다하면, 유전적으로 동일한 수천 개의 애벌레 중에서 하나가 선택되어 로열젤리를 공급받는데, 이때 벌의 몸이 수십 배 커진다(헐크처럼 부풀어오른다). 또한 여왕벌의 수명은 일벌에 비해 수십 배 더 길다. 로열젤리는 오직 벌에게만 이러한 효과를 발휘할 뿐 사람이 먹는다 해도 키가 0.1cm도 더 크지 않는다. 로열젤리는 일벌들이 유충(애벌레)을 키우는 시기에만 분비하는 흰색 물질이다.

온 천하 만물이 그림책 같으니
그 고운 그림 보아서 그 사랑 알아요
저 고운 꽃밭에 비 오다 개이면

> 하늘에 뻗친 무지개 참 아름다워요
>
> 저 푸른 하늘의 수많은 별들도
> 주 하나님의 사랑을 늘 속삭이지요.
> (새찬송가 566장)

(3) 물고기의 특별한 구조

은행이나 병원에 가면 수족관에서 물고기들이 움직이는 것을 종종 보게 되는데, 그 움직임이 신기하여 눈을 떼지 못하고 한참을 보게 된다. 물고기는 육상 동물과는 달리 수중에서 생활하므로 몸의 구조나 움직임이 완전히 다르다.

어류의 외형에서 가장 특징적인 것은 비늘(scale)과 지느러미(fin)이다. 먼저 물고기에게 비늘이 필요한 이유는 무엇일까? 공기와는 달리 물은 점도가 매우 높아 물 안에서 움직이는 물체는 강한 마찰력을 받게 된다. 여객선에서 소모되는 연료의 70~80% 정도가 선박과 물의 마찰력을 극복하는 데 사용될 정도이다. 만약 육상 동물의 피부를 가지고 수중에서 고속으로 움직이면 어떻게 될까? 물과 피부 사이에 강한 마찰력이 발생하여 피부가 마모되고 벗겨져 버릴 것이다. 이를 방지하기 위해 하나님은 물고기 몸의 표면에 비늘이라는 것을 만드셨다.

물고기의 비늘은 동물의 뼈를 이루는 인산석회($Ca_3(PO_4)_2$)를 주성분으로 하고 있으며, 뼈와 같이 단단한 재질이다. 비늘은 사람의 머리카락이 자라는 것과 비슷한 원리로 물고기 몸의 표면에서 생성되어 계속 자란다. 비늘이 덮이는 패턴은 반원형이 겹쳐지는 형태로 물고기 머리 방향에서 꼬리 방향으로 전개된다. 앞뒤에 인접한 비늘이 겹쳐지게 구성됨으로써 비늘 몇 개가 부분적으로 떨어지더라도 물고기의 피부 표면이 잘 노출되지 않는 장점이 있다.

    비늘이 겹쳐지는 방향이 뒤로 되어 있는 것은 물고기가 주로 앞쪽으로 움직이기 때문에 물의 저항력을 최소화하기 위함이다. 만약 비늘이 여러 개로 나뉘어 있지 않고 통으로 덮여 있다면 어떤 문제가 있을까? 물고기가 허리를 많이 굽히지 못하므로 움직임이 크게 제한된다. 만약 비늘이 너무 작은 크기로 나뉘어 있으면 어떻게 될까? 비늘과 비늘이 연결되는 불연속점이 너무 많아져서 물과의 마찰력이 커지게 된다. 물고기 비늘 하나의 크기는 물고기 전체 크기의 1/30~1/40 정도인데, 물고기의 움직임을 자유롭게 하면서도 물과의 마찰력을 그다지 크게 하지 않는 최적화된 크기라고 볼 수 있다.

    이번에는 물고기의 지느러미를 살펴보자. 금붕어가 움직이는 모습을 살펴보면 움직이는 형태에 따라 사용하는 지느러미가 달라지는 것을 관찰할 수 있다. 먼저 꼬리지느러미는 물고기에서 가장 중요한 것으로 빠른 속도로 전진할 때 사용한다. 가슴지느러미는 가장 앞쪽에 달린 것인데 이것은 후진할 때 사용된다. 예컨대 물고기가 수중에서 바위 틈 속을 진행하다가 막다른 골목을 만나면 어떻게 될까?

물고기는 육상 동물과 달리 길이 방향으로 긴 형태이고 손발이 없기 때문에 아주 난감한 상황이 된다. 이때 사용되는 것이 가슴지느러미인데, 이것을 앞으로 내밀어서 움직여 줌으로써 후진이 가능하다(가슴지느러미를 떼면 물고기는 후진을 할 수 없다).

그런데 흥미로운 것은 꼬리지느러미와 가슴지느러미의 크기 비율이다. 꼬리지느러미가 10배 이상 큰 면적을 갖고 있는데, 이는 전진하는 속도가 빨라야 하기 때문이다. 후진이 필요한 경우는 짧은 거리를 이동하는 상황이므로 굳이 고속으로 후진할 필요가 없다. 자동차에서도 후진 상황은 차를 주행 궤도로 올리기 위한 짧은 거리에서 필요하므로 후진 기어는 1단으로 되어 있고, 전진 기어가 1~5단으로 변속되도록 되어 있다. 한편 등지느러미와 배지느러미는 물고기의 수직, 수평 각도를 잘 유지하게 하며, 상승과 하강때 필요하다.

결국 물고기의 가슴지느러미는 자동차의 후진 1단 기어, 꼬리지느러미는 전진 1~5단 기어, 등/배 지느러미는 자동차의 핸들에 해당한다. 과학자들이 운동 역학 및 유체 역학에 기초하여 물고기의 비늘과 지느러미를 새롭게 디자인한다 해도 현재 것에서 개선할 것은 없을 듯하다. 하나님의 창조하신 생명체에 숨어 있는 과학은 정교하며 심오하다.

또 하나 흥미로운 것은 물고기 몸의 배색이다. 일반적으로 물고기는 등 부위(위)가 짙은 색이고, 배 부위(아래)가 흰색에 가까운 밝은 색이다. 상하 배분 구도의 투 톤 컬러로 디자인적으로 멋있기도

●●● 물고기의 지느러미는 유체역학 및 운동역학적으로 가장 최적화된 크기와 형상을 하고 있다. 가슴지느러미는 평상시 접혀 있다가 후진 상황에서만 사용된다.

하거니와, 이는 보호색 역할도 한다. 아래에서 쳐다보면 위 방향에서 입사되는 태양광과 배 부위의 밝은 색이 조화되어 잘 보이지 않게 되고, 위에서 내려다보면 바닷속의 짙은 어두움과 등 부위의 짙은 색이 어우러져서 역시 잘 보이지 않게 된다. 그러므로 물고기의 배색 구조는 바닷물 속에서 자신을 감출 수 있도록 하여 약한 물고기가 멸종하는 것을 막아준다.

부레의 과학

물고기의 부레(air bladder)에 대해 살펴보자. 부레는 물고기의 몸에서 가장 중심부에 위치한 공기주머니이다. 부레의 부피를 조절함으로써 물고기는 수중에서 상하로 쉽게 이동할 수 있다. 만약 물고기에게 부레가 없다면 어떻게 될까? 물고기의 비중이 1.0을 넘는다면, 물고기는 물속에서 계속 가라앉게 되어 끊임없이 지느러미 동작을 해야 떠오를 수 있으므로 몹시 불편하다. 만약 물고기의 비중이 1.0 이하라면 물고기는 하염없이 뜨게 되어 잠수하기가 몹시 어렵게 된다. 이럴 경우 다른 물고기와 동물들의 표적이 되어 멸종에 이르기 십상이다.

물의 비중은 민물과 바닷물이 차이가 있으며 대략 1.00~1.03 사이다. 물고기의 비중은 부레를 최대로 확장시키면 1.0 이하가 되고, 부레를 최소로 줄이면 1.03 이상이 되어 물에 가라앉는 구조로 되어 있다. 물의 비중은 물의 종류, 온도, 물에 포함된 이물질의 양에 따라 시시각각 변하지만, 물고기는 부레를 이용하여 주변의 물과 동등한 비중을 유지함으로써 수중에서 균형을 유지할 수 있다.

부레를 부풀리기 위한 기체는 어디서 얻게 될까? 물고기의 종류에 따라 소화관에서 발생하는 가스를 투입하거나 폐와 비슷한 노출 혈관 조직으로부터 산소 가스를 빼내어 부레에 채우게 된다. 몇 시간 동안 잠수한 상태에서도 물고기는 생체 대사를 통해 얻은 가스를 부레에 충전시키거나 빼낼 수가 있다.

물고기의 부레의 원리를 적용한 인간의 발명품이 잠수함이다. 잠수함은 승조원(乘組員)들이 생활하는 내부 공간과 외부 철판 사이에 밸러스트 탱크라는 공간이 있다. 잠수함 전체의 비중은 밸러스트 완전 주수 시 1.03 이상이 되고, 완전 배수 시 1.0 이하가 되도록 부력 설계가 되어 있다. 잠수함이 내려갈 때는 밸러스트 탱크 상부의 밸브를 개방하여 바닷물을 주입하면 된다. 잠수함이 수면으로 떠오르고 싶을 때는 하부에 위치한 배수 밸브를 열면서 위쪽에서 컴프레서를 통해 압축 공기를 불어넣으면 강제 배수가 이루어지면서 부력이 작용하여 뜨게 된다. 잠수함의 밸러스트 탱크가 파괴되면 잠수함은 해저로 급속히 가라앉아 영원히 떠오를 수 없게 된다. 그러나 물고기의 부레는 몸의 한가운데 위치하여 조그만 사고로 부레가 손상되는 일은 거의 일어나지 않는다.

"하나님이 이르시되 물들은 생물을 번성하게 하라 땅 위 하늘의 궁창에는 새가 날으라 하시고 하나님이 큰 바다 짐승들과 물에서 번성하여 움직이는 모든 생물을 그 종류대로, 날개 있는 모든 새를 그 종류대로 창조하시니 하나님이 보시기에 좋았더라 하나님이 그들에게 복을 주시며 이르시되 생육하고 번성하여 여러 바닷물에 충만하라 새들도 땅에 번성하라 하시니라 저녁이 되고 아침이 되니 이는 다섯째 날이니라"(창 1:20~23).

(4) 채소와 과일에 숨어 있는 질서

딸기 씨앗의 육각 패턴

가게에서 구입한 딸기를 식탁에 놓고 바라보노라면 씨앗 배열의 정교함을 보고 감탄하게 된다. 딸기의 표면에 붙어 있는 씨앗들은 육각 패턴(hexagonal) 구조를 하고 있다. 육각 패턴은 이차원적 면적에서 가장 밀집도를 높이고 안정감을 주는 배치 구조로, 벌집의 형상, 거북이의 등판 구조에도 동일하게 나타난다.

딸기의 육각 패턴이 신비로운 것은 평면이 아닌 원추형 입체 구조에서 구현되었다는 점이다. 이차원 평면에서 육각 패턴을 일정하게 배치하는 것이 용이하지만, 딸기의 경우는 원뿔형(conical) 구조를 갖고 있어 육각 패턴의 간격을 일정하게 하는 것이 원천적으로 불가능하다. 왜냐하면 꼭지점 방향으로 올라갈수록 면적이 좁아지기 때문이 배열시킬 수 있는 씨앗의 개수가 연속적으로 줄어들기 때문이다. 그러나 딸기의 표면을 자세히 관찰해 보면 하부(꽃대)에서 상부로 한층 한층 올라갈 때마다 그 가로세로 간격을 약간씩 조절하면서 최대한 육각 패턴을 유지해 나가는 것을 볼 수 있다.

딸기의 윗부분으로 올라가면서 면적이 줄어들기 때문에 완벽한

●●● 딸기는 원뿔 형태 표면의 각 위치별로 절묘하게 가로 세로 간격을 조정하면서 모든 곳에서 육각 패턴을 형성하고 있다. 심지어 꼭지점 부분도 육각 패턴을 이룬다.

육각 패턴은 구현되지 않으나 부분적으로 보면 어디에서든지 육각 패턴이 잘 구현되어 있다. 그 조절이 아주 섬세하여 자세히 들여다보지 않으면 어디서 어긋나고 있는지 알아채지 못한다(딸기를 먹을 때 육각 패턴의 미세한 어긋남이 어디서 생겨나는지 유심히 관찰해 보는 것도 흥미롭다). 결국 딸기는 앞, 뒤, 위 어느 각도에서 바라보더라도 씨앗의 육각 패턴이 최대한 유지되면서 전체 표면이 자연스럽게 구성되

는 것을 볼 수 있다. 작은 생명체에 불과하지만 최선의 아름다움이 구현되어 있다.

🍅 토마토의 4분할 격벽

토마토를 수평으로 잘라 보면 4분할 형태의 격벽과 외곽 구조물이 서로 연결되어 토마토의 둥근 모양을 잘 유지할 수 있도록 되어 있다.

토마토의 경우 주먹만 한 크기를 가지고 있고 그 내부는 젤리 형

●●● 각각의 과일과 채소는 그 외형적 형상이 잘 유지될 수 있도록 최적의 격벽 패턴을 가지고 있다.

태의 무른 재질이다. 따라서 격벽이 없다면 어떻게 될까? 줄기에 달려 있을 때는 겨우 그 모양을 유지할 수 있겠으나, 수확한 다음 보관하거나 이동할 때 쉽게 찌그러지거나 터져버릴 수 있다. 그래서 토마토를 설계하신 하나님은 딱딱한 재질의 4개의 격벽을 만드신

것이 아닌가 생각된다. 네 방향으로 격벽 구조를 함으로써 토마토의 변형을 대부분 막을 수 있게 된다. 만약 1~2개의 격벽이 설치되었다면 토마토가 찌그러질 가능성이 커지게 되므로 이는 충분하지 않다. 격벽이 6~8개 설치된다면 토마토의 자랑거리인 달콤한 육즙이 포함될 공간이 부족해지므로 역시 바람직하지 않다. 이리저리 생각해도 격벽이 4개인 것이 가장 적절해 보인다.

고추의 경우는 어떠할까? 고추는 손가락 정도의 굵기에 길이 방향으로 길쭉한 형태이며, 외벽의 재질 또한 약간 딱딱한 편이다. 그러므로 굳이 여러 개의 격벽을 설치할 필요가 없다. 그렇다고 격벽이 아예 없으면 고추를 운반하거나 보관할 때 역시 찌그러질 염려가 있다. 그러므로 내부를 이등분하는 형태로 중심부에 한 개의 격벽을 설치해 줌으로써 외형의 변형을 거의 방지할 수 있다. 고추와 비슷한 형태이지만 피망의 경우는 둘레의 크기가 커졌으므로 한 개의 격벽으로는 그 모양을 유지하기가 다소 벅차게 된다. 그러므로 3분할 구조의 격벽이 가장 적당하다.

한편 수박을 잘라보면 격벽이 전혀 없는 통 구조를 하고 있다. 수박은 전체적인 크기가 크고 외벽이 그다지 두껍지 않으므로 내부 격벽이 8~10개 정도 설치되어야 할 듯한데 실제로는 전혀 없다. 이것은 수박의 외형이 완벽한 구에 가깝기 때문에 가능하다. 구 형태의 구조물은 하중이 외곽 전체적으로 분산되어 수용되므로 외부의 압력에도 쉽게 찌그러지지 않는다. 접착제 없이 쌓아올린 아치교가 붕괴되지 않고 계란이 깨지지 않는 것과 같은 원리이다. 만약 수박이 길쭉한 형태 또는 네모 형태라면 격벽 구조 없이는 무너지게 된다. 이처럼 채소나 과일의 격벽은 구조 역학적인 정밀한 계산을 토대로 설계된 듯한 느낌을 받는다.

오렌지나 귤의 구조는 독특하다. 과즙이 담겨진 속주머니가 10개의 수직 분할 구조로 서 있다. 이것은 구조역학 및 인체공학적 측면에서 절묘한 구조이다. 액상의 과즙을 10개의 소프트 백에 수납함으로써 과즙의 쏠림 현상이 없으며(자동차 연료 탱크 안에 여러 개의 격벽을 설치하여 연료가 쏠리는 것을 방지하는 것과 같은 원리), 10개의 주머니가 일정한 내압을 가지고 외부 압력을 분산, 수용하게 되어 과일의 변형을 막아준다. 그러므로 과일의 일부 영역이 파손되더라도 손상 부위가 일부 영역으로 국한된다. 또한 10개의 소프트 백에 수납되어 있어 사람이 하나씩 구분해서 먹을 수 있어 매우 편리하다. 오렌지의 내부가 하나의 공간으로 되어 있다면 먹기에 얼마나 불편할까?

사과 껍질의 왁스

사과를 비롯하여 많은 과일과 채소의 표면을 보면 반짝거리는 광택을 볼 수 있다. 이러한 광택은 식물이 과실의 표면에 왁스 성분을 합성해 내기 때문이다. 이러한 왁스 성분은 복잡한 분자식을 갖는 지방산이다. 왁스는 물과 수분에 대한 저항력이 크고 공기 중의 산소 및 세균과 반응하지 않는다. 따라서 과일 표면에 코팅되어 있는 왁스 성분은 과실의 수분이 외부로 증발하는 것을 막아주고, 외부 산소에 의해 과실이 변질되는 것을 막는 중요한 역할을 한다. 또한 알칼리성인 과일 내부에 비해 왁스 성분은 산성을 띠므로 해충을 막는 역할도 수행한다. 사과를 가지고 자신의 팔뚝에 문질러 보라. 피부가 윤기 있는 광택을 갖게 되는데 이는 식물성 천연 왁스를 피부에 발랐기 때문이다.

사과 표면에 형성된 왁스 층은 강한 비바람에 맞아 약간씩 소실되지만, 사과가 나무에 달려 있는 동안에는 나무가 끊임없이 왁스 성분을 사과 표면으로 공급한다. 그런데 사과가 수확된 후 농산품 업체에서 물과 브러시를 이용한 세척 작업을 하게 되는데, 이때 사과 표면의 왁스 성분이 많이 유실되며 더 이상 사과는 왁스 성분을 스스로 만들지 못한다. 농산물 업자들은 사과의 유통 과정에서 사과의 수분 손실을 막기 위해 인공 왁스를 칠하기도 한다. 대략 1kg의 인공 왁스를 사용하면 30만 개의 사과의 표면을 코팅할 수 있다(물론 이것은 바람직한 작업은 아니다).

이러한 식물성 왁스는 식물 생명체의 줄기나 잎 등에도 분포한다. 뜨거운 태양이 작열하는 여름철에 토마토나 호박의 잎이 시들지 않고 견디는 이유는 표면의 왁스 성분으로 인해 수분 증발이 차단되기 때문이다. 큐티클이라고 하는 투명한 식물성 왁스로 잎을 두른 채 내부에서는 엽록체들이 부지런히 광합성을 통해 탄수화물 에너지를 만들고 있다. 식물 생명체가 살아가는 과정은 아름다움과 과학과 질서가 어우러진 신비로운 모습이며, 이 모든 것을 설계하시고 창조하신 하나님의 살아 계심을 보여준다.

"하나님이 이르시되 땅은 풀과 씨 맺는 채소와 각기 종류대로 씨

가진 열매 맺는 나무를 내라 하시니 그대로 되어 땅이 풀과 각기 종류대로 씨 맺는 채소와 각기 종류대로 씨 가진 열매 맺는 나무를 내니 하나님이 보시기에 좋았더라 저녁이 되고 아침이 되니 이는 셋째 날이니라"(창 1:11~13).

(5) 인체 시스템

인간은 하나님의 형상을 따라 창조된 피조물이다. 보이지 않으시는 하나님의 형상을 따라 창조되었다는 것은 무슨 의미일까? 높은 인지 능력을 갖춘 것뿐만 아니라 하나님의 성품, 하나님의 인격을 닮아 있다는 것이다. 사람은 양심이 있어 선과 악을 구분하며, 하나님과 영적 소통을 할 수 있는 존재이다. 아무리 고등한 동물이라 해도 사람처럼 양심이 있다거나, 하나님을 인지하고 하나님과 동행할 수 있는 동물은 없다.

또한 하나님께서는 인간의 몸을 모든 피조물 가운데 가장 뛰어난 기능성을 갖는 형태로 창조하셨다. 필자는 과거 20년 동안 반도체 소자, 전자 부품, 화학 바이오센서 등과 관련된 크고 작은 국책 연구 개발 사업에 참여한 바 있다. 이러한 과정을 통해 사람들이 연구하고 이해하고 구현할 수 있는 것들이 무척 미약하다는 것과, 그것에 비교하여 우리의 몸은 얼마나 놀라운 시스템인가를 실감하게 되었다.

그래서 필자는 의학자나 생물학자가 아니지만 공학자의 입장에서 인체 시스템이 얼마나 진보된 바이오, 화학, 전기, 기계적 기능성을 갖추고 있는가를 살펴보기로 한다.

눈

인체 중에서 고도의 정밀성과 성능을 나타내는 부분이 눈이다. 안구는 1억 개 이상의 시세포를 갖추고 있으며 대략적으로 50cm×50cm의 면적 안에서 0.1mm 정도의 물체를 식별할 수 있어서 이미지 센서의 픽셀로 환산한다면 대략 2,000만~1억 화소급으로서 2012년 현재 최고 성능의 디지털 카메라를 능가한다. 또한 인간의 안구는 1,670만 계조의 컬러(비트 수로 하면 8bit×RGB=24bit이다)를 구분할 수 있는 매우 섬세한 기관으로, 현존하는 최고 성능의 디지털 카메라와 필적한다.

또한 안구의 잔상 시간은 1/20초 정도이다. 결국 통신에서의 데이터 전송률로 대략 환산한다면 다음과 같이 계산할 수 있다.

1억 화소 × 24bit 컬러 × 초당 20프레임 = 48Gbps

즉 인체의 안구로부터 대뇌 사이에 50Gbps의 초고속 영상 통신이 이루어지고 있는 셈이다. 이는 현대 IT로 구현할 수 없는 초고속 통신 속도이다(인터넷이 최대 1Gbps 속도를 갖는다). 시세포에서 얻어진 영상신호가 전기적 신호로 변환되어 대뇌로 전달된 후, 인지의 영역에서 2차원적인 하나의 그림으로 복원되어 우리가 인식하게 되는 일련의 과정은 과학자들이 헤아리기 어려운 신비로운 비밀이다.

안구에서 홍채는 카메라의 조리개와 같은 기능을 하는 것으로 광량에 따라 자동 조절된다. 카메라와 달리 안구에는 여러 개의 근육 다발이 달려 있어 상하 좌우로 빠른 속도로 이동이 가능하다. 렌즈에 해당하는 수정체를 보호하기 위해 각막과 안방이 이중 보호를 하는 시스템으로 되어 있다. 눈물샘에 의해 끊임없이 눈물이 자동 공급되어, 각막과 눈꺼풀의 마찰로 인한 각막 손상을 방지한다(자동차의 비눗물 노즐과 와이퍼가 결합된 시스템과 유사).

통상 카메라의 경우 색 수차(색 경계면에서 색상이 무지개 색으로 흩어짐), 구면 수차(중심부에서 벗어난 주변부의 초점이 맞지 않음), 배럴 디스토션(주변부에서 사물이 왜곡되어 휘어짐) 등이 발생한다. 고가의 카메라에서는 이를 방지하기 위해 보통 10~13개 정도의 많은 렌즈를 조합해서 전체 렌즈 시스템을 구성하지만, 여전히 상당한 수차와 왜곡이 존재한다. 그러나 인체의 안구는 한 개의 수정체 안에 구면과 밀도가 적절하게 구현되어 있어 색 수차, 구면 수차, 배럴 왜곡이 전혀 존재하지 않는다.

또한 안구는 저조도 특성이 탁월하다. 방송국/사진관 스튜디오에서 높은 휘도의 조명을 켜는 이유는 카메라의 저조도 노이즈 발생 때문이다. 아무리 뛰어난 카메라라 해도 100lux 이상의 조명이 있어야 노이즈를 억제할 수 있다. 인간의 눈은 0.1lux의 저조도에서도 사물을 또렷하게 볼 수 있으며, 어떤 경우에도 저조도 노이즈가 발생하지 않는다.

그 밖에도, 인간의 눈은 카메라에 비해 매우 소형 경량이며 양안 구조에 의한 거리 판독이 가능하다. 이러한 인간의 눈의 성능을 갖는 카메라(캠코더)를 제작하는 것은 현대 과학 기술로 불가능하다. 스튜디오 카메라가 수억 원 정도임을 감안할 때 인간의 눈과 동등한 성능의 광학 장비를 개발한다면 수백억에서 수천억 원이 될 수도 있을 것이다. 하나님께서는 모든 사람들의 몸 안에 이런 놀라운 영상 장비를 한 세트씩 제공해 주셨다.

	인체의 안구	카메라
초점 거리	70mm 내외	10~1000mm 제작 가능
광량 조절 방식	홍채	조리개
화소 수	1억 이상	수백 ~ 수천만
색 분해능	1,670만 계조	1,670만 계조
최저조도	0.1lux	100lux
프레임 레이트	1/20초	4~1/10000 조절 가능
거리 측정	양안으로 거리 판독	없음
색 수차	없음	있음
구면 수차	없음	있음
배럴 왜곡	없음	있음

코

코는 냄새를 맡는 감각 기관의 역할과 폐로 공급되는 공기의 정화 및 조화 기능을 담당한다. 사람의 코는 매우 예민하여 각종 음식 냄새, 유해 가스 등을 민감하게 검출할 수 있다. 현대 과학의 발전에 의해 온도 센서, 압력 센서 등의 물리적 센서들은 많은 발전을 이루어 왔으나, 후각 센서는 발전 정도가 미미한 편이다.

필자의 경우 CO_2, NOx 등을 검지할 수 있는 반도체 센서와 관련된 국책 과제를 다수 수행한 경험이 있다. 감응 가스의 종류에 따라 차이가 있지만 수백 ppm 이상의 충분한 농도가 있어야 감지가 가능하며 센서 감응체를 수백 도로 가열해야 하는 등 많은 제약이 있다. 또한 응답 특성도 수십 초 정도로 매우 느리다. 이에 비해 사람의 코는 상온에서 동작하며 수 ppm의 감도로 냄새를 빠르게 감지하며 수십 년 사용해도 고장나지 않는다.

또한 사람이 만든 화학 센서의 경우 하나의 센서는 한 가지 가스에 대해 감지 능력을 갖게 된다. 반면, 사람의 코는 수천 가지의 냄새를 탐지할 수 있어 훨씬 다양한 기능을 갖추고 있다. 2000년대 이후 반도체 기술을 이용하여 인간의 코와 유사하게 여러 가지 기체를 탐지할 수 있는 인공 코(e-nose) 프로젝트가 세계적으로 연구되고 있는 중이지만 탐지 가스의 종류, 검출 감도, 반응 속도, 안정성 등의 측면에서 아직 걸음마 단계이다.[4]

코의 또 다른 기능은 폐로 공급되는 공기를 컨트롤하는 것이다. 사람이 호흡하는 공기에는 크고 작은 먼지들이 많이 포함되어 있다. 코 안에는 넓은 표면적을 가진 점막이 있어 외부에서 들어간 먼지들을 거의 대부분 흡착시키게 된다. 사람이 70~90년을 생존하는 동안 엄청난 양의 먼지를 들이마셔도 폐를 열어서 먼지 청소를 하

---

[4] Miguel Perisa, "A 21st century technique for food control: Electronic noses", *Analytica Chimica Acta*, V. 638, 1(2009).

지 않고 살아갈 수 있는 것은, 코와 기도의 점막에서 완벽하게 먼지 제거가 이루어지기 때문이다.

코의 점막에는 무수히 많은 섬모가 있는데 초당 6회 정도(6Hz)로 점막에 묻은 이물질을 바깥쪽으로 끊임없이 이동시키는 운동을 하고 있다. 코의 또 다른 기능은 가온, 가습 기능이다. 외부에서 어떤 조건의 공기가 들어오더라도 비강을 통과하는 0.3초 정도의 시간 동안 온도 32℃, 습도 80% 정도의 따뜻하고 습한 공기로 전환하여 폐로 공급하게 된다.

코의 점막에서 뿜어내는 습기로 인해 코 안에서 증발하는 수분은 하루에 약 1,000cc 정도로도 대형 페트병 한 개 정도의 양이다. 모든 인간은 자신의 코 안에 최첨단 가열식 가습기를 장착하고 있는 셈이다. 코가 막혀서 입으로 호흡을 오래 계속하게 되면, 코의 가온 및 가습 기능이 이루어지지 않음으로 인해 결국 인후부에 염증이 발생하는데, 이때 말없이 동작하던 코 공조 시스템의 위력을 실감하게 된다.

코는 작은 크기지만 인간이 발명한 어떤 공조 시스템보다 강력한 성능을 나타낸다. 전체 길이 10cm 정도의 짧은 구조에서 이처럼 고도의 냄새 탐지와 완벽한 먼지 제거, 가온 및 가습 기능이 이루어진다는 것은 놀라운 일이다.

귀

보통 승용차에 설치된 스피커 시스템(6.5인치 코액시얼 타입)은 썩

좋은 음향을 재생해 내지는 못한다. 그러나 같은 음악을 가정에 구축된 좋은 컴포넌트 스피커 시스템(15인치 우퍼 + 4인치 미드 + 1인치 트위터)에서 들을 경우 더 우수한 음질을 느낀다. 15인치 우퍼에서 흘러나오는 콘트라베이스의 깊은 저음, 1인치 트위터로 재생되는 트라이앵글의 소리는 전율을 일으킬 정도로 생생하다. 가장 좋은 것은 원음을 직접 듣는 것이다. 연주홀에서 오케스트라의 연주를 듣게 되면 그 음질은 최상이다.

사람이 싸구려 오디오를 들을 때 '소리가 형편없다'라고 생각하고, 현장의 원음을 들을 때 '소리가 좋다'라고 판단하는 것은 무엇을 의미하는가? 그만큼 사람의 귀가 우수하다는 것이다. 사람의 귀는 세계에서 가장 뛰어난 마이크, 스피커의 성능을 뛰어넘는다. 우리가 1억 원짜리 A오디오 시스템에 비해 10억 원짜리 B오디오 시스템을 들으면서 'B의 소리가 더 좋다'라고 판단할 수 있는 것은, 사람의 귀가 10억 원짜리 오디오 시스템을 능가하는 성능을 가지고 있음을 의미한다.

필자는 음향 엔지니어로 일한 경험이 있어 다양한 음향 시스템을 운용하기도 하고 견학하였던 경험이 있는데, 아무리 고가의 오디오 시스템을 구축한다 해도 현장의 원음을 듣는 것에 비해서는 현저히 음질이 저하된다는 것을 많이 경험한 바 있다. 사람의 귀의 성능(주파수 응답 특성, 감도, 선형성 등)은 세상에 존재하는 그 어떤 마이크, 스피커의 성능보다 뛰어나다. 그러므로 전문 음악홀이든 교회이든, 전기적 음향 시스템을 사용하지 않고 자연적 울림에 의한 원음을 들려주는 것이 최선이며 가장 감동적이다. 필자는 모든 음악회, 공연에서 가능한 한 전기적 음향 시스템을 끄고 원음을 전달할 것을 권하고 싶다. 비록 소리는 작아지겠지만 무대에서 부르는 노래와 피아노와 바이올린의 깊은 소리가 왜곡되지 않고 나의 귀로 바로 전달되어 고요한 감동을 느낄 수 있기 때문이다.

귀의 또 다른 기능은 방향 탐지 기능이다. 사람의 얼굴에 귀가 양쪽에 위치하고 있으므로 소리가 들리는 방향이 좌측인지, 우측인지 쉽게 탐지할 수 있다.

그렇다면 귀의 바깥에 있는 귓바퀴의 역할은 무엇일까? 사람이 귓바퀴가 없다면 소리가 들리는 방향의 좌우 구분은 가능하지만 앞뒤, 위아래의 구분을 할 수 없게 된다. 사람이 들을 수 있는 가청 주파수는 20~2만Hz 영역이다. 이 중에서 높은 주파수 영역의 소리는 직진성이 강하고, 낮은 주파수는 회절성이 강하다. 따라서 20Hz 부근의 소리는 귓바퀴가 있든 없든 항상 잘 들리게 되고, 20kHz 부근의 소리는 직진성이 강하므로 귓바퀴 앞쪽에서 잘 들리게 되며 귓바퀴 뒤쪽에서 발생할 때는 잘 들리지 않게 된다. 귓바퀴가 사람의 앞쪽을 향해 달려 있기 때문에 앞쪽에서 들리는 소리는 고음과 저음이 균형 있게 들리지만, 뒤쪽에서 들리는 소리는 고음이 감쇄된 형태로 들리게 된다.

사람은 경험적으로 많은 소리들의 주파수 특성을 머릿속에 기억하고 있으며 현재 자신이 듣고 있는 소리의 주파수 응답 특성을 기억된 표준 특성과 비교하여 소리가 나는 방향을 순간적으로 판단하게 된다. 이러한 원리에 의해 눈을 감고도 주변에서 나는 소리의 방향을 알 수 있다.

칠흑같이 어두운 방 안에서 작은 바늘이 떨어졌다고 하자. 사람의 귀는 소리가 나는 위치의 전후좌우 및 상하 방향을 금방 알 수 있다. 만약 사람이 귓바퀴가 없이 귓구멍만 단순히 뚫려 있다면 어떻게 될까? 소리가 들리는 지점의 전후와 상하 구분을 못하게 된다. 즉 소리가 들리는 방향이 전방인지 후방인지 구분을 못한다. 예컨대 어두운 밤에 내 귀에 돌멩이가 굴러오는 소리가 들린다 해도 앞쪽인지, 뒤쪽인지 구분할 수가 없어 어디로 피할지 방향을 정할 수 없다.

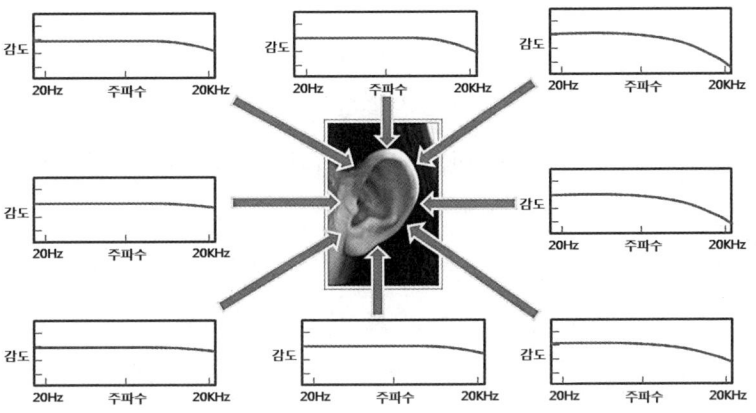

●●● 귓바퀴의 전후, 상하 비대칭 구조로 인해 전후, 상하에서 들려오는 소리의 주파수 응답 특성이 달라지게 된다. 사람은 눈을 감아도 소리가 들리는 위치를 전방위적으로 파악하고 소리 나는 위치를 향하여 마중 가거나 반대 방향으로 달아날 수 있다.

귀가 소리를 감지할 때 고막이 먼저 진동하고 이것이 이소골을 통하여 청신경에 전달된다. 고막으로 인해 중이(中耳)가 외부로부터 분리되므로, 중이 내부의 기압이 대기의 기압과 연동되지 못하게 되어 외부 기압이 낮아지거나 높아지면 고막이 터져버리는 문제가 발생한다. 그러나 중이와 코 사이에 이관(eustachian tube)이 있음으로써 이 문제가 해결된다. 이관의 움직임은 매우 절묘하다. 만약 이관이 상시적으로 개방되면 비강 내부와 상기도의 소음이 귀로 크게 전달되어 극심한 소음에 시달리게 된다.

필자도 최근 중이염 때문에 1~2주간 이관이 상시 개방되는 증상이 발생한 적이 있었다. 이 경우 음식을 먹을 때 씹는 소리가 천둥치는 듯한 정도로 귀에 크게 들린다. 만약 이관이 상시 폐색되면 어떻게 될까? 중이 내부의 기압 조절 실패로 고막이 터지거나 삼출성 중이염에 걸리게 되므로 역시 치명적인 결과를 초래한다. 이관은 항상 열려 있어도 안 되고, 항상 닫혀 있어도 안 되는 것이다. 그러므로 이관은 하품을 하거나 음식물을 삼킬 때 등 하루에 1,000번 정도만 일시적으로 잠시 개방되어 외기압과 중이 내부의 기압을 맞추고 그 외의 시간에는 닫혀 있다.

귀의 또 다른 기능은 평형 감각을 인지하는 것이다. 전정 기관의 림프액의 흐름을 전기 화학적으로 감지하여 3차원적인 몸의 움직임을 파악하고 역학적 신체 균형을 맞출 수 있도록 도와준다. 이는 항공기 운항 시스템에 탑재된 3D 자이로스코프의 기능과 유사하다. 이러한 전정 기관의 도움으로 사람은 눈을 감고도 계단을 뛰어오르내릴 수 있다. 사람이 만든 로봇은 겨우 걸어갈 수는 있으나 계단을 뛰어서 오르내리는 것은 불가능하다. 귀가 동작하는 모든 과정은 복잡한 물리적, 화학적, 생물학적 원리들이 연관되며 그 동작이 매우 섬세하다.

입

사람의 혀는 수만 가지의 맛을 매우 고감도로 감별해 낸다. 현대 과학 기술이 도저히 따라잡을 수 없는 탁월한 기능과 안정성을 가지고 있다. 인체의 미각은 복잡한 효소 반응을 수반한 전기 화학 반응이며 아직도 과학자들은 그 메커니즘을 제대로 이해하지 못하고 있다. 인간의 혀가 맛을 감지하지 못한다면 음식물을 생산, 조리, 보관, 섭취하는 데 큰 문제가 발생할 것이다.

현대 과학 기술의 발달로 공장의 생산 프로세스가 대부분 기계와 전자 시스템으로 자동화되어 있다. 그런데 자동화되지 못하고 인간의 힘을 계속 빌리고 있는 대표적인 분야가 맛과 관련된 품질 검사 분야이다. 예컨대 음료 회사의 품질 검사는 아직도 사람이 직접 혀로 맛을 보아서 확인하는 방식을 통해 이루어지고 있다. 과학자들이 맛을 정확히 감지하는 미각 센서를 개발하지 못했기 때문이다.

모든 형태의 센서(온도, 압력, 가스, 광센서 등)에 비해 가장 구현하기 어려운 것이 미각 센서이다. 현재 반도체 집적 기술을 활용하여 전자 혀(e-tongue)를 개발하려는 연구가 세계적으로 많이 시도되고 있으나 신맛과 짠맛을 겨우 구분하는 매우 기초적인 단계에 머무르고 있다.[5] 만약 인간의 혀와 같이 단맛, 쓴맛, 신맛, 짠맛 등을 농도별로 감지하는 미각 센서를 개발한다면 엄청난 가치가

---

[5] Y. G. Vlasov, "Electronic tongue - new analytical tool for liquid analysis on the basis of non-specific sensors and methods of pattern recognition", Sensors and Actuators B, V.65, 235 (2000).

있을 것이다.

　사람이 사과에 혀를 대면 맛을 느낄 수 있지만 돌이나 유리 그릇에 혀를 대면 맛을 느낄 수 없다. 왜 그럴까? 맛을 느낄 수 있는 대상은 이온으로 분해되어 미각 세포로 전달될 수 있는 것들이기 때문이다. 예컨대 소금이 섭취되면 효소의 도움에 의해 Na^+, Cl^- 이온으로 미각 세포에서 분해된 후 이온과 신경 세포 사이의 전기 화학 반응에 의해 다시 전류 신호로 변환된다. 이와 같은 과정을 통해 다양한 맛이 발생시킨 고유한 전기 신호는 대뇌로 전달되어 맛을 판별하게 된다. 그러므로 미각 세포가 이온화시킬 수 없는 돌, 유리, 플라스틱, 알루미늄 등의 맛은 혀가 느낄 수 없다. 결국 인체의 소화 기관이 처리할 수 없는(먹을 수 없는) 것들은 맛을 느낄 수 없다. 이것은 매우 효과적인 하나님의 설계 방법이다. 즉 맛을 느낄 수 없는 것은 먹지 않으면 되므로 인간이 일차적으로 먹을 수 있는지 없는지 여부를 쉽게 판단할 수 있는 것이다.

　입 안에 있는 치아에 대해 살펴보자. 아기가 태어난 후 8~30개월 사이에 다섯 종류의 치아가 솟아나게 된다(아래 그림에서 1~5번). 좌우, 아래위 모두 20개(1~5번 × 좌우 × 상하 = 20)가 되는데, 이를 유치라고 한다. 아이가 성장해서 6~8세가 되면 유치가 모두 빠지고 영구치로 교체된다(그림 6~12번). 영구치는 해당 위치의 턱뼈 속에서 자라고 있다가, 정해진 시기가 되면 유치의 치근을 녹여서 흡수하면서 자라난다(이때 유치는 치근이 잠식됨으로 인해 급속히 흔들리면서 빠지게 된다).

　한편, 어금니는 유치 없이 바로 영구치가 나오는데 대략 6~7세

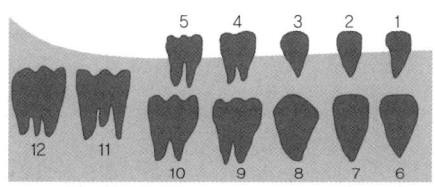

●●● 유치와 영구치라는 이중 백업 시스템은 인간이 지적 설계에 의해 창조되었음을 보여준다.

가 되면 어금니가 나오기 시작한다.

이러한 유치의 존재는 '사람이 짚신벌레로부터 진화된 존재가 아니다'는 것을 시사해 준다. 어린아이들은 자기 관리 능력이 없으며, 태어나서 바로 영구치를 갖게 되면 대부분 치아를 손상시키게 된다. 따라서 자기 관리 능력을 갖출 수 있는 6~8세가 되기 전에 임시 용도로 유치 20개가 부여되었다고 생각되며, 이는 사람의 생태를 잘 알고 있는 지적 설계(intelligent design)로 이해된다. 흥미롭게 유치는 치열 중앙에 20개밖에 없다. 유아들은 어금니로 씹어 먹는 기능은 그다지 필요 없기 때문이다.

영구치가 나는 시기가 6~8세 시점인 것으로 보아, 하나님께서는 사람이 이 정도의 나이가 되면 스스로 자기 관리를 할 수 있다고 판단하신 것으로 생각된다. 신생아~영유아 시기에 다른 장기는 관리가 부실해도 그다지 손상될 부분이 없다. 그러나 치아는 에나멜/시멘트 재질로서 음식물과 직접 접촉하면 산/당분에 매우 취약할 수밖에 없다. 영유아들은 스스로 치아 관리를 하기가 어려우므로 창조주께서는 이러한 부분을 감안하셔서 유치/영구치라는 이중 백업 시스템을 설계하신 듯하다. 유치는 일회용으로 사용하고 미련없이 버리라는 것이다. 우리 인체에서 동일한 구성품이 같은 장소에서 두 번 반복 생성되어 사용되는 것은 치아가 유일하다.

등산을 하다가 그림과 같은 돌다리를 발견하였다. 계곡의 돌들이 우연히 조립되어 생겼다고(진화) 봐야 할까? 아니면 누군가가 의도적으로 쌓았다고(창조) 봐야 할까?

●●● 돌무더기의 형태로 보아 누군가가 쌓아올린 것이 분명하다. 생명체의 오묘한 질서는 창조주가 있음을 알게 해준다.

노트북 컴퓨터를 절벽에서 떨어뜨리면 바닥에서 쇳조각으로 변하지만, 쇳조각을 절벽에서 떨어뜨린다고 해서 바닥에 부딪힌 후 노트북 컴퓨터가 생겨나지는 않는다. 필자는 전자 재료, 반도체 소자 관련 연구 개발에 20년간 종사해 왔으며, 많은 실험과 연구 과정을 통해 우연히 일어날 수 있는 것과 우연히 일어날 수 없는 것들에 대한 상식을 어느 정도 갖게 되었다.

필자의 경험과 상식에 의하면 '아메바와 같은 미생물이 진화하여 인간이 되었고, 인간이 진화를 거듭하여 유치-영구치 백업 시스템을 갖추었다'는 주장은 도저히 받아들이기 어렵다. 마치 폐광산을 수천 년간 방치한 결과 철광석이 진화를 거듭하여 WiFi/DMB 수신 기능, 500만 화소 카메라 기능, 3인치 아몰레드 디스플레이로 무장한 최첨단 스마트폰이 지하 갱도에서 생겨났다는 주장보다 더 믿기 어려운 것이다.

인체 시스템

인간의 몸은 진화가 아닌 지적 설계에 의해 창조되었음을 시사하는 많은 증거들을 보여준다. 먼저 가장 경이로운 것은 인간의 뇌이다. 100억 개 이상의 뉴런 세포로 구성되어 있으며, 이 세포에 저장된 정보는 전 세계 모든 도서관의 장서량을 뛰어넘는 수준이다. 뇌는 단순히 기억하고 계산하는 정도가 아니라 생각하고, 감정을 처리하고, 새로운 것을 창조하는 신비한 능력을 가지고 있다.

현대 과학자들은 아직도 뇌가 기억하고 생각하는 메커니즘을 명확히 이해하지 못하고 있다. 과학자들이 발견한 인공 지능(artificial intelligence)이라는 것은 주어진 조건 내에서 단순한 판단을 하는 것으로 감정을 이해하고, 맥락을 헤아리고, 새로운 질서를 창조하는 인간의 두뇌와는 감히 비교할 수 없다. 다빈치의 두뇌는 예술과 과학에서 걸작들을 창조하였으며, 쇼팽의 두뇌는 아름다운 피아노 소나타를 작곡하는 능력을 발휘하였고, 테레사 수녀의 두뇌는 그로 하여금 인류를 위해 봉사하려는 열망과 실천적 지혜를 갖도록 하였다.

인간의 감각 기관과 운동 기관이 결합하여 구현되는 운동 능력은 인간이 만든 로봇 시스템과 비교할 때 가히 경이적이다. 야구 투수는 시속 150km의 속도로 투구를 할 수 있으며, 18m 떨어진 포수 글러브에 좌우 10cm 편차 이내에서 공을 연속적으로 던질 수 있으며 타자 앞에서 20~30cm 낙차로 뚝 떨어지는 시속 130km대의 커브볼과 떠오르는 듯한 직구를 마음대로 던질 수 있다. 또한 타자는 1초 정도의 시간 동안 눈으로 투수의 공의 궤적을 확인한 후 팔과 손목의 근육을 컨트롤하여 홈런을 쳐낼 수 있는 경이적 능력을 갖고 있다. 농구 선수는 빠르게 달려가면서 점프와 동시에 10m 밖에 있는 바스켓에 3점 슛을 던져 넣는 능력을 가지고 있다. 피아니스트는 화려하고 빠른 쇼팽의 에튀드와 폴로네이즈를 눈을 감고도 연주하는 고도의 능력을 가지고 있다.

팔과 손목을 움직이는 근육의 컨트롤과 뇌에 기억된 공간 정보들이 종합적으로 어우러져서 만들어 내는 기적적이고 경이적인 모습들이다. 사람이 만든 로봇이나 기계 시스템에 비해 인체가 수행할 수 있는 일들은 매우 섬세하고, 빠르며, 정확하다.

인체 시스템의 에너지 대사 효율은 56% 수준이다. 이는 인간이 개발한 어떤 전기 기계 시스템보다 높은 효율이다. 인체는 통상적인 주의를 기울여서 균형 잡힌 생활을 할 경우 70~90년 정도 건강하게 유지되며 윤활유 주입, 부품 교체 등이 필요 없다. 인체는 스스로 치유하는 능력이 있다. 사람이 만든 기계는 고장나면 부품을 교체해야 하지만, 인간의 몸은 스스로 치유하며 외부 공격을 방어해 나간다. 의사의 역할은 세균과 바이러스가 일시적으로 과다해

졌을 때 이에 저항할 수 있도록 항생제와 항바이러스제를 처방하는 것이라 할 수 있으며, 궁극적으로 병균에 저항하고 치유하는 것은 나의 몸이다.

체온이 36.5℃로 일생 동안 유지되는 것도 경이적이다. 항상성 조절 기구에 의해 사람의 체온은 0.1℃ 오차도 없이 정확하게 컨트롤되는데, 외부 표준(reference)과의 비교 및 보정 없이도 일생 동안 정확한 체온이 유지된다. 미국 캘리포니아에서 태어난 데이비드와 한국에 살고 있는 홍길동의 체온은 36.5℃로 일치하는데 서로의 체온을 보정(correction)하지 않았음을 고려할 때 이는 가히 기적적이다. 36.5℃라고 하는 절대적 온도 표준은 인체의 어떤 부위에 메모리되어 있는 것인가?

사람이 만든 로봇은 제작될 수는 있으나 제작된 로봇이 다른 로봇을 재생산하지는 못한다. 하나님께서 창조하신 생명체의 신비로운 능력은 성의 결합을 통한 재생산 과정이다. 여성의 수정체는 어머니로부터 절반의 염색체와 유전자를, 그리고 아버지로부터 절반의 염색체와 유전자를 기초로 새로운 생명체를 만든다. 그 생명체는 얼굴 형태, 피부색, 키와 몸무게 등에서 아버지와 어머니를 적절하게 닮아 있지만 똑같지는 않다. 그러므로 어느 집 자녀인지는 식별이 되지만 부모와 똑같이 생기지는 않아 혼란을 줄여주게 되어 있다.

임신과 출산을 통한 새 생명의 창조 과정은 참으로 신묘막측하여 인간의 지혜로 도저히 헤아릴 수 없다. 수정된 순간부터 엄마 몸의 많은 부분이 변화된다. 외형적 변화부터 호르몬 및 면역체계의 변화 등 많은 것이 관계된다. 조그만 태아의 안전과 성장을 위해 몸의 모든 부분이 일관성 있게 통제되고 협동하면서 최선의 노력을 경주한다. 태아는 수정란 단계에서 하나의 세포이지만 기관(팔, 다리, 폐, 심장 등) 분화 단계에서는 거대한 카드 섹션이 펼쳐지듯이 몸의 각 부위가 다른 모습으로 나타난다.

오른손과 왼손은 다른 방향으로 전개되었지만 결국 똑같은 길이와 모양을 갖게 되는데, 이는 눈을 감고 그린 두 개의 그림이 완벽하게 일치하는 것과 같은 놀라운 일이다.

정해진 날수가 채워지면 최종적으로 이 우주 안에 존재하지 않았던 새로운 생명, 새로운 인격이 탄생하게 된다. 이것은 얼마나 놀라운 일인가? 이러한 모습은 아메바와 짚신벌레의 진화로부터 도달할 수 있는 것인가?

사람의 가치

사람은 하나님의 형상을 따라 창조된 피조물이다. 선악을 분변하며, 영원한 것을 사모하며, 의를 행함으로 삶의 의미를 찾을 수 있는 고귀한 존재이다. 그러므로 영적인 측면에서 한 사람의 가치는 형언할 수 없을 만큼 귀하다. 외적으로 부족해 보이는 사람이 있다 해도 그는 무한히 귀한 존재이다.

사람의 몸은 기능적 측면에서도 무척 가치롭다. 얼굴에 있는 감각 기관들(눈, 코, 귀)은 이 세상에 존재하는 어떤 전자 장비보다 월등히 우수한 기능을 발휘한다. 또한 50~70kg 정도의 체중을 가진 인간의 몸 안에는 이 세상의 어떤 전기 장치, 기계 장치, 화학 장치보다 뛰어난 순환계, 내분비계, 신경계, 운동계를 갖추고 있으며, 그 모든 것들이 작동하는 정교함과 복잡성은 가히 작은 우주와도 같다.

사람의 가치를 돈으로 환산할 수 없지만, 굳이 인체의 하드웨어적인 성능을 금액으로 측정한다면 수천억 원 이상의 가치와 기능이 있다. 아침에 잠을 깨서 침대에서 몸을 일으킬 수 있는 것, 맛있게 식사를 하고 하루를 힘차게 생활하는 것, 몸의 질병과 상처가 치유되는 것, 밤에 잠을 자면서 쉼과 회복을 얻는 것 이 모든 것들이 기적과도 같이 놀라운 과정들이다.

오늘 하루도 나의 생명이 이어지고 있음을 인해 하나님께 감사하며, 나의 귀한 몸을 가지고 좀더 가치 있고 보람 있는 일을 해야겠다는 생각을 하게 된다. 나아가 이 세상에 함께 거하는 모든 사람들을 귀하게 대하고 섬겨야 한다. 모든 사람들은 하나님의 귀한 피조물이기 때문이다.

(6) 자연은 자연스럽다

자연은 자연스럽다

'자연스럽다'는 형용사는 '자연'(自然)이라는 단어에서 파생되었다. 영어 표현에서도 natural이라는 단어는 nature에서 파생된 것이다. 꾸밈과 가식이 없으면서도 아름답고 조화된 상태를 일컬어 자연스럽다고 말하곤 한다. 하나님께서 창조하신 우주와 지구와 자연과 생명 시스템의 특징은 자연스럽다는 것이다.

> **학술지 〈네이처〉**
>
> 〈네이처〉(Nature)는 1869년 영국에서 창간된 과학 학술지이다. 미국에서 발행되는 〈사이언스〉(Science)와 함께 가장 권위 있는 세계 과학 저널이다. 〈네이처〉의 인용 지수는 30 정도로, 일반 논문의 0.5~2 정도에 비해 매우 높다. 과학의 신지평을 개척한 아인슈타인, 막스 플랑크, 제임스 왓슨 등의 논문과 수많은 노벨상 수상자들의 논문이 게재되었다. 〈네이처〉에 논문 한 편을 게재하는 것은 과학자의 가장 큰 영예이다.
>
> 〈네이처〉에 주로 게재되는 내용은 우주, 지구, 자연과 생물체에 관한 것이다. 가장 심오하고 가장 어려운 과학은 자연과 생명체 안에 숨어 있다.

지극히 화려한 공작새가 있는가 하면 흑백의 줄무늬가 있는 얼룩말이 있다. 얼룩말의 줄무늬의 패턴 구조는 매우 자연스럽다. 등과 배 부위에서는 패턴이 굵어지고 다리에서는 패턴이 가늘어진다. 가장 뛰어난 디자이너가 얼룩말의 패턴을 다시 디자인한다 해도 이보다 미적으로 뛰어나고 자연스러운 디자인은 불가능할 것이다. 사자는 무늬가 없이 누런 단색의 외형을 가지고 있는가 하면, 거북은 등에 다각형 패턴을 한 방패를 장착하고 있다. 거북이 등의 패턴은 육각, 오각, 사각형 패턴이 맞물리면서 색감과 디자인 측면에서 아름다운 형상을 이룬다. 개의 털은 단색, 계조가 가미된 단색, 투 톤 컬러 등 매우 다양한 형태를 보인다. 얼룩무늬 강아지에서 흑과 백의 패턴이 교차되면서 구현된 것은 자연스러운 아름다움을 나타낸다.

채소와 열매에서도 바나나와 같은 단색으로 표현된 것이 있는가 하면, 사과와 같이 단색을 기본으로 하되 자연스러운 계조 변화를 띤 것이 있다. 수박은 연한 초록색을 기초로 하되 수직 방향으로 짙은 초록색 파도 형상의 줄무늬가 있다. 더운 여름철 시원한 색상과 역동적 패턴을 가진 수박은 보기만 해도 가슴이 시원해진다.

사람이 만든 인공물들은 뭔가 부자연스럽고 딱딱한 느낌을 준다. 그런데 자연은 자연스럽다. 색상이 자연스럽고, 무늬가 자연스럽다. 사장님이 주재하는 회의는 딱딱하고 권위적인 경우가 많다. 하나님의 성품은 경직되고 무서운 것이 아니라 아름다움, 사랑, 여유, 질서, 균형, 자비가 지극히 풍성하신 분이다. 거대한 산과 절벽을 보면 하나님의 권위와 힘을 느끼게 된다. 강아지의 재미있는 투 톤 컬러와 무늬를 볼 때 하나님은 유머러스하신 분으로도 생각된다. 자연에 존재하는 피조물들의 형상을 살펴보면서 그것을 창조하신 하나님의 성품과 의도를 헤아려 볼 때 잔잔한 미소를 떠올리게 된다.

🐾 자연은 방대하며 풍요롭다

하나님께서 창조하신 지구 생명 시스템은 참으로 방대하여 그 종류가 매우 많다. 현재까지 파악된 바에 의하면 동물의 경우 100만 종 이상이 존재하는 것으로 추정되고 있다. 코끼리와 같이 지극히 큰 것부터 햄스터와 같이 작은 것까지 그 크기와 모양과 생태는 아주 다양하다.

식물은 30만 종 이상이 존재하는 것으로 파악된다. 키가 수십 미터에 이르는 세콰이어로부터 작은 야생화에 이르기까지 그 형상과 생태가 다양하다. 곤충은 실물이 파악되어 학명이 기록된 것이 80만 종이며, 이 외에도 조류, 미생물 등을 포함하여 지구상에는 최대 3,000만 종의 생물 종이 존재하는 것으로 추정되고 있다.

대규모 자동차 회사에서 생산하는 차량의 종류는 대략 10~40 종류이고 차종별로 6~10개 정도의 색상으로 출고되는 것이 보통이다. 전자 제품을 생산하는 글로벌 기업의 경우에 생산하는 아이템은 많아야 수십에서 수백 가지에 불과하다. 이에 비해 하나님께서 창조하신 대자연의 스케일과 오묘함은 비교할 수 없을 정도로 방대하다.

"여호와는 위대하시니 크게 찬양할 것이라 그의 위대하심을 측량하지 못하리로다 대대로 주께서 행하시는 일을 크게 찬양하며 주의 능한 일을 선포하리로다 주의 존귀하고 영광스러운 위엄과 주의 기이한 일들을 나는 작은 소리로 읊조리리이다 사람들은 주의 두려운 일의 권능을 말할 것이요 나도 주의 위대하심을 선포하리이다 그들이 주의 크신 은혜를 기념하여 말하며 주의 의를 노래하리이다 여호와는 은혜로우시며 긍휼이 많으시며 노하기를 더디 하시며 인자하심이 크시도다 여호와께서는 모든 것을 선대하시며 그 지으신 모든 것에 긍휼을 베푸시는도다"(시 145:3~9).

자연은 스스로 정화하며 스스로 치유한다

아프리카의 평원, 아마존의 밀림, 북극과 남극, 사람들이 거주하는 평원과 농토는 수천 년간 건강하게 스스로 생존해 왔다. 하나님께서 창조하신 태양과 지구를 구성하는 물과 공기를 모태로 하여 동물과 식물과 숲은 흔들림 없는 생명성을 유지해 왔다. 자연을 구성하는 생명체들은 서로 유기적으로 연결된 생태계를 안정적으로 유지하고 있으며, 서로에게 해로운 물질을 생산하지 않는다. 하나님께서 창조하신 산과 바다와 강에는 쓰레기통이 없고, 의사가 없고, 청소부가 불필요하다.

특히 토양과 하천에는 무수한 미생물이 존재하며 복잡한 산화환원 반응을 통해 생명체들의 분비물과 잔해 물질들을 무해한 가스로 분해하는 역할을 하게 된다. 동물과 식물 생명체의 대규모 사멸, 대규모 화재, 기상 악화 등으로 자연계의 균형이 일부 무너지더라도 자연계에 존재하는 생명 시스템은 스스로 복원하는 힘이 있다. 그러나 다음 장에서 언급한 바와 같이 도를 넘어서는 인간의 욕심, 무분별한 자연 훼손, 자원의 남용 등에 의해 건강하게 유지되어 왔던 자연계에 생명성과 질서가 심각하게 파괴되고 있다.

하나님의 경륜과 인도하심

사람의 생각과 지혜와 능력은 매우 제한적이다. 세상에서 제법 훌륭하다고 하는 사람들도 그 생각이 경직되거나 고리타분할 수가 있다. 그러나 하나님이 능력과 지혜는 무한하시며 그 한계가 없다. 하나님의 창조하신 생명체는 수천만 가지이며 그 크기와 모습과 성격이 모두 다르다. 하나님이 창조하신 다양한 피조물을 바라보면 하나님께서 사람들을 인도하시는 방법도 다양하다는 것을 미루어 짐작할 수 있다.

하나님께서 창조하신 피조물 중에서 사자와 같이 힘과 위엄이 있는 동물이 있는가 하면, 유머러스한 원숭이가 있고, 양식이 되는 벼가 있는가 하면, 시원한 줄무늬를 갖는 수박이 있다.

하나님께서 나의 앞길을 예비하시고 인도하시는 방법은 경직된 몇 가지가 아니며, 그 수가 무궁하다. 때로는 위로하시며, 때로는 기쁨을 주시며, 때로는 환난과 도전을 주시며, 때로는 승리를 주신다.

"하나님이여 주의 생각이 내게 어찌 그리 보배로우신지요 그 수가 어찌 그리 많은지요"(시 139:17).

"How precious to me are your thoughts, O God! How vast is the sum of them!" (Ps. 139:17, NIV).

II부

황폐화된 생명 공동체

인간의 욕심과 생명 공동체의 붕괴

하나님께서 창조하신 지구 생명 시스템은 수천 년간 아름답고 균형잡힌 상태로 잘 보존되어 왔다. 하나님께서는 인간을 창조하셨으며 인간에게 자연 만물을 다스리는 역할을 하도록 하셨다(창 1:28). 자연을 다스린다는 것은 자연에 존재하는 생명체들을 착취하고 함부로 대한다는 의미가 아니다. 동물과 식물 생명체들을 살피고, 건강한 생명성을 유지하게 하며, 자연의 모든 환경을 지켜 나가는 의미가 포함되었다고 보아야 할 것이다.

하나님께서 창조하신 자연 생명 시스템은 인간이 필요한 만큼만 취하면 아무런 문제가 없도록 설계되어 있다. 그러나 필요 이상의 것을 소유하고 누리려는 인간의 욕심과 방종으로 인해 자연과 지구 생명 시스템은 훼손되기 시작하였다. 특히 제2차 세계대전 이후 자동차를 비롯한 운송 수단의 발전, 각종 전자 제품의 보급, 생산 시스템의 고도화를 통한 소비재의 대량 생산, 부의 축적을 통한 레저 수요 증가 등의 요인이 맞물리면서 지구 생태계는 급속히 파괴되고 있다. 현재 가장 큰 문제로 대두되고 있는 것은 배기가스 배출로 인한 지구 온난화, 지나친 생산과 소비로 인한 환경 오염, 화학 물질과 의약품 오남용에 기인한 오염과 중독, 생태계의 변화 및 멸종 등이다.

2000년 이후 사람들의 과소비와 방종으로 인한 지구 생태계의 위기는 돌이킬 수 없이 위험한 국면으로 치닫고 있다. 현재의 상태가 지속된다면 다음 세대는 매우 힘들고 피폐한 상황에 처할 것이 확실시된다.

본 장에서는 인간의 욕심과 방종으로 인해 지구 생명 시스템에 발생한 손상과 위기에 대해 살펴보고자 한다.

(1) 지구 생명 시스템의 파괴

🌑 지구 온난화

지구 온난화는 현재 지구 생명 시스템의 가장 큰 위협 요인으로 대두되고 있다. 지난 100년간 지구의 평균 온도는 1℃ 상승하였으며, 특히 1970년대 이후 매우 가파르게 상승하고 있다. 지구 온난화의 주요인은 산업 활동 증가로 인한 이산화탄소의 과도한 발생이다.

지표면은 태양으로부터 에너지를 흡수한 후 지표 복사 과정에 의해 대기 중으로 열에너지를 내보낸다. 이때 대기는 지표면에서 방출되는 복사 에너지를 흡수하여 그 일부를 다시 지표로 되돌려 준다. 즉 대기는 지표면에서 방출하는 복사 에너지가 우주 공간으로 빠져나가지 못하게 하는데, 이를 온실 효과(greenhouse effect)라고 한다.

온실 효과는 지표면의 온도를 적정하게 유지하는 역할을 하며, 기본적으로 지구 생명체에게 이로운 것이다. 그러나 인류의 지나친 산업 활동과 에너지 소비로 인해 적정선에서 유지되던 열에너지 균형이 깨졌다.

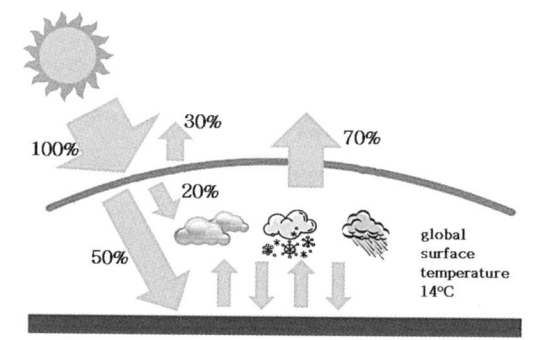

●●● 지표면으로 입사된 태양열은 온실 효과에 의해 지표면을 온화하게 감싼다. 온실 효과에 의해 지구의 모든 생명체는 잘 보호받으며 생존할 수 있게 된다.

앞의 그림에서 나타나듯이, 지구로 입사된 태양 에너지 중에서 30%는 직접 반사에 의해 바로 우주 공간으로 돌아가고, 20%는 대기에 의해 흡수되며, 나머지 50%는 지표면에 흡수되었다가 대기를 경유하여 다시 지표면으로 전달되거나 우주 공간으로 돌아간다.

대기를 구성하는 성분 중에서 수증기, 이산화탄소(CO_2), 오존(O_3), 메탄(CH_4), 프레온 가스(CFCs), 이산화질소(N_2O) 등의 물질이 지표로부터 방사되는 열에너지를 흡수하여 지구로 되돌려주는 역할을 하고 있는데, 이들을 온실가스라고 한다. 이들의 농도가 증가할수록 열 방사에 대한 차단 효과가 커져서 지표면의 온도는 올라간다. 온실가스는 비닐하우스의 차단 비닐, 주택의 유리창과 같은 역할에 비유할 수 있다.

창조로부터 적절하게 유지되었던 온실가스의 농도 변동이 일어난 것은 인간의 무분별한 소비와 난개발이 원인이다. 이산화탄소의 증가는 자동차 운행, 공장의 생산 활동, 화력발전소 등이 확대된 것에 주로 기인한다. 또한 메탄가스는 가축의 분뇨 등에서 발생하는 경우가 대부분이다. 염화불화탄소(CFC)는 자동차의 에어컨이나 가정용 냉장고 등에 사용되는 냉매로, 해당 제품이 파손되거나 사용 후 파기되는 과정에서 대기로 방출되어 온실효과를 가속화시키게 된다. 이산화질소의 경우는 화학 비료의 사용 후 분해 과정에서 주로 발생한다.

구분		이산화탄소 (CO_2)	메탄 (CH_4)	이산화질소 (N_2O)	염화불화탄소 (CFCs)
온실효과 기여도(%)		50	15~20	5	20
배출원		화석 연료, 산림 훼손	경작, 가축사육	농지 경작	냉매, 용제
대기 잔류 수명(년)		50~200	10	150	65
대기 농도	산업혁명 이전	280ppm	700 ppb	288ppb	0
	1990년	353ppm	1,714ppb	311ppb	280
	연평균 농도 증가	0.4	0.8	0.25	4

●●● 온실 기체의 종류 및 분포 현황. 온실 기체가 급증하는 주요 원인 중의 하나는 사람들의 과도한 육식 습관이다.

주목할 만한 것은 육식을 즐기는 풍조가 지구 온난화의 주된 요인이라는 것이다. 냉장고 등 가전제품의 발달과 운송 수단이 발달함으로 인해 사람들은 채식에 비해 육식을 많이 하게 되고, 이러한 수요에 대응하기 위해서 더 많은 수의 소나 돼지 등의 가축을 사육하면서 점점 더 넓은 초지와 더 많은 풀을 필요로 하게 되었다. 초지와 식물 생명체의 감소로 인해 식물 생명체가 담당하던 이산화탄소의 흡수가 글로벌하게 감소됨으로써 이산화탄소의 양이 늘었다.

또한 늘어난 가축 수에 비례하여 분뇨 배출이 증가하여 메탄가스의 발생량 역시 늘어나게 된다. 아울러 육류를 보관하기 위한 냉장시설이 확대됨으로써 염화불화탄소(CFC)의 사용량도 증가한다. 개인과 가정 측면에서 어떤 행위가 지구 온난화를 가속화시키는 것일까? 승용차를 운행하는 것은 직접적으로 대기에 이산화탄소를 배출하는 것이다. 고기를 섭취하는 것 역시 간접적으로 이산화탄소와 메탄가스 배출량을 늘린다. 또한 가정의 에너지 소비가 많아질수록 더 많은 발전소가 필요하게 되므로 이것 역시 지구 온난화를 가속화시킨다.

지구의 연평균 온도는 15.5℃ 정도인데, 현재 추세로 온실가스 배출이 지속된다면 2040년에는 현재보다 평균 기온이 약 3℃ 상승하고, 극지방의 빙하가 녹아서 지구의 평균 해수면은 30cm 정도 상승할 것으로 예측된다. 이렇게 되면 지구 생태계는 치명적인 손상을 입을 것으로 예상된다. 해수면 상승으로 인한 해안도시의 파괴, 수온 및 대기 온도 상승으로 인한 미생물의 증식으로 생태 균형 파괴 및 질병이 창궐할 가능성이 크다.

오존층 파괴

지표로부터 25~30km 사이의 성층권에는 대기의 구성 성분인 산소(O_2)가 태양 자외선과 광화학적 반응을 일으켜 오존(O_3) 형태로 존재하고 있는데, 이를 오존층이라 한다. 지표면에 존재하는 오존은 인체에 해로운 물질이지만, 성층권에 존재하는 오존은 태양으로부터 지구로 유입되는 유해 자외선을 대부분 차단하는 매우 중요한 역할을 한다. 오존층이 걷히면 지구상의 모든 생명체는 화덕 위에 올려진 바닷가재와 비슷한 신세가 되어 멸종의 위기에 처하게 된다.

자외선은 파장에 따라 UV-A(320~380nm), UV-B(280~320nm)로 구분되는데, 특히 UV-B는 피부와 눈에 치명적인 손상을 초래하며, 면역 체계와 비타민 D 생성을 방해하는 등 매우 해로운 광선이다.

일반적으로 성층권의 오존 농도가 1% 감소하면 UV-B의 양은

2% 증가한다. 이에 따른 피부암의 발생률은 약 4% 증가하며, 백내장은 0.6% 증가하여 시력을 잃는 사람이 매년 10만 명 이상 증가될 것으로 예상되고 있다. 또한 과도한 자외선 노출은 인체의 면역 기능을 현저히 저하시켜 각종 질병이 늘어날 것이다. UV-B가 증가할 경우 해양계의 하위 먹이사슬인 플랑크톤의 생태 변화로, 해양에서 육상 생물로 연결되는 먹이사슬 체계가 파괴되면서 생태계의 치명적 손상이 초래된다.

1980년 이래 지구 전체의 오존량은 매년 약 3% 급격히 감소되고 있어서, 20년 후에는 현재의 절반 정도로 줄어들 것으로 보인다. 이러한 오존 파괴의 주범은 에어컨이나 냉장고의 냉매로 사용되는 프레온 가스 등과 같은 염화불화탄소(chlorofluorocarbon) 물질이다. 이러한 물질이 대기 중에 방출되어 성층권에 도달하면 자외선과 반응하여 염소(Cl) 분자를 생성하게 되는데, 염소는 오존을 없애는 화학 반응을 일으킨다($Cl + O_3 \rightarrow ClO + O_2$).

성층권에 존재하는 오존층이 파괴되면서 지표면에서는 이차적인 피해가 발생하고 있다. 자외선이 지표면 가까이 도달하게 되어 대류권에서의 오존량이 증가하게 되는데, 이는 피부 및 호흡기 질환을 일으키고 도시 지역의 광화학 스모그 현상을 일으키는 원인이 된다.

황사

황사는 보통 중국 대륙이 봄철에 건조해지면서 북부 고비 사막과 타클라마칸 사막, 황하 상류 지대의 흙먼지가 강한 상승 기류를 타고 3,000~5,000m 상공으로 올라가 초속 30m 정도의 편서풍을 타고 우리나라까지 날아오는 현상이다.

황사 현상이 심하면 하늘 색깔이 황갈색으로 변하면서 흙먼지가 태양빛을 차단해 시계가 나빠진다. 황사의 미세 먼지는 기관지염, 감기, 천식 등 호흡기 질환과 심혈관 질환, 눈병 등 각종 질병을 유발한다. 또한 미세 먼지로 인해 반도체 생산 설비, 항공기와 같은 정밀 시스템의 고장 발생률이 크게 높아진다. 특히 카드뮴, 납 등의 중금속과 유해 화학 물질들이 황사에 포함되어 있어 인체에 매우 유해하다.

이러한 황사의 발생 원인은 근본적으로 초지가 사막으로 바뀌어 사막의 면적이 증가하기 때문이다. 초지가 사라지는 주원인은 무분별한 자연 훼손과 가축 사육 증가에 있다. 특히 전 세계적으로 육식 수요가 증가되어 더 많은 가축을 사육하게 되었으며, 소를 비롯한 가축들이 초지와 숲의 풀을 뜯어먹음으로써 초지가 급속히 줄어들게 된 것이다.

중국을 예로 들면, 초지가 사막으로 변화되는 사막화 속도가 1960년대 이전에는 연간 1,500km^2 정도였으나, 1970~80년대에는 2,100km^2, 현재는 매년 2,500km^2 규모로 증가하고 있다. 즉 중국 전역의 초지 가운데 매년 약 2%가 사막으로 변화하고 있는데 이는 서울 면적의 4배 규모이다. 또한 몽골은 국토 사막화가 점점 가속화되어 현재 사막화율이 90%에 도달하고 있다.

황사는 무분별한 개발과 육식에 빠진 인류에 대하여 자연이 내리는 매서운 회초리이다. 사람들이 소고기 회식을 많이 하고 패스트푸드점에 들락거리는 동안 지구의 사막화는 가속화되고 있다. 지구 온난화 및 황사를 동시에 줄이는 좋은 방법은 육류 섭취를 줄이는 것이다. 인체에 필요한 단백질은 육류 대신 콩이나 두부를 통해 충분히 섭취할 수 있다. 부서 회식 장소로 고깃집이 아닌 두부 전문점을 선택하는 것은 지구를 살리는 실천적 방법이다.

산성비

석유, 석탄, 천연가스 등 화석 연료의 남용으로 대량의 황산화물이나 질산화물이 대기 중으로 방출되고 있다. 이러한 물질들은 대기를 떠돌아다니는 동안 수증기와 반응하여 황산이나 질산 등의 강산(强酸)으로 변화된다. 이들이 빗방울의 핵이 되거나, 또는 떨어지는 동안에 흡수되어 강한 산성비를 형성한다. 정상적인 빗물의 pH 농도는 5.6~6.5 범위이지만, 산성비의 경우 pH 3~5의 강한 산성을 띤다.

산성이 된 물은 여러 경로를 통해 많은 생물에 나쁜 영향을 미치는데, 특히 산성에 약한 물고기 종류에서 그 영향이 제일 먼저 나타나 점차 다른 생물로 확산된다. 또한 땅에 산성 물질이 쌓이면 토양이 오염되어 그 땅에서 자라는 식물도 피해를 입는다. 이러한 산성비의 영향으로 세계 곳곳에서 삼림이 황폐화되고 하천이나 호수에서 물고기의 떼죽음 현상이 나타나고 있다. 미국과 유럽에서는 공업 지대 주변에 있는 침엽수림이 무더기로 죽는 일이 흔히 발생하고 있다. 스웨덴은 2,500여 개 호수의 낚시터와 초지의 20%가, 미국은 전체 호수의 20% 이상이 산성화되어 물고기가 살기 어려운 상황에 이르렀다. 또한 산성비는 철재와 콘크리트 등 건축 구조물, 그리고 고고학적 유물까지도 부식시켜 경제적, 문화적으로도 큰 손실을 입히고 있다.

산성비가 내리지 않게 하려면 주원인 물질인 황산화물과 질소산화물의 배출을 최소화해야 한다. 이를 위해서는 자동차의 운행을 줄여 배기가스를 줄여야 하며, 산업체에서 사용되는 화석 연료의 양을 줄여야 한다.

환경 오염

지구에 닥친 주요 위험에 대해서는 위에서 열거하였으며, 이 외에도 인간의 욕심과 난개발로 인해 수많은 환경 오염이 초래되고 있다. 공산품의 남용으로 인해 생산 설비가 과도하게 가동되어 각종 유해 물질과 분진을 발생시키고 있다. 대표적인 유해 가스로는 아황산가스(SO_2), 이산화질소(NO_2), 오존(O_3), 염화수소(HCl), 염소(Cl_2), 암모니아(HN_3), 브롬(Br_2) 등이 있으며 대표적 중금속으로는 카드뮴, 수은, 납 등이 있다. 유해한 유기 물질로는 벤조피렌, 페놀, 시안 화합물 등이 있다. 이들은 공기와 수중에 분포하면서 인류와 동식물 생명체를 끊임없이 위협하고 있다.

황산화물은 화석 연료가 연소될 때 그 안에 미량으로 포함된 황 성분(0.1~0.5%)이 연소하면서 아황산가스(SO_2) 형태로 생성된다. 아황산가스는 눈, 호흡기, 소화기관에 지대한 피해를 초래한다. 질산화물은 화석 연료가 연소될 때 대기 중에 포함된 질소와 산소가 반응하여 형성된다. 특히 이산화질소(NO_2)는 매우 유독한 기체로서 기관지염, 폐기종 및 폐렴의 원인이 된다. 오존(O_3)은 화석 연료의 과소비로 인해 주로 발생되는데, 폐수종, 폐출혈 등을 일으키는 원인이다. 탄화수소는 유류 관련 공장, 자동차 및 페인트 도장 공장 등에서 주로 발생되며 눈과 코에 자극을 초래하는 유해 물질이다. 불소 화합물(F_2, HF, SiF_4, H_2SiF_6)은 자연계에 존재하지 않는 물질이며, 비료, 금속, 반도체 등을 생산하는 공장에서 제조 공정 중에 부산물로 발생한다. 필자의 연구실에서도 반도체 공정 중에 HF를 종종 사용하고 있다. 불소 화합물은 호흡계, 신경계, 골격계, 간장, 신장 등에 치명적 해를 주는 발암 물질이다.

수은(Hg)과 카드뮴(Cd)은 치골격계와 신경계에 치명적 손상을 입히는 중금속으로 주로 배터리, 살충제를 비롯한 화공 약품 등에 포함되어 있다가 부주의한 폐기 과정에 의해 자연계로 방출된다. 납은 주로 휘발유 등에 안티노킹제로 포함되어 있다가 연료가 연소되면서 대기 중으로 방출된다. 납은 인체의 소화기, 호흡기, 피부로 흡수되어 체내에 축적되며 잘 배출되지 않는다. 정도가 심할 경우 빈혈과 소화기, 중추 신경계의 장애를 일으킨다. 현대인들은 크고 작은 정도의 차이일 뿐 모두가 매일 납 성분을 흡입하면서 살아가고 있다. 유기 화합물로는 페놀과 벤젠이 대표적인 유해 물질이다. 주로 합성 세제, 화학 약품 제조 공장, 살충제 등 화공 약품에서 발생하며 조혈계, 신경계에 치명상을 입힌다.

가정에서 사용되고 있는 합성 세제는 수질 오염을 일으키는 원인이다. 합성 세제는 물에 섞여 강과 바다로 들어간 후 미생물에 의한 분해가 어려우며, 오랜 시간 동안 물 위에 거품을 만들어 산소가 물속으로 녹아 들어갈 수 없게 할 뿐 아니라 햇빛을 차단해 플랑크톤의 정상적인 번식을 방해한다. 또한 세척력을 높이기 위하여 합성 세제에 포함시키는 인(P)은 인산염으로 변화되어 부영양화 현상을 일으켜 물을 썩게 만든다.

인간의 욕심이 불러온 재앙

천지 창조로부터 산업 사회 이전까지 지구 생태계는 아무 문제 없이 잘 운영되어 왔다. 산과 들과 바다에 존재하던 식물과 동물 생명체들은 하나님의 질서대로 잘 생존하였으며, 사람들은 자연으로부터 필요한 만큼의 자원을 획득하여 사용하였다. 지금도 아마존의 밀림이나 아프리가 오지에 있는 원주민들의 생활은 전근대 사회와 비슷하여 자연으로부터 필요한 만큼을 얻어내며 자연을 훼손하지 않는다. 이러한 부족들의 마을에 가면 지금도 쓰레기통이 없으며 벌레와 해충이 없다고 한다.

그러나 산업 사회의 발전으로 대형 동력 장비가 개발되고 산업 자본이 축적되자 인간은 욕심을 부리기 시작하였다. 손쉽게 많은 땅을 개간하여 더 많은 곡식을 수확하고자 하였으며, 더 많은 가축을 길러서 배불리 고기를 먹고자 하였다. 농장에는 병충해를 없애 더 많은 수확을 위해 살충제와 다양한 약품을 사용하였다. 승용차와 비행기를 타고 국내와 해외의 관광지를 찾아 다녔다. 집에서 사용하는 TV의 크기는 1970년대 14인치급에서 시작하여 1990년대에는 30인치급, 2010년 이후는 60인치급이 도래하였다. 냉장고의 용량도 1970년대 200ℓ 급에서 현재는 800ℓ 급으로 상승하여 더 많은 생선과 고기를 저장해 두고 있다.

가정의 전기 수요가 늘어나자 각국 정부는 핵 발전소 건설로 이에 대응하고 있으며, 이 과정에서 일부 발전소는 끔찍한 핵 재앙을 초래하기도 하였다. 체르노빌, 후쿠시마의 원전 사고의 원인은 무엇일까? 직접적 원인은 관리자들의 업무 소홀, 지진이라는 자연 재앙이 될 수 있겠지만, 근본적 원인은 더 많은 전기를 요구했던 현대인들의 삶에 있다. 더 큰 TV, 더 큰 냉장고, 더 큰 주택을 원했던 사람들의 욕심이 초래한 필연적 비극이다.

인간의 지혜로 만든 문명의 이기들은 인간의 욕심과 무분별한 남용으로 인해 지구 온난화, 오존층 파괴, 산성비, 각종 공해와 중독 등의 형태로 다시 인간 사회를 위협하고 있다. 현재 그 수위는 매우 심각하여 돌이키기 힘든 상황 직전까지 와 있다. 근본적으로 이 어려운 문제를 해결하려면 인간의 욕심을 줄여야 한다. 자연 생태계를 착취의 대상이 아니라 보호와 동행의 파트너로 대우해야 한다.

(2) 피조물의 고통

🌏 자연 생태계의 고통

현재 지구상에는 4만 종의 척추동물과 기타 동물, 식물, 미생물 등을 포함하여 3,000만 종 정도의 생명체가 살아가고 있다. 이러한 다양한 생명체들은 지구의 대기 환경, 물, 태양 광선 등과 어우러져 생태적 균형을 잘 유지하여 왔는데, 이를 생물종 다양성(biological diversity)이라고 한다. 어떤 지역에 많은 종의 생명체가 살고 있다면 생태학적으로 건강한 곳이라고 할 수 있다. 생물은 먹이사슬에 의해 그 생존을 유지하기 때문에 다양한 생물종의 존재는 자연 환경이 양호하고 먹이사슬이 잘 작동한다는 것을 의미한다.

현대 산업 사회의 도래 이후 과거 어느 때보다도 생물종의 멸종 속도가 빨라지고 있다. 인간의 무분별한 개발로 인한 자연 훼손, 화석 연료와 화공 약품의 남용으로 인한 생태계 파괴로 인해 생물들의 먹이사슬 체계가 파괴되어 전후방 해당 생물의 멸종을 초래하고 있다. 과학자들의 추정에 의하면, 1900년대 이전에는 멸종되는 동식물들이 거의 없었던 것으로 파악된다. 산업화가 가속화되기 시작한 1970년대에 들어선 후 종의 멸종 속도는 연간 1,000종 정도로 파악되고 있으며 2000년대 이후에는 연간 4만종의 생물 종이 멸종되고 있다. 현재 추세로 인간에 의한 자연 생태계 훼손, 동식물 남획이 지속될 경우 향후 20년간 약 50만~200만의 생물종이 멸종될 것으로 예상되고 있다.

생물종 멸종의 주요 원인은 화석 연료 사용 등으로 인한 지구 온난화 및 산성비를 꼽을 수 있다. 기후대가 급속히 이동하면서 식생(植生)들은 기후 변화에 적응하지 못하여 분포 지역이 축소 또는 소멸되고 있다. 점점 심해지는 산성비는 식물체에 대한 직접적인 악영향 및 토양 환경 변화로 인한 피해를 유발하고 있다. 서울의 산림 지역 토양의 산도는 최근 pH 4.0~4.3으로 조사되어 심하게 산성화되어 있음을 알 수 있다.

토양은 산성비에 대해 어느 정도까지는 저항하여 산성화를 막고 있으나, 현재의 상황은 그 저항 한계선을 위협하는 수준이다. 유럽과 북미에서는 산성비에 의해 호수의 산성화가 진행되고 있다. 스웨덴에 있는 약 2만 개의 호수가 산성비의 영향을 받고 있는데, 그 중 약 1만 5,000개 호수는 이미 산성화되었고, 그 가운데 약 4,000개 호수에서 물고기가 죽어가고 있다. 노르웨이에서는 약 2,500개의 호수에서 물고기가 죽어가고 있고, 캐나다에서는 약 4,000개의 호수가 죽음의 호수로 변하고 있다. 미국에서도 뉴욕 주, 캘리포니아 주 등에서 산성비에 의한 피해가 속속 보고되고 있다.

무분별한 개발과 가축 사육으로 인한 사막화는 지구 생태계의 커다란 위협이 되고 있다. 현재 지구 육지의 약 1/3이 건조(사막) 또는 반건조 지역이다. 인간의 욕심에 따른 지나친 가축 사육, 무분별한 경작과 수목 채취 등에 의한 식물 식생 파괴로 반건조 지역이 빠른 속도로 사막 지대로 바뀌고 있다. 더욱 불행한 것은 일단 사막화가 시작되면 대개 복구가 불가능하여 사막화가 가속화된다는 점이다. 식생이 상실되면 바람이나 물에 토양이 쉽게 침식당하므로, 영양분이나 수분을 공급할 토양이 유실된다. 이와 같은 토양은 식물들이 자라지 못하고 사막화는 더욱 가속화된다.

피폐한 인간의 삶

전근대 시대의 인간은 농경과 수렵생활을 하였다. 경작을 통해 땅에 식물을 심고 그 열매에 주로 의존하며 살아왔다. 인간의 삶의 방식은 자연 생태계를 벗어나거나 그 질서를 파괴할 수 없는 것이었다. 게으를 수도 없고 과도한 욕심도 부릴 수 없었다. 인간의 삶은 대자연의 질서 속에서 규정되고 이어져 왔다. 그러나 산업의 발달, 자본의 출현, 과학 기술과 동력 기계의 발전으로 인해 인간은 욕심을 부릴 수 있게 되었고 동시에 게을러질 수도 있게 되었다.

인간의 자본과 기계는 자연을 파괴하면서 빠른 시간 동안 더 많은 것들을 착취하였으나 무너진 자연 생태계로 인한 피해는 곧바로 인간에게 무섭게 되돌아오고 있다. 살인적인 더위 등 기상 이변으로 고통당하고 산성비, 사막화, 황사로 인해 경작 조건이 악화되어 식량수급 문제가 대두되었다. 공업 생산과 화학 약품의 남용으로 중금속과 대기 오염이 점점 심각해져 인체를 공격하고 있다. 생태계와 인간의 질병에 대응하기 위해 더 많은 농약과 의약품을 사용하게 되면서 약품에 대한 내성이 강해지는 문제가 대두되고 있다. 슈퍼바이러스가 출현하고 농약에 듣지 않는 해충이 생겨나고 있다.

또한 인간이 손쉽게 생태계의 자원들을 취득할 수 있게 되어 각종 부작용이 나타나고 있다. 땀 흘려 수고하지 않아도 곡식과 육류를 얻을 수 있게 되면서 신체 운동량은 급감하였다. 자연 중심의 식생활보다는 가공 식품 위주의 섭취가 이루어지면서 생체 균형 상실, 중독과 오염, 비만 등의 문제가 나타났다. 지구 생명 시스템에서 인간이 자연의 질서를 벗어나서 욕심을 부린 결과 결국 인간도 보호받지 못하고 흔들리게 된 것이다.

(3) 자원 고갈

 에너지 자원의 고갈

전 세계적으로 산업 생산이 확대되고 개인의 소비가 증가하면서 지구의 천연 자원은 급속히 소진되고 있다. 천연 자원은 에너지 자원, 광물 자원, 수자원, 산림 자원, 해양 자원 등으로 구분할 수 있는데, 이 중 가장 심각한 문제로 대두된 것은 에너지 및 광물자원의 고갈이다.

에너지 자원의 고갈 중에서 가장 심각한 것은 석유 고갈이다. 석유가 만들어지게 된 메커니즘은 완전히 파악되지는 않았으나 수천 년 동안 지하 및 수중의 미생물이 부패하고 분해되면서 지열과 지압에 의해 생성되었다고 과학자들은 말한다. 석유는 1900년대 이후 내연 기관의 사용과 더불어 본격적으로 소비되기 시작하였다. 1~2차 세계대전을 통해 디젤 기관 및 항공기의 발전이 가속화되고 1970년대 이후 산업 생산 활동이 급속히 확대되면서 석유 소비량은 급증하였다.

　석유 고갈 문제의 심각성은 수천 년간 만들어진 석유가 수십 년 동안 급속하게 소비되었다는 점과, 석유의 생성 원리상 단기간에 대체재를 확보할 수 없다는 것이다.

종류	석유	천연가스	석탄	우라늄	보크사이트	구리	철광석
매장량 (억톤)	1,360	1,120	6,200	220	280	6	1,240
가채 연수	40	60	230	60	100	55	210

●●● 주요 에너지 자원 및 광물 자원의 가채 연수는 얼마 남아 있지 않다. 석유를 비롯한 주요 자원은 50~100년 이내에 고갈될 것으로 예상된다.

　현재 전 세계적으로 확인된 석유 매장량은 1조 2,500억 배럴 정도이다. 세계적으로 하루 원류 사용량이 약 9,000만 배럴임을 감안하면 석유의 가채 연수(잔량)는 40년 정도로 파악된다. 즉 현재 추세로 진행한다면 40년 후에는 석유가 고갈된다는 것이다. 석유 고갈 정도가 점차 가시권에 들어오게 되는 2020년 이후 유가는 배럴당 200~500달러 이상 고공 행진을 할 것이라는 전망이 나오고 있다.

　석유는 단순히 승용차 등 운송 수단의 연료로 사용되는 것이 아니며 정제과정에서 발생하는 나프타를 비롯한 석유 화합물은 석유 화학 공업의 주원료가 된다. 따라서 석유가 고갈될 경우 석유 화학 제품인 플라스틱, 고무, 섬유, 윤활유 등의 생산이 중단된다. 특히 모든 형태의 플라스틱과 화학 섬유 제품이 사라져 인류 사회의 여러 측면에서 과거 원시 사회의 모습과 비슷하게 변할 것이다. 동물의 가죽과 명주로 만든 옷을 입고 생활하며, 철기와 목기 위주의 생활 용품을 사용하게 될 것이다.

2011년을 기준으로 다음 세대가 살아가는 시대(2040년 이후)는 석유 고갈과 이로 인한 물가 급등, 국가 간 자원 전쟁 등으로 인류의 삶은 매우 피폐해질 것으로 예상된다. 현 세대가 기름을 낭비하는 것은 우리 자녀들의 세대를 큰 재앙에 직면하게 하는 것이 된다.

석유와 함께 인류의 주요 에너지원인 천연 가스의 경우도 잔여 가채 연수가 60년 정도로 추정되고 있으며, 석탄의 경우는 200년 넘게 남은 것으로 파악되고 있다. 향후 어느 정도 시간이 경과하면서 석유 및 천연 가스 가격이 급등할 경우 석탄 채광이 활발해지게 되면 석탄 역시 가채 연수가 대폭 줄어들 것으로 보인다. 석유의 주된 사용처는 운송, 발전, 화학 제품 생산, 난방 등과 같은 분야이므로 결국 석유 자원의 절약을 위해서는 차량 운행을 덜하고 소비를 줄이는 것이 가장 필요하다.

한편 핵 발전의 원료인 우라늄의 경우 가채 연수가 40~60년 정도로 파악되므로 이 역시 고갈을 앞두고 있다.

광물 자원의 고갈

우리 생활에서 사용하는 대부분의 공산품들을 제조하는 주원료는 석유 화학 제품인 플라스틱과 지구의 지각에서 채취하는 금속 및 비금속 광물들이다. 주요 광물 자원은 희귀 금속(금, 은, 백금 등), 기반 금속(철, 구리, 알미늄 등), 희토류 금속(인듐, 란타늄, 네오디움, 가돌리늄 등)이 있다.

  가장 중요한 철광석의 경우 가채 연수가 대략 200년으로 풍부한 편이지만 기타 구리, 알루미늄 등은 100년 이내로 짧은 편이다. 각종 첨단 전자 제품에 많이 사용되는 희토류 금속의 경우 가채 연수가 수십 년 이내로 매우 짧아 향후 LCD 모니터, 배터리 등 첨단 전자 제품의 생산에 막대한 지장이 초래될 전망이다. LCD 모니터 패널에는 많은 양의 인듐이 포함되어 있으며, 배터리에는 란타늄이 필요하고, 자석에는 가돌리늄 등이 필요하다. 사람들이 더 많은 자동차와 TV와 냉장고를 구입할수록, 광부들은 더 깊은 갱도로 들어가서 희토류 원소를 캐내야 한다.

  전 세계적으로 희토류 금속의 대체재를 찾기 위한 많은 연구가 되고 있으며, 필자 역시 LCD 디스플레이 패널에 사용되는 인듐을 대체하는 새로운 전극 소재를 찾는 연구를 몇 년째 수행 중이다.

4 현대 사회의 어두운 그늘

　3장에서는 인간의 욕심으로 인해 발생한 자연 생태계의 파괴와 그 결과 인간에게 되돌아온 막대한 피해를 살펴보았다. 4장에서는 하나님의 창조 원리와 질서를 벗어나서 욕심을 따라 행하고 있는 인간 사회의 모습들을 살펴보고 지구 생명 공동체라는 관점에서 그 문제점들을 살펴보고자 한다.

　현대 사회는 모든 것이 넘쳐난다. 정보가 넘쳐나고, 물건이 넘쳐나고, 돈이 넘쳐난다. 그런데 사람들은 행복한가? 많은 사람들이 심한 스트레스 속에서 고통스러워 한다. 일류 대학을 졸업하고 일류 기업에 취업을 해도 이러한 고통에서 벗어날 수 있는 것은 아니다. 길거리에서 스쳐 지나는 많은 사람들의 얼굴은 근심스러워 보이고 어깨는 무거워 보인다. 사회생활을 하다 보면 양심이 무디어져서 태연하게 거짓말을 하거나 자신의 조그만 이익을 위해 타인에게 심각한 손해를 끼치는 사람들을 종종 만나게 되어 놀라곤 한다. 굉음을 내면서 난폭하게 자동차를 운전하거나 사소한 이유로 다른 사람들을 해치는 이들도 있다. 많은 사람들의 가치관과 인생이 손상되어 있다는 생각이 든다. 현대 사회는 우리에게 행복과 편리함을 가져다 줄 것으로 기대하였으나 실상은 별로 그렇지 못하다.

무엇이 문제인가?

(1) 신자유주의의 폐해

신자유주의(neoliberalism)는 시장의 기능과 민간의 자유로운 활동을 중시하는 사조를 의미한다. 1차 세계대전 이후 전세계적인 경제적 어려움을 해결하기 위한 방안으로 케인스 이론을 도입한 수정자본주의가 널리 도입되었는데, 그 요체는 정부가 시장에 적극적으로 개입하여 소득평준화와 완전고용을 이룸으로써 복지국가를 지향하는 것이었다.

그러나 1970년대 발생한 세계적 불황으로 인해 케인스 이론은 비판에 직면하였다. 즉 시장경제 제도 자체는 합리적이고 효율적인 제도이지만 부적절한 국가권력과 포퓰리즘 등에 의한 왜곡이 발생하여 건전한 자본의 축적과 이익의 정당한 배분이 이루어지지 못함으로서 경제의 역동성이 떨어졌다는 것이다. 이에 새로운 대안으로 신자유주의 이론이 대두되었으며 1980년대 이후 널리 확장되었다. 신자유주의가 지향하는 가치는 일반적으로 작은 정부, 자유시장 및 자유무역, 규제 철폐, 재산권 존중, 효율 및 이윤 극대화, 성과 및 보상 시스템 등이다.

고전적 자유주의와 신자유주의의 차이점은 몇 가지로 나타난다. 고전 자유주의가 타파하고자 했던 것이 왕정(王政) 및 중상주의(mercantilism)의 속박이었다면, 신자유주의가 해체하고자 하는 것은 복지와 평등을 확대해 왔던 국가정책 기조이다. 또한 고전 자유주의는 국가 개입의 폐지를 주장하였으나, 신자유주의는 오히려 강력한 국가권력의 힘으로 자유경쟁 체제의 룰을 공고히 할 것을 요구한다. 고전적 자유주의가 추구했던 것이 중소 상인들이 시장을 무대로 하여 자유로운 경쟁을 전개하는 근대 시민 사회의 실현이었다면, 신자유주의는 노동권과 시민권 확대에 위협을 느낀 자본가와 특권층의 반격이라는 성격을 지닌다.

21세기 이후 신자유주의의 흐름은 세계무역기구(WTO)나 우루과이라운드 같은 세계 자유무역 질서, 금융시장 개방 및 다양한 투자 펀드, 노동시장의 유연화를 위한 파견 근로 및 임시직 등의 고용제도, 정부가 관장하거나 보조해 오던 영역들의 민영화 등의 형태로 전개되고 있다. 또한 정부 및 민간에서는 산출된 성과를 근거로 한 보상체계를 강화하여 저비용 고효율을 지향하고 있다. 한마디로 신자유주의는 아무런 제약없이 시장원리에 기초한 무한한 자유경쟁을 펼침으로써 개인과 조직의 효율성을 극대화하고 각 경제주체는 최대 이윤을 얻는 것을 지향하는 움직임이라고 볼 수 있다.

신자유주의는 자유방임 경제를 지향함으로써 비능률을 해소하고 경쟁 시장의 효율성 제고, 개인 및 조직의 경쟁력 강화, 개인 및 국가의 소득 향상 등의 성과를 거두고 있다. 반면 대자본의 이익 독점, 고용의 질 악화, 빈부 격차 확대, 시장 개방 압력으로 인한 선진국과 후진국 간의 갈등 등의 부정적인 측면도 존재한다. 이러한 부작용으로 인하여 1980~90년대 전성기를 구가하였던 신자유주의 사조는 2000년대 이후 부분적으로 퇴조 내지는 수정되고 있는 상황이다. 미국, 뉴질랜드, 영국 등 신자유주의 정책의 선두에 섰던 나라들이 민영화된 국영기업을 다시 국영화하거나, 보편적 복지와 사회 안전망을 갖추는 등의 정책 변화를 보이고 있다.

우리나라의 경우 1997년 IMF 구제금융 이후 본격 도입된 신자유주의 경제질서는 초기에 후진적 금융 시스템의 개혁 등 일부 성과를 나타내었으나 그 이후 보수 기득권 세력의 이익을 강화하는 방향으로 왜곡 변질되는 모습도 나타나고 있다. 특히 정경유착의 부작용들이 계속 나타나고 있다. 우리나라의 경제 권력, 정치 권력, 언론 권력은 서로 결탁하여 권력 컨소시엄 형태를 취함으로서 기득권층의 이익을 공고히 하려는 모습들이 곳곳에서 나타난다. 대기업은 시장의 자유경쟁 원리를 주장하며 정부와 대립하는가 하면 때로는 정치권력과 결탁하는 이중적 행태를 보이며, 정부 및 대기업은 끊임없이 언론을 통제하려는 직간접적 노력을 기울이고 있다.

국가 권력과 언론 매체가 동원되어 신자유주의 경제체제의 이익을 누리는 소수 특권층의 이익을 보호하려는 이러한 모습은 진정한 신자유주의 정신(정부의 역할은 중립적 조정자이며, 시장의 자율적 경쟁 기능을 통하여 효율성을 극대화한다는 것)과 부합하지 않으며 사실상 반(反) 신자유주의 또는 부패한 신자유주의라고 볼 수 있다. 만약 순수한 신자유주의를 구현하려고 한다면 정부 또는 대기업이 언론을 두려워하고, 언론을 장악하려는 시도를 할 아무런 이유가 없다. 소수의 기득권 세력의 입장에서는 복지국가 모델보다는 신자유주의 이데올로기를 선택하는 것이 그들에게 유리하다. 표면상 신자유주의 정책 노선을 내세우면서 약간의 이데올로기적 비판을 감수하는 대신 이면적으로는 게임의 룰을 교묘히 왜곡시킴으로써 기득권층의 거대한 이익을 확보할 수 있기 때문이다.

현대 한국 사회의 불평등과 아픔의 많은 부분이 이러한 경제, 정치, 언론 권력의 담합으로 인한 부패와 모순에 기인한다. 이러한 거대한 권력 카르텔 앞에서 여당과 야당, 보수와 진보, 정권 교체 등은 사실상 큰 의미를 갖지 못하게 된다. [6, 7, 8]

신자유주의와 생명 공동체

신자유주의적 사조는 경제, 사회, 문화, 교육 등 다양한 분야에 다양한 모습으로 나타나고 있으며 그것을 바라보는 시각과 기준에 따라 다양한 평가와 해석이 가능하다. 본 절에서는 지구 생명 공동체의 관점에서 신자유주의적 패러다임의 우려되는 부분을 정리해 보고자 한다.

---

[6] 촘스키, 《그들에게 국민은 없다》 (모색, 1999).
[7] 최태욱, 《신자유주의 대안론》(창비, 2009).
[8] 장윤재 "신자유주의 시대의 종언: 정의롭고 지속 가능한 사회를 위한 한국 교회의 역할", 《신자유주의 시대, 평화와 생명 선교》(동연, 2008).

먼저 신자유주의의 무책임성이다. 예컨대 글로벌 금융자본의 유일한 관심사는 최단 시일에 최고의 이익을 올리는 것이다. 이익이 있는 곳이라면 땅 끝까지라도 찾아가지만, 대규모 투자와 생산을 통한 이익 창출 과정에서 자연이 훼손되거나 지구 생명 시스템이 파괴되는데 무책임하다.[9] 금융자본주의 체제에서는 이윤이 중요하며 윤리성은 중요치 않다. 투자자, 투기자, 도박꾼, 금융인을 구분하는 것은 무의미하며 불가능하다. 오직 현재 발생하는 최고의 이익에만 관심이 있으며, 지구의 자원과 환경이 훼손되고 이로 인하여 다음 세대를 살아갈 사람들이 겪게 될 고통과 치러야 할 비용은 고려되지 않는다.

신자유주의 질서에서는 인간의 인격과 존엄성이 무시되는 문제점이 있다. 신자유주의 경제질서 하에서 '자유시장 경제는 전지전능하고, 가장 과학적이고, 가장 합리적인 규범'이다. 모든 것들은 상품과 가격의 문제로, 투자와 이윤의 문제로 설명된다. 인간 역시 상품을 제조하는 도구로 설명된다. 몸값을 올려야 한다는 것이 흔한 구호가 되었다. 직장에서 고과 1등급을 받은 직원은 1등급의 생산 도구로 인정받게 되며 많은 성과급을 부여 받는다. 반면 10등급을 받은 직원은 10등급 도구가 되어 가차없는 푸대접을 받게 된다. 학교에서도 내신 1등급 학생은 1급 학생의 취급을 받으며, 5등급은 5급의 취급을 받으며, 10등급은 10급 인생으로 취급받기 쉽다.

하나님의 형상을 따라 창조되었으며, 하나님과 동행하며 자연을

---

[9] 장윤재, Ibid

다스려야 하는 인간의 인격과 존엄성이 훼손되는 것이다. 대인 관계와 가족 관계까지도 상품적 논리가 개입되어 투자와 이윤 회수라는 관점이 대두된다. 신자유주의는 약자와 패배자를 배려하지 않는다. 경쟁은 절대 선이며, 승자가 모든 것을 차지하게 된다. 자유시장 경쟁 체제에서 패한 사람은 무익한 도구이며, 그들에게 먹을 것을 주지 말아야 한다고 한다. 그러나 하나님께서는 보잘것없는 이방 여인 룻을 주목하시고 축복하셨으며, 희년 제도를 통해 토지와 노비를 재분배하고 자유케 하셨음을 기억할 때 이 경쟁 체제는 성경에서 보여주시는 하나님의 기준과 다르다.

경제적, 사회적 양극화는 신자유주의 경제 질서가 낳은 가장 비참한 결과물이다. 총량적 성장 기조 속에서 서민 대중의 삶이 쪼들리는 까닭은 한마디로 양극화이다. 신자유주의 경제 질서를 주도하는 주체는 글로벌 기업들과 이들로부터 정치 자금을 받고 있는 선진국 정부라고 볼 수 있다. 이들은 소수의 이익을 위해 국민들의 희생을 강요하며, 후진국으로부터는 불공정한 무역 조건으로 원자재와 노동력을 착취하고 있다. 국가 간 또는 특정 국가 안에서의 빈익빈 부익부 경향은 더욱 심해지고 있어 가난한 사람들의 고통은 극한 상황으로 치닫고 있다.

소득과 소비의 양극화는 교육의 양극화로 이어져 양극화의 재생산 구조를 만든다. 세계에서 가장 부요한 200인의 총 재산은 전세계 하위 40% 소득 계층의 소득을 상회한다고 한다. 국내 상장 기업의 순이익은 2000년 10조 원에서 2010년 100조 원으로 급증하였다. 이 중에서 10대 기업이 절반 정도를 가져간다. 그럼에도 불구하고 중소기업을 대상으로 하는 대기업의 불공평한 거래 관행은 그칠 줄 모른다. 현재 비정규직으로 고통받는 비율은 총 취업자의 50%에 이르며, 국민연금 체납자 비율은 25%에 달한다. 현재의 한국 경제는 비정규직 노동자들, 영세 자영업자들, 중소기업의 희생 아래 유지되고 있는 경제 체제라고 할 수 있다.

올바른 가치관이 무너지고 있다. 돈이 성공의 척도가 되었다. 인격과 삶이 천박해도 돈을 많이 가진 사람이 주도하는 시대가 되고 있다. 배우자 선택에서도 경제적 기준은 1순위가 되었다. 성과지상주의로 인한 폐해 또한 심각하다. 개인과 조직은 무한경쟁 체제 속으로 몰아넣어진다. 수단과 방법을 가리지 않고 개인과 조직의 경쟁력을 올려야 하며 그 경쟁에서 승리하면 인센티브를 부여하고, 도태되면 경제적 사회적 페널티를 부여받게 된다. 개인이나 조직은 경쟁자, 경쟁 조직, 경쟁 국가와 비교하여 더 향상된 목표를 매년 제시해야 하며 나중에 그 성과를 평가받는다. 이러한 성과지상주의 및 무한경쟁의 체제 속에서 각 개인은 경제적 풍요 속에서도 고통으로 신음하고 있다.

학교의 위기(교권 추락, 교실 파괴) 역시 신자유주의적 패러다임과 관련되어 있다. 교육 분야에서도 효율성과 수월성을 지향하면서 교사에 대한 평가 강화 및 이를 기초로 한 보상 체계, 학교 간 경쟁 체제 도입 및 실적에 따른 차등 지원, 소비자(학생)의 선택권을 중시하는 시장 원리 도입 등의 방향으로 정책기조가 흘러가고 있다. 교사는 더 이상 스승으로서의 권위를 가지고 학생들을 전인격적으로 지도하는 주체가 아닌 교육 서비스(상품)를 제공하고 급여를 받는 노동자로 변질되고, 학생들은 자신들이 필요로 하는 경쟁력을 확보하기 위하여 교육 서비스를 제공받는 수요자(소비자)가 된 듯한 측면이 존재한다.

(2) 자유 무역 체제의 문제점

자유 무역(free trade)이란 글자 그대로 국가 사이에 아무런 제한 없이 자유롭게 상품을 팔고 사자는 것이며, 신자유주의적 흐름과 맞닿아 있다. 자유 무역의 근거 및 필요성을 설명하는 몇 가지 기본적인 논리들이 있다. 첫째는, 국가 간 자유 경쟁을 통한 기술 및 생산성의 향상이다. 경쟁 국가의 경쟁 제품과 자유로운 수출입을 통해 결국 모든 국가의 기술 경쟁력이 제고된다는 것이다. 또한 비교 우위론적 관점에서의 비용 절감과 가격 하락이다. 각 나라별로 비교 우위(경쟁 국가에 비해 적은 자원을 투입하고 동일한 상품을 생산할 수 있는 역량)를 갖추고 있는 상품들을 자유 무역을 통해 거래함으로써 각 개인과 개별 국가가 필요로 하는 상품을 전 세계 시장에서 가장 저렴하게 확보할 수 있다는 것이다.

세계무역기구(World Trade Organization, WTO)는 1995년 출범된 국제 기구로 세계 무역 질서를 세우고 관리, 감독하고 있다. 특히 자유 무역 질서와 관련하여 분쟁 조정권, 관세 인하 요구, 반덤핑 규제 등 막강한 법적 권한과 구속력을 행사한다. 자유무역협정(Free Trade Agreement, FTA)은 협정을 맺은 국가 간의 무역에 대하여 관세를 철폐하여 교역을 활성화하는 효력을 발생하게 된다. FTA의 대상 품목은 양국간 협의를 통해서 결정된다. 세계 자유 무역 질서의 확대로 인해 저렴한 가격에 많은 상품을 얻게 되는 장점이 있으나, 자국 산업 균형의 붕괴 및 글로벌 투기 자본의 횡포 등 부작용도 있다.

자유 무역 질서는 신자유주의, 지구 자본주의, 지구화 개념과 밀접하게 관련되어 있다. 제2차 세계대전 이후 운송 수단 및 통신의 발전과 함께 지구화(globalization)의 흐름이 거세지는데, 이는 '정치, 경제, 사회, 문화 체제가 세계적 구조로 통합되는 과정'을 의미한다. 지구화 및 신자유주의적 패러다임은 자연스럽게 지구 자본주의로 귀결되는데, 이것의 가장 큰 특징은 '시장의 초국적화'(transnationalization)이다. 특히 1970년대 이후가 되면서 거대 다국적 기업을 중심으로 '생산 가격이 지구상에서 가장 낮은 지역을 찾아내고(global sourcing) 여기에서 생산된 상품을 세계 곳곳에 판매하는 전략(global marketing)'을 통하여 세계 시장을 초국화하였고, 이러한 세계적 경제 질서는 더 이상 특정 국가의 정치 권력에 의해 좌우되지 못하는 거대한 공룡이 되었다.

지구 자본주의의 제조, 무역, 금융 시장의 초국화 논리는 신자유주의의 자유 시장 이데올로기와 연결되어 있다.[10] 핵심적 공통점은 자본과 상품의 자유로운 흐름을 방해하는 어떤 장벽이나 국경도 파괴되어야 한다는 것이다. 지구화 및 지구 자본주의 체제하에서 거대 투자 자본은 우월적 지위를 가지고 최단 시간 동안 최대의 이익

---

[10] 장윤재, Ibid.

을 얻기 위해 노력하고 있으며, 이 과정에서 제3세계 국가들은 여러 측면에서 착취와 불이익을 당하고 있다. 이는 산업 사회 이전 식민지 정복과 노예 무역 과정에서 이루어졌던 약탈과 파괴에 비견될 정도이다.

자유 무역과 지구 생명 공동체

세계 자유 무역 질서는 관점에 따라 다양한 해석과 찬반 양론이 가능하다. 자유 무역 질서는 경제 성장과 부의 창출, 사회 문화적 건강성, 지구 환경 및 생태계 보호 등 여러 영역에 영향을 미치고 있으며, 단편적 시각에서 선과 악으로 규정 짓기는 불가능하다. 우리나라는 세계 10대 무역 강국으로 무역을 통해 성장하고 국력을 유지하고 있다는 면에서 자유 무역 질서에 편입되는 것은 불가피한 측면이 있다. 그러나 여기에서는 지구 생명 공동체의 건강성에 국한하여 세계 자유 무역 질서로 인해 초래될 우려 사항들을 정리해 보고자 한다.

가장 큰 우려 사항은 지구 자원의 낭비와 생태계 파괴가 가속화될 수 있다는 점이다. 자유 무역 체제는 국가별로 비교 우위에 있는 제품을 더 빨리, 더 많이 생산하여 세계 시장에 공급하는 시스템이다. 이 과정에서 지구 자원은 빠른 속도로 소진되며, 환경은 더 빨리 파괴되고, 특히 전 세계적으로 이동하는 엄청난 물류로 인하여 많은 에너지가 소비된다.

또한 자유 무역 질서하에서 지구 생태계의 조화로운 질서가 고려되지 못할 위험성이 상존한다. 자유 무역에서는 개인은 생산 수단이며, 기업과 국가는 생산 기지이고, 자연은 원자재를 취득하는 원천이 된다. 지역적으로 편중된 대규모 개발과 생산으로 생태적 불균형이 극심해지고 환경이 파괴된다. 가장 친환경적이어야 할 농업과 목축업 등의 1차 산업에서조차 지역적 생태 균형이 고려되지 않은 채 무분별한 개발이 이루어지고 있다. 농업 분야에서도 글로벌 경쟁이 가속화되면서 살아남기 위해서는 규모의 경제(economy of scale) 개념의 적용이 선택이 아닌 의무가 되어 버렸다. 누가 선제적이고 과감한 투자를 해서 생존하느냐 하는 식으로 농토가 투기판화되고 있다.

자유 무역 체제에서는 오직 가격 경쟁력의 기준으로 나라별로 가장 싸게 만들 수 있는 상품을 만들어 수출하고 나머지를 수입하게 된다. 예컨대, 한국의 경우 비교 우위에 있는 반도체와 선박을 수출하고, 비교 열등한 농산품은 수입해서 조달하게 된다. 결국 농업, 어업, 목축업은 넓은 평원과 바다를 가진 나라에서 독점하고 나머지 국가는 공산품과 서비스업에 매달리게 된다. 이는 자연 생태계는 물론 하나님께서 인간을 창조하신 원리와 맞지 않는다.

하나님께서는 자신의 형상을 따라 인간을 창조하셨으며, 자연 만물을 다스리는 역할을 부여하셨다. 또한 인간과 동물과 식물은 지구 생명 공동체 안에서 유기적으로 연합하여 존재하도록 되어 있다. 1장에서 살펴보았듯이, 물과 공기가 접하고 있는 대지는 인간과 동물과 식물이 공유하는 삶의 플랫폼이다. 모든 국가, 모든 사회, 모든 동네는 산과 들에 곡식을 재배하며 가축을 사육하고 바다에서 고기를 수확하여 취하는 것이 올바른 모습이다. '신토불이'라는 좋은 개념이 있다. 하나님께서는 내가 생존하고 있는 이 땅에 나에게 가장 좋은 것을 허락하셨기에 내가 기대어 살아가는 이 땅 위에서 얻은 소출을 가지고 내가 먹고살아가는 것이 올바르지 않을까?

전근대 시대에 인간은 대지 위에서 농경과 수렵을 통해 삶을 영위하였다. 그러나 현대 산업 사회가 확대 발전하면서 많은 사람들은 땅 위에서 살아가는 것이 아니라 건물 안에서 공산품을 만들거나 컴퓨터 키보드를 두드리게 되었고, 퇴근 후에는 아파트에서 생활하게 되었다. 지금 자연을 다스리는 주체는 개개인이 아닌 대자본과 중장비가 되었다.

자유 무역 질서는 이런 상황을 더욱 가속화하고 있다. 칠레산 포도, 캘리포니아산 오렌지, 호주산 쇠고기를 수입하여 식탁에 올린다면 우리 동네에서 생산한 제품에 비해 더 저렴한 장점은 있지만, 포도를 재배하면서 또는 소를 방목하면서 배울 수 있는 것들을 놓치게 된다. 씨앗을 파종한 후 대지가 싹을 틔우고 하나님께서 주신 태양빛과 내리는 비에 식물이 자라며 열매를 맺는 기적을 보지 못하게 된다. 소가 송아지를 돌보는 모습, 소가 밭에서 일하는 충성된 모습을 보면서 감동받는 기회가 없어지게 된다. 필자의 생각은 비록 쌀, 밀, 포도, 쇠고기 등의 가격이 몇 배로 비싸지더라도 우리의 대지 위에서 그것들을 재배하고 수확하고 섭취하는 것이 결과적으로 우리에게 더 많은 유익이 있지 않을까 하는 것이다.

자유 무역 질서의 목적을 천박하게 표현한다면 '적은 돈을 주고 더 많은 물건과 쾌락을 얻자는 것'이라고 볼 수 있다. 그러나 사람은 제품을 생산하는 도구가 아니며, 물건을 많이 구입한다고 해서 반드시 행복을 누릴 수 있는 존재가 아니다. 인간은 하나님의 성품을 닮은 인격체이며 자연을 다스리는 것이 창조의 목적이기 때문이다. 자유 무역의 논리를 과장되게 확대한다면 자녀 양육도 전문 탁아소에 맡겨서 키우는 것이 효율적일 수도 있다. 자녀 양육을 비전문가인 부모가 하지 않고, 비교 우위에 있는 전문 양육 기관에 위탁하여 효과적인 영양 섭취와 균형 잡힌 운동과 집중적인 지식 주입을 통해 건강하고 경쟁력 있는 자녀로 키울 수 있을 것이다.

그러나 이것이 타당하지 않음은 부모-자녀의 관계는 인격적인 관계이며, 함께하는 것이 더 기쁘고 더 많은 것을 배울 수 있기 때문이다. 같은 맥락에서 필자는 세계 자유 무역 질서의 과도한 확대에 대하여 우려한다. 특히 농업, 어업, 목축업은 비용과 효율성을 이유로 우리 땅에서 포기할 수 있는 것이 아니다. 지구 생명 공동체의 모든 장소에서 인간과 피조물들이 함께 호흡하며 생명 활동을 공유하는 것, 그 자체가 중요하기 때문이다. 먹을거리를 선박이나 항공기로 운송한다는 것은 이미 지역적 생태 균형이 무너진 것을 의미한다. 먹을거리는 우리 동네, 우리 지역에서 생산하여 자전거나 리어카로 운반하는 것이 가장 바람직하다.

> **로컬 푸드(Local food)**
> 대형 마트에서 판매되고 있는 칠레산 포도는 20,000km를, 캘리포니아산 오렌지는 9,000km를 이동하여 우리나라에 도착하였다. 이러한 장거리 운송을 위해 많은 농약, 왁스, 방부제 등

의 화학 약품이 사용되었으며, 운송을 위하여 엄청난 에너지가 소비되었다. 또한 누가, 어떤 방법으로 생산한 농산물인지 그 정보를 알지 못한다.

로컬 푸드(local food)란 장거리 운송을 거치지 않은 지역 농산물을 일컫는다. 로컬 푸드는 운송비 절감으로 원가를 낮추고, 장거리 운송으로 인한 이산화탄소 배출을 억제할 수 있으며, 생산자와 소비자가 서로 교류할 수 있는 장점을 제공한다. 무엇보다 자연 생명체와 사람이 같은 지역 안에서 호흡을 공유할 수 있다는 장점이 있다. 로컬 푸드 개념은 신토불이 정신과 일맥상통한다.

자유 무역 질서가 없어도 우리 땅에서 생산된 농산물과 공산품을 기반으로 우리는 살아갈 수 있다. 더 많은 물건을 가질 수는 없겠지만 더불어 살아가는 사회를 만들 수 있다. 가격 문제로 한우 고기를 많이 먹지 못하겠지만, 부족한 것은 콩이나 두부를 섭취하면 충분히 해결된다. 사실 평생 고기를 입에 대지 않아도 건강하게 살 수 있는 식물성 단백질은 충분히 있다. 우리 땅의 농부들이 생산한 쌀 10kg(한 사람이 두 달 먹을 수 있는 양)의 가격은 피자 한 판 가격과 비슷한 수준이며, 반나절 골프 라운딩 비용으로 1년 동안 먹을 쌀을 구입할 수 있다. 이러한 쌀 가격은 과연 합리적인 수준인가?

자유 무역 옹호론자들은 FTA를 통해서 일자리 수효가 늘어나고 개인의 소득이 증가한다고 한다. 그러나 FTA를 통해 발생한 부와 이익이 과연 각 개인에게 공평하게 돌아갈지는 의문스럽다. 지역 경제(local economy) 체제에서는 1차 산업 종사자, 소상공인, 자영업자 등이 그 주체가 될 수 있으나, 글로벌 경제(global economy) 체제에서는 다국적 기업과 투기 자본이 자유 무역을 통해 발생하는 이익의 많은 부분을 회수하는 주체가 될 것 같다. 또한 개인의 소득이 계속 증가하면 과연 좋은 일인가?

현대 사회는 모든 것이 지나치게 넘쳐나는 시대이다. 생산과 소비가 넘쳐나고 이로 인해 지구 환경은 걷잡을 수 없이 파괴되고, 자원은 급속히 고갈되고 있다. 어떤 측면에서 산업 성장은 멈추어져야 하고, 우리의 소득은 감소해야 하며, 우리의 소비는 줄여야 한다. 더 많은 것을 가지려는 우리의 욕심을 줄여야 한다. 그것이 자연을 살리는 길이며, 결국 사람을 살리는 길이다.

대안은 있는가?

신자유주의와 자유무역 체제의 기본 토대는 시장 원리와 가격 경쟁력에 기초한 무한 경쟁이며 이러한 정글의 질서하에서 개인과 집단과 국가는 생존과 발전을 위해 가능한 모든 수단과 방법을 동원할 수밖에 없다. 이 과정에서 사회적, 경제적, 정치적 강자들은 우월한 지위에서 더 많은 것을 얻게 되고 약자들은 더 박탈당하는 구도가 형성되는 것은 필연적이다. 또한 이러한 무한 경쟁 구도에서 환경 및 생태계는 능동적 저항 수단이 없으므로 일방적인 착취와 회복 불가능한 손상을 입게 된다. 현대 사회에서 가장 고통스러운 소득인 양극화 문제나 지구 환경 파괴 및 자원 고갈의 문제는 신자유주의 경제 질서하에서의 필연적 결과이며 어떤 처방으로도 근본적 해결이 불가능하다.

적어도 지구 생명 시스템의 관점에서는 신자유주의 경제 질서는 지속 가능한 패러다임이 아니다. 서로 협동하고 사랑하는 것이 자연의 질서이며 인간의 삶을 가장 고귀하게 하는 것인데, 신자유주의는 서로 경쟁하여 싸워 이기라고 하며 승리하는 자가 모든 것을 차지하라고 한다. 남의 불행이 곧 나의 행복이 되는 이러한 삶의 패러다임은 결코 지속 가능한 모습이 아니다. 그렇다면 대안은 무엇일까?

실천적 수준에서는 생태 친화적 지역 경제 질서의 확대, 환경 파괴와 자원 고갈에 대한 비용의 산정 및 부과, 저탄소 녹색 성장 기조 등의 방안이 언뜻 떠오른다. 그러나 이런 정책들이 현재의 경제 패러다임에서 과연 실천될 수 있을까? 더 근본적으로는 생명 친화적인 경제 질서를 담보할 수 있는 새로운 사회와 국가 이데올로기에 대한 고민이 필요해 보인다.

미국식 신자유주의와 북유럽식 복지국가의 체제 비교에 관한 많은 논쟁이 있다. 적어도 지구 생명 시스템의 보호와 유지라는 관점에서는 북유럽식 사회민주주의 복지국가의 개념이 더 적합해 보인다. 무차별적 무제한적 경쟁을 줄일 수 있으므로 자연과 환경에 대한 파괴를 줄일 수 있기 때문이다. 생태 친화적 지역 경제 질서, 약자를 보호하는 견고한 사회 안전망, 평생 복지, 국가 주도의 완전고용 정책, 건강한 의식주와 관련되는 기반 산업 및 시설의 국유화 등의 복지 사회주의적 요소와 물질 문명이 아닌 정신문명과 도덕적 가치가 존중되는 사회 문화적 요소가 어우러지는 국가 모델이 있다면 오늘날 직면한 생명의 위기를 극복하는 데 적합하지 않을까 하는 상상을 언뜻 해보게 된다.

보편적 복지를 하면 사람들이 게을러지고 국가 경쟁력이 떨어진다고 한다. 그러나 이러한 부작용은 노동의 가치와 행복, 나눔과 봉사의 정신을 존중하는 사회 문화적 체제 구축을 통해 극복이 가능하다. 세계화와 FTA 경제 질서 속에서는 보편적 복지가 어렵다는 주장도 있다. 그러나 핀란드, 덴마크 등의 북유럽 국가들은 세계에서 가장 개방된 경제 체제를 운영하며 FTA 체제에 편입되어 있지만 가장 강력한 보편적 복지 체계를 구축 운용하고 있다. 세계화와 FTA 흐름에 동조하더라도 얼마든지 복지 국가 체제를 구현할 수 있다. 세계화의 흐름 속에서 신자유주의 이데올로기는 필수라는 주장이 있다. 이것 역시 잘못된 것이다. 북유럽의 국가들은 완전한 대외 개방형 국가 시스템을 갖추고 있으나 신자유주의적인 패러다임이 아닌 보편적 복지를 근간으로 하는 사회민주주의 체제를 유지하고 있다. 현재 전세계적인 양극화의 문제, 생태 파괴의 문제는 세계화가 낳은 병폐가 아니라 신자유주의적 패러다임이 낳은 오류가 대부분이다.

(3) 인터넷과 정보 통신 기술의 어두운 그림자

정보의 홍수 속에서 길을 잃다

필자는 1960~70년대의 아날로그 시대에 청소년기를 보냈다. 학교에서 시험지나 유인물을 인쇄할 때는 철필과 등사기라는 것을 이용해서 문서를 복사하여 사용하였다. 교회에서도 주보를 만들기 위해 사무실에서 진한 잉크 냄새를 맡으며 롤러를 굴렸던 기억이 있다. 공문서를 작성하는 도구는 타자기의 몫이었다. 어느 사무실에서나 경쾌한 타자기 소리가 들렸다. 수백 페이지에 달하는 문서도 타자기로 일일이 치는 수밖에 달리 도리가 없었다.

1980년대 대학생으로 살아가고 있을 때 세상에 컴퓨터라는 것이 등장하기 시작했다. 대학원에 진학한 이후 286급 컴퓨터가 각 개인에게 보급되기 시작했다. 컴퓨터를 이용해서 문서를 작성하고 프린터에 출력한다는 것이 마냥 신기하기만 했다. 그 당시 컴퓨터의 기본 메모리는 보통 1~2MB였고(요즘 컴퓨터의 메모리는 1~4GB이다), 내장된 하드디스크의 용량은 10MB(요즘 HDD는 500GB~2TB이다)였는데, 대학원 연구실에 소속된 10여 명의 대학원생들이 같이 사용하여도 용량이 남아돌았다.

한편, 1980년대 후반에 들어 인터넷이 보급되기 시작하였다. 개인용 PC의 보급과 맞물리면서 인터넷은 급속히 확대되어 각종 생활 정보, 학술 정보를 온라인상에서 입수할 수 있게 되었다. 또한 1988년 서울 올림픽을 전후하여 휴대전화의 보급이 시작되었다. 초기에는 주로 영업 사원들이 사용하더니 1990년대 이후 일반화되었다. 컴퓨터와 인터넷을 디지털 문명의 대표로 간주한다면, 대략적으로 1990년 정도를 디지털 시대가 시작된 시기라고 볼 수 있다.

필자는 아날로그 시대에 청소년기를 보냈으며, 사회생활 이후 현재까지 디지털 시대에 살고 있다. 디지털 시대의 삶의 질은 더 나아졌는가? 결코 그렇지 않은 것 같다. 특히 1990년 전후로 보급되었던 인터넷과 휴대전화는 우리의 삶의 질을 결정적으로 후퇴시킨 주범으로 보인다.

• **인터넷의 폐해**

인터넷의 사용으로 인한 폐해 중 가장 심각한 것은, 사람들로 하여금 감사하지 못하고 불평하게 만든다는 것이다. 정보의 바다와 같은 인터넷 시스템을 통하여 나와 다른 사람들에 관한 모든 정보를 순식간에 얻을 수 있게 되었다.

예컨대, 연봉 비교 사이트를 통해 다른 사람의 연봉이 얼마인지를 알 수 있으며, 자신이 다니는 대학교의 랭킹이 전국에서 몇 위인지를 금방 알아낼 수 있고, 우리 동네 주변 아파트의 가격도 실시간으로 알 수 있게 되었다. 부동산 투기나 주식 투자를 통해 수십억 원을 벌었다는 인터넷 기사를 접하면 상대적 박탈감과 좌절감을 느끼게 된다. 연간 수백억 원을 번다는 연예인이나 스포츠 스타의 기사를 접하면서 부러움과 함께 '나는 언제 큰돈을 벌어볼 수 있을까' 하는 좌절감에 빠진다. 인터넷 포털에는 돈을 벌 수 있는 여러 가지 방법에 대한 정보가 많지만, 실제로 내 통장에는 돈이 얼마 없기 때문에 늘 박탈감과 초조함을 느낀다. 이런 상황이 지속되면서 결국 스스로 비관하고, 남편과 아내를 원망하고, 사회에 대한 불만이 커져가게 된다.

또 다른 폐해는, 허영심과 황금만능주의적 사고방식을 부추긴다는 것이다. 인터넷을 통해 여행과 레저, 명품, 맛집, 연예와 스포츠 등에 대한 많은 정보를 체계적으로 제공받게 되어 이런 분야에 대한 관심이 점점 커지게 된다. 자신의 욕구를 만족시키기 위해 더 큰 자동차와 명품 액세서리를 구입하게 된다. 때로는 이웃집이나 친구들의 소비 생활과 비교하여 경쟁심이나 허영심이 동기가 된 소비를 하기도 한다. 더 많은 물품을 구입하고 더 많이 여행 다니기 위해서는 더 많은 돈이 필요하므로 일단 돈을 많이 벌어야 한다는 생각이 강해진다. 명예, 도덕, 봉사 등 전통적인 가치보다는 '황금만능주의'에 서서히 물들게 되고 '경제적 이익과 관련되지 않는 모든 일들에 인색하게 되어 철저한 이기주의'에 빠지는 경향이 나타나게 된다.

또한 인터넷은 불필요한 정보를 너무 많이 얻게 하여 나의 삶의 가치관을 혼란스럽게 하는 폐단이 있다. 프로야구 선수 A의 허벅지 부상이 심하여 병원에 입원했다는 것, 국회의원 B의 부정부패 소식, 어제 열린 C정당의 당무 회의 안건, 군 복무 중인 탤런트 D씨가 언제 제대하는지 등, 나의 삶과 전혀 무관한 수많은 정보들을 입수하게 되어 삶의 중심을 잃게 되고, 정작 중요한 자신의 문제(나의 인생의 목표, 금년에 내가 이루어야 할 일들, 내가 사랑하고 섬겨야 할 사람들의 필요, 내가 배우고 훈련해야 할 삶의 영역 등)에는 소홀하기 쉽다. 인터넷에 떠도는 정보의 99.999%는 사실 나의 삶과 아무 관련이 없는 것들이다.

그리고 인터넷 보급과 반비례하여 개인의 독서량이 줄어들면서 정보 통신 시대 속에서도 오히려 현대인들의 지적 깊이와 넓이는 과거 아날로그 시대에 비해 줄어들고 있다. 무책임하게 유통되는 정보와 함부로 내뱉는 댓글을 통해 이성과 지식보다는 감정과 즉흥으로 살아가는 경향이 짙어진다. 합리적 사고와 원칙에 따른 판단보다 소위 '네티즌 의견'이라고 하는 즉흥적 기준이 국가와 사회의 방향타 역할을 하는 경우도 흔히 있다.

• 휴대전화의 폐해

휴대전화의 사용으로 우리가 얻은 편리성 못지않게 잃어버린 것들이 너무나도 많다. 1990년 이전에는 어느 누구도 휴대전화가 없었다. 모든 하루의 약속은 그 전날 이루어져야 했다. 그러므로 깊이 생각하면서 내일을 잘 계획하고 하루를 마감해야 했다. 일단 등교하거나 출근하면 다른 사람과 연락할 방법이 없으므로 하루 일정은 그 전날 유선 전화를 통해 정했다. 약속 시간에 친구가 오지 않으면 몇 시간이고 하염없이 기다릴 수밖에 다른 도리가 없었다. 기다리는 동안 독서를 하고, 많은 생각을 하기도 했다. 하늘을 올려다보면서 구름의 모습을 관찰했고, 저 하늘 너머 어디에 하나님께서 계신 것일까 하고 생각도 하였다. 친구가 계속 오지 않으면 무슨 사고가 난 것인지 걱정스런 마음이 들었고, 그 친구와 최근 나누었던 대화를 떠올리면서 혼자 미소짓기도 하였다.

그런데 지금은 휴대전화가 있다. 하루 일정을 미리 준비하고 생각하지 않고 무계획적으로 살아도 별 지장이 없다. 아무 생각 없이 일단 출근하고 직장에서 휴대전화로 필요한 연락을 취하면서 하루를 살아갈 수 있다. 휴대전화가 있어서 좋은 소식과 나쁜 소식이 아주 빨리 전파된다. 나에게 좋은 일이 있거나 어려운 일이 생기면 사람들은 쉴새없이 휴대전화를 통해 나에게 물어 온다. 이러다 보니 과거에 비해 다른 사람들을 지나치게 의식하는 삶이 이루어지는 경향이 있다. 나의 가치관과 목표에 따라 인생을 살지 못하고, 남을 의식하여 살아가게 되는 위험성이 도사리고 있다.

휴대전화로 인해 쉼을 누리지 못한다. 휴가지에서도 제대로 된 휴가를 누리지 못하고 휴대전화를 켜 놓은 상태로 직장 상사의 비상 호출을 기다려야 한다. 새벽부터 밤늦은 시간까지 친구들의 소식, 급전 대출, 경조사 관련 문자가 쉴새없이 도착한다. 휴대전화는 우리의 삶을 초조하게 만들고 하늘을 쳐다볼 여유를 앗아가고 있다. 필자는 자주 휴대전화 없이 살아가고 싶은 충동을 느끼고 몇 번 실행할 생각도 했었다. 그러나 직장 업무상 발생하는 불이익이 너무 많아 포기할 수밖에 없었다.

- **TV의 폐해**

현대인들이 TV를 들여다보는 시간에 비례하여 개인의 독서량이 줄어들고 있다. 책을 만드는 출판업계는 단군 이래 최대 불황을 맞고 있다고 한다. 문학 서적과 철학 에세이보다는 TV 연속극이나 토크쇼에서 보여주는 콘텐츠가 사람들의 마음속에 자리잡고 있다. 독서를 통한 가치관의 정립보다는 TV에서 보여주고 심어주는 대로 생각하고 행동하게 되어 정보의 양은 많아졌으나, 오히려 생각과 삶이 획일화되는 측면도 나타난다.

책을 읽는 것과 달리 TV의 가장 큰 문제점은 흥미 위주의 정보들을 수동적으로 전달받게 되어 사고를 구조화, 조직화하지 못한다는 것이다. 학생들의 보고서나 시험지를 검토해 보면 과거 아날로그 시대에 비해 사고의 체계성과 이를 문장으로 표현해 내는 능력이 현저히 줄어들었음을 실감하게 된다. TV가 바보상자라면, 3D TV는 3D 바보상자일 뿐이다. 특히 청소년들이 TV 앞에 오래 앉아 있는 것은 치명적으로 해롭다. 가정에서 TV를 추방하는 선택을 하는 분들이 있다. TV를 추방하면 가족들의 대화가 복원되고, 독서를 통해 오히려 더 큰 세상을 만나게 된다.

TV, 컴퓨터(게임), 인터넷, 휴대전화, 패스트푸드 등은 현대 청소년들의 영혼과 육체를 갉아먹는 가장 치명적인 위협 요소들로, 가히 청소년 5적(敵)이라 할 만하다. 이러한 위협적인 환경 속에서 우리 자녀들과 후속 세대의 생각과 삶을 지켜줄 방법을 생각하면 막막하기만 하다.

인간이 선하고, 지혜로우며, 강한 자제력이 있다면 인터넷과 휴대전화는 인류의 삶에 큰 유익이 되었을 것이다. 그러나 인간의 욕심과 무분별함으로 인해 엄청난 부작용이 초래되고 있다. 사람들의 불안과 초조, 불평과 좌절이 아날로그 시대에 비해 더욱 커지고 있는 느낌이다. 우연의 일치인지 모르겠으나 인터넷과 휴대전화가 본격적으로 보급되기 시작한 1990년 이후 국내 자살률이 급증하고 있다. 1990년 이전 인구 10만 명당 연간 자살 건수는 10건 이하였으나, 1995년 이후 가파르게 상승하기 시작하여 2000년 20명, 2010년 현재 35명에 이르고 있다. 과거에 비해 더 많은 정보를 취득할 수 있는 세상이 되었으나, 더 살기 싫어진 세상이 되고 있는 것이다.

인터넷과 휴대전화의 폐해는 특히 청소년들에게 심각한 것 같다.

엄청난 정보의 홍수 속에서 삶의 초점을 잃고 멍한 표정을 하고 있는 젊은이들을 많이 볼 수 있다. 다른 사람에 관한 정보는 잘 파악하면서도 정작 자신의 삶에서 무엇에 집중해야 하는지 그에 대해서는 방향 감각을 잃어버리고 방황하는 많은 학생들을 보노라면 안타까운 생각이 든다.

유비쿼터스 네트워크의 단말기가 된 인간

컴퓨터 앞에서 인터넷 서핑을 하는 대학생, 전철 안에서 문자를 송수신하는 중고등학생, 회사에서 전자 결재 시스템 앞에 앉아 있는 직장인들을 바라보면 사람들이 모두 네트워크 단말기가 된 듯한 느낌을 받는다. 필자 역시 하루 종일 컴퓨터 앞에 앉아 있기는 마찬가지이다. 모든 정보가 데이터베이스화 되어 인터넷에 있기 때문에 그 의존도는 갈수록 심화되고 있다.

인터넷과 인트라넷의 거대한 네트워크 앞에서 인간이 선택할 수 있는 폭은 넓지 않다. 인트라넷과 이메일을 통하여 실시간으로 나의 업무를 보고하고 할 일을 지시받게 된다. 자신의 업무 성과 및 인사 고과를 열람하면서 더 열심히 해야겠다는 생각을 하게 된다. 모든 것이 숫자와 등수로 정량화, 계량화되어 내가 얼마나 초라한 존재인지를 알고 위축된다. 나는 회사 인트라넷이라는 거대한 조직의 단말기와 비슷한 존재가 되어 매일의 정해진 일과를 수행하게 된다. 하나님의 형상을 따라 창조되었으며 자연을 다스려야 하는 인간상과는 거리가 있어 보인다.

대인 관계에서도 문제가 발생하게 된다. 각 개인과 인터넷 망과의 네트워크가 강화되면서 자연스럽게 사람과 사람 사이의 접촉은 줄어들고 있다. 건전한 상식에 기초하여 상대방과 적절하게 대화를 나누는 방법, 자신을 낮추는 겸양 어법, 상대방의 의향을 파악하고 호응하는 방법, 배려하고 배려받는 방법 등과 같은 기본적인 소양을 갖추지 못한 사람들이 많이 생겨나고 있다. 기다림과 여유가 상실되고 있다. 빠른 정보 속에서 살다 보니 느림과 인내와 꾸준함을 잃어버리기 쉽다. 빨리 할 수 있는 것이 아닌 것들은 쉽게 포기해 버린다. 서로 기다려주지 않는다.

과거 아날로그 시대의 경우 세상과 소통하는 방법은 독서와 인간관계였다. 나무 아래에 앉아 헤르만 헤세의 소설을 읽었고, 시를 써 보았으며, 친구에게 편지를 통해 마음을 나누기도 하였다. 중고등학교에서 가장 인기 있는 동아리는 '문학부'였다. 많은 학생들은 학창 시절 하늘을 쳐다보면서 내가 어디서 왔으며, 어디로 가는 것인지 고민을 하였다. 그러다 보니 자연스럽게 성경과 하나님에 대한 관심을 가지고 있었다.

그러나 정보 통신의 거대한 네트워크가 발전하면서 사람들은 세상의 정보와 세상의 네트워크에 쉴 새 없이 접속하게 되면서 하늘을 쳐다보거나 하나님을 생각하지 않게 되는 경향을 뚜렷이 나타낸다. 세상의 네트워크가 온라인 상태가 되면서 하나님과의 네트워크가 오프라인 상태가 되고 있는 것이다. 그리스도인들의 삶에서도 기도로써 하나님의 지혜와 도우심을 구하기보다, 인터넷 포털에서 정보와 해결책을 찾으려고 하는 경향이 증가하는 것 같다.

인간의 몸을 해치는 정보 통신 기술

하나님께서는 우리가 자연 생태계 속에서 땀 흘려 일하고 부지런히 움직일 때 건강할 수 있도록 창조하셨다. 전근대 시대의 경우 농업과 목축 등으로 사람의 몸은 건강하게 움직일 수 있었다. 전기의 발명은 인류 문명을 발전시키는 획기적인 발명품이었으나, 인간의 삶을 교란하고 피폐하게 만든 측면이 동시에 존재한다. 전동기의 발전으로 인간의 몸을 움직이는 일들이 현저히 줄어들게 되었다.

특히 전구의 발명은 해가 진 이후에도 사람들이 일을 할 수 있게 해주었다. 해가 지면 잠을 자고, 해가 뜨면 일을 하는 것이 자연의 순리인데, 현대인들의 경우 해가 진 이후에도 5~6시간 더 일을 하고 있으며, 해가 뜨고 몇 시간이 지나도 잠자리에서 일어나지 않고 있다. 전구가 만들어 준 밤의 문화는 인간을 더욱 피곤하게 하고, 어둡고 불건전한 일들에 빠지게 한 측면이 있다.

1990년대 이후 정보 통신 기술의 획기적인 발달로 사람들이 주로 하는 일은 컴퓨터 자판을 두드리거나 모니터를 들여다보는 것이 되었다. 필자 역시 직장에서 하루 종일 모니터를 들여다보고 있다. 오후가 되면 눈이 충혈되고 아파오기 때문에 몇 시간 간격으로 인공눈물을 사용한다. 그나마 필자의 경우는 20대 후반부터 모니터를 보기 시작했으므로 조금 다행이라 할 수 있지만, 1990년대 이후 출생한 세대의 경우 태어나면서부터 모니터를 보면서 일생을 살아가게 되어 큰 문제가 초래되지 않을까 염려된다. 앞으로 수십 년이 지나면 시력이 떨어져서 안경 착용자가 많아지는 것은 물론이고, 아마도 장·노년기 이후 눈의 시력을 완전히 잃고 실명에 이르는 경우도 속출하지 않을까 싶다. 젊어서부터 TV, 컴퓨터 모니터, 스마트폰에서 가능한 한 눈을 떼도록 하여 눈을 보호해야 한다. 그렇지 않으면 노년기에 시력을 잃고 후회하는 사람들이 많을 것 같다.

한편 IT의 발전으로 인간은 더 몸을 움직이지 않게 되었다. 다양한 가전제품들이 개발되어 집안일로 인한 노동 부하는 50년 전에 비해 1/10 이하로 줄어든 듯하다. 대형 마트와 부엌의 대형 냉장고라는 환상적 조합의 도움으로 주부들은 먹을거리를 준비하기 위해 이리저리 뛰어다닐 필요가 없다. 또한 승용차 및 대중교통의 발달로 거의 걷지 않게 되었다. 이로 인해 첨단 의료 기술의 지원과 충분한 영양식에도 불구하고 현대인들의 건강 상태는 날로 악화되고 있다. 특히 운동 부족으로 인한 비만, 고혈압, 당뇨병, 순환계 질환 등이 나타나고 있다. 필자의 경우도 과거 10년 정도의 기간에 심각한 운동 부족 상태였으며, 이로 인해 건강과 체력이 좋지 못하였다. 그러다 몇 년 전부터 테니스와 등산 등으로 서서히 체력을 회복하고 있다.

필자가 대학의 전자공학과에 재직하면서 연구하고 있는 IT는 인간을 더 게으르게 하고 더 부패하게 하는 기술이라는 생각을 종종 하게 된다. IT의 발전은 인간이 인터넷, 멀티미디어, 무선 통신, 가전제품 등에 더 의존하게 하며, 하늘을 쳐다보거나 꽃과 나무를 가꾸려는 여유를 빼앗아 버리기 쉽다. IT가 주도하는 현대 사회를 살아갈 때, 무엇이 가치 있고 무엇이 나의 몸과 영을 살리는 것인지 깊은 고민 가운데 문명의 도구들을 올바로 선택하여 제한적으로 사용하는 것이 중요하다.

몇 가지 실천적 방법들이 언뜻 떠오른다. 우선 TV, 스마트폰, 컴퓨터는 최대한 멀리하는 것이 좋을 듯하다. 나를 둘러싼 IT 장비들이 영리(smart)해질수록 나의 인생은 어리석게(stupid)될 위험성이 크다. IT 장비를 조작하는 시간을 독서하는 시간으로 대체하는 것은 매우 지혜로운 선택이다. 처세술 등의 실용서보다는 인문고전을 중심으로 하는 폭 넓은 독서를 통하여 마음의 지평을 넓힐 수 있다. 또한 대지를 딛고 자연의 생명체들과 호흡하는 시간을 더 확보하면 좋을 것이다. 극장이나 놀이공원보다는 등산이나 텃밭가꾸기가 도움이 될 듯하다. 가정에서 TV를 추방하고 서가를 꾸며 가족이 함께 대화하며 독서하는 것을 선택하여 대화하는 가정, 꿈을 키우는 가정을 만들어 가는 아름다운 이야기도 들린다. 고등학생 이하 청소년들의 경우 휴대전화를 사용하지 않거나, 최소 기능만을 갖춘 단순한 휴대전화를 사용하는 것이 그들의 심성에 더 좋을 것 같다.

(4) 민주주의는 가장 선한 해결책인가?

민주주의(民主主義)는 글자 그대로 국민이 권력을 가지고 그 권력을 스스로 행사하는 제도로, 법과 다수결의 원리에 의해 모든 것을 결정하게 된다. 대한민국은 헌법 제1조를 통해 민주 공화국임을 천명하고 있으며, 대통령의 선출로부터 국가의 모든 주요 결정이 국민들의 자유 투표에 의해 이루어지고 있다. 이러한 자유 민주주의 국가 대한민국에서 오늘날 살아가고 있는 우리는 행복한가? 여전히 고통과 슬픔이 존재한다. 국민들을 무시하고 자신의 이익을 추구하는 정치인들, 사회적 약자들에 대한 무관심과 냉대, 집단 이기주의, 연고주의 등으로 인해 우리는 답답함을 느낀다.

무엇이 문제인가? 민주주의가 아름답게 꽃피려면 조건이 필요하다. 민주주의 권력을 행사하는 국민들이 지혜롭고, 의롭고, 선해야 한다. 이것이 전제된다면 자유 민주주의는 가장 아름다운 제도가 될 것이다. 그러나 실제로는 모든 사람은 이기적이고 악하고 어리석으며 하나님 앞에서 죄인이다(롬 3:23). 그러므로 이런 부족한 사람들이 주인이 되어 모든 것을 결정하는 민주주의는 아름다운 결실을 맺기가 쉽지 않다. 민주주의란 어떤 의미에서 최악(독재)을 피하기 위한 차악(次惡)이라고 볼 수 있다.

교회의 경우에도, 담임 목사가 하나님 앞에서 올바른 영적 분별력을 가지고 모든 것을 결정하는 것이 가장 아름다우나, 사람들의 연약함과 실족함을 방지하기 위해 민주주의의 대표적 제도인 자유 투표 방법을 도입하여 주요 의사 결정을 하기도 한다.

사실 모두에게 가장 유익한 것은 의롭고 지혜로운 철인(哲人) 또는 지도자 집단이 전권을 가지고 국가 또는 조직을 다스리는 방식일 것이다. 그런데 독재자의 등장을 방지하기 위해 지구상의 대부분의 국가는 민주주의 제도를 채택하여 국가의 대사를 결정할 때 지혜로운 사람이든 무지한 사람이든, 대통령이든 말단 공무원이든, 무조건 한 표를 행사하게 되어 있다. 그러다 보니 우민(愚民)에 의한 의사 결정이라는 부작용이 종종 나타난다.

우리 사회에서 큰 문제가 되고 있는 망국적 지역주의, 무능하고 부패한 국회의원, 정경 유착 등의 근본 원인은 무엇인가? 일차적 책임은 무능하고 부패한 당사자에게 있겠지만, 여러 가지 선거에서 자신과 자기 지역의 이익을 얻기 위해 지혜롭지 못한, 의롭지 못한 선택을 한 국민들 역시 책임에서 자유로울 수 없다. 필자는 과학 기술계에서 20년 가까이 몸담아 오면서 한 가지 민주주의의 폐해를 보게 되었다. 대통령은 국가 과학 기술의 백년대계를 세우고 실천하는 것보다 다음 선거에서 정권을 재창출하려는 관심이 더 큰 경우가 있는 것이다.

이런 경우 국민들이 단기간에 가시적으로 느낄 수 있는 성과를 내도록 행정적, 재정적 수단을 가지고 과학 기술계를 드라이브하게 된다. 수학, 물리학 등의 기초과학보다는 로봇, 캡슐형 내시경, 전기 자동차 등 대중의 흥미를 유발할 수 있는 분야를 주로 지원하게 된다(코엑스에서 개최되는 과학전시회가 국가 과학 기술 발전을 저해하는 위협 요인이 될 수 있다). 장관이나 정부 관료들 역시 대통령의 통치 방향을 충실히 보좌하는 것이 개인적 이익에 부합하므로 같은 방향으로 정책을 추진하기 쉽다.

이렇게 될 경우 과학자들의 사기나 수십 년 후 대한민국 과학 기술의 경쟁력 등은 자칫하면 후순위로 밀리고, 단기간의 성과 위주로 몰아붙이는 우를 범할 수 있다. 한편 국책 연구소의 기관장들은 정부로부터 많은 출연금을 받아내야 하므로 정권의 입맛에 맞는 연구 성과(대중이 흥미를 가질 수 있는 분야)를 내도록 소속 연구원들을 독려하는 경향이 종종 나타난다. 연간 10조 원에 달하는 국가 연구 개발 예산 중 상당한 부분이 정치적 포퓰리즘에 의해 배분되는 측면이 있다(필자도 과거 몇 년간 나노 기술을 연구하면서 그 덕을 본 연구자 중의 한 사람이다). 이러한 문제의 근본 원인은 어디에 있는가?

대한민국 과학 기술의 발전을 위해서는 어떤 연구가 필요하며, 어떤 연구가 포퓰리즘에 의해 생긴 거품인지를 일반 국민들이 잘 구분하지 못하므로 다음 선거에서 표로 심판할 수 없기 때문이다. 이러한 이유로 대한민국 과학 기술의 발전은 아이러니하게도 유신 독재하에서 가장 올바른 방향으로, 가장 효과적으로, 가장 빠르게 발전되었다고 많은 과학자들은 보고 있다. 독재 정권은 국민들의 눈치를 볼 필요가 없이 국가의 미래를 생각하면서 과학 기술을 육성했기 때문이다.

정치에 있어서 지역 이기주의와 포퓰리즘은 결국 모든 국민을 피폐하게 한다. 각 지역별로 득세한 지역 정당이 있어 허수아비를 공천해도 당선된다는 자조적인 말이 있다. 자기가 거주하는 지역이 더 많은 이익을 배분받기 위해서 무능하고 부패한 정치인에게도 표를 몰아주었던 국민들은 뉴스에서 보도되는 국회의원들의 부정부패 소식을 듣고 분노하는 이중적 행태를 나타낸다. 부패한 국회의원들이 국회의사당에서 계속 활보할 수 있는 이유는 많은 유권자들 역시 부패해 있기 때문이다. 많은 국민들이 부패해 있는 것은 800만 기독교인들이 제 역할을 감당하지 못한 책임이 크다. 5명 중에 1명이 빛과 소금의 역할을 감당한다면 사회 모든 곳이 훨씬 더 맑고 깨끗해졌을 것이다.

지방 자치 단체들의 포퓰리즘은 많은 문제점을 드러낸다. 수백억 원에 달하는 호화 청사를 짓거나 대중의 인기에 영합하는 정책으로 다음 선거를 겨냥하는 일들이 종종 있다. 군 기지 등 국가 주요 시설이 지역 내에 유치될 때도 지역의 경제적 이익과 충돌하면 극렬하게 반대한다. 결국 민주주의라는 제도는 사람들이 의롭고 지혜롭지 못함으로 인하여, 민주적인 많은 제도와 시스템하에서도 비효율적인 모습을 드러내고 있다.

가장 행복하고 가장 삶의 의미를 찾는 방법은 민주주의가 아니라 하나님의 창조의 원리를 따라, 하나님의 법을 따라 살아가는 것이다. 영적인 교회 공동체에서의 삶이 아름답고 행복한 이유는 민주주의의 기초가 아닌 하나님주의의 기초를 따라 공동체 구성원들이 살아가기 때문이다. 성도들과의 교제에서 서로 깊은 사랑을 나누며, 서로 배려하며, 서로 격려하며, 서로 자신을 낮추며, 서로 가장 귀한 것을 나누는 모습은 천국의 모습을 미리 보는 것과도 같다.

"피차 사랑의 빚 외에는 아무에게든지 아무 빚도 지지 말라 남을 사랑하는 자는 율법을 다 이루었느니라 간음하지 말라, 살인하지 말라, 도둑질하지 말라, 탐내지 말라 한 것과 그 외에 다른 계명이 있을지라도 네 이웃을 네 자신과 같이 사랑하라 하신 그 말씀 가운데 다 들었느니라 사랑은 이웃에게 악을 행하지 아니하나니 그러므로 사랑은 율법의 완성이니라"(롬 13:8~10).

기득권층의 불법과 반칙

대한민국에서 민주주의와 법치를 지향하는 목적은 정의를 세우고, 사회의 안정과 발전을 도모함으로써 모두가 행복한 삶을 살고자 함이다. 그런데 앞에서도 제시했듯이, 사람들의 악함과 이기적인 삶으로 인하여 우리 사회에는 많은 불공평과 아픔이 발생하고 있다. 가장 부당한 것은 권력과 재력을 가진 지배 계층에 의해 이루어지는 탈법, 불법, 반칙 행위이다.

대표적인 것은 권력과 자본의 결탁이다. 권력자는 권력을 계속 유지하기 위해 돈을 필요로 하는데, 이를 위해 자본가의 이권과 청탁을 들어주면서 경제적 이익을 얻으려는 정경 유착 부패 사건이 자주 발생하고 있다. 인사 청문회에서 늘 보게 되는 대형 비리 사건들을 보면 그런 맥락에서 발생한 것들이 많다.

최근 우리나라에서 사회문제로 떠오른 반칙 행위 중 하나가 대기업의 자회사 일감 몰아주기이다. 예컨대, 특정 대기업의 모든 물류 용역을 오너의 2세 또는 친인척이 경영하는 물류 회사에 몰아줌으로써 몇 년 정도의 단기간에 수천억 원의 수익을 올리게 하여 세금 없는 편법 재산 상속을 하는 것이다. 이 밖에도 대기업의 중소기업에 대한 불공정한 행위, 재벌 총수의 불법 또는 편법 재산 상속, 계열사 간 부당 거래 등 재벌들의 많은 비리가 있음에도 불구하고, 왠지 정치 권력은 잠잠하다고 느끼는 국민들이 많다.

법 집행이 일반 국민들에게는 엄격하게 적용되지만 부자들은 죄를 지어도 금방 사면을 받고 사회 활동에 복귀함으로써 '유전무죄

무전유죄'(有錢無罪 無錢有罪)라는 불만이 많다. 언론계 역시 권력과 자본가의 부정부패를 어느 정도 눈감아 주면서 그들에게 의탁하려는 경향성이 있다. 결국 권력, 자본, 언론이 한통속이 되어 서로의 이익을 지켜주면서 가난하고 힘없는 사람들의 경제적, 사회적 이익은 계속 차단당하는 측면이 존재하는 듯하다.

법조계의 경우 전관예우(前官禮遇)라는 반칙적 관행이 아직도 존재한다. 법원 및 검찰 조직에서 근무했던 법조인이 퇴직하여 변호사 업무를 맡은 후 수임한 사건과 관련하여, 후배 법관의 재판에 영향을 미쳐서 유리한 판결을 이끌어 내는 것을 말한다. 법원이나 검찰에서 고위 간부로 재직한 후 대형 로펌의 변호사가 되면 재판정에서 전관예우를 가장 잘 받을 수 있는데, 수십억 원의 연봉을 챙기기도 한다. 자본주의 사회에서 용역으로 받는 돈은 용역의 가치가 정확하게 반영된 것일 텐데, 전관예우 변호사가 받은 수십억 원의 돈은 어떤 수고와 노동의 대가인가? 전관예우라는 단어는 품격 있는 한자 성어이지만, 사실은 형벌을 돈으로 사는 행위와 다르지 않다. 징역 10년 형을 받아야 하는 죄에 대하여 전관예우 변호사에게 몇 억 원의 수임료를 지불하고 징역 5년 형으로 감하여 받는 그런 방식이다.

한편, 판사는 이러한 전관예우 관행의 부당함을 누구보다 잘 알지만 전관예우를 적용하여 판결을 내리는 경우가 있는데, 이는 향후 자신이 퇴임한 후에 전관예우라는 관행의 수혜자가 될 것이므로 그러한 부당한 관행이 내심 계속 유지되기를 바라서가 아닐까 생각해 본다.

이러한 법조계의 전관예우와 유사한 행태가 각종 국가 기관에서 벌어지고 있다. 금융감독원의 고위 공무원으로 재직하다가 퇴직한 관료는 민간 금융 업체의 감사로 재취업되는 경우가 많다고 한다. 감사의 역할은 해당 기업의 비리를 감독하는 일인데, 전관예우 낙하산으로 내려온 감사의 경우는 반대로 금융감독원에 로비를 벌여 해당 기업의 비리를 묵인해 주도록 하는 경우도 있다고 한다. 이와 같은 일들이 다른 국가 기관과 산하 기관에서도 벌어진다는 언론보도를 종종 접하게 된다.

기득권층의 횡포는 대학 입시 체계에서도 발견된다. 과학고는 과학계에 진출할 인재를 양성해야 하고, 외국어고는 외국어를 전공하여 국제 업무를 담당할 인재를 양성해야 하는데, 현재 실상을 보면 의대, 법대 등에 진학하기 위한 고비용의 교육 기관으로 그 성격이 변질되어 버린 측면이 있다. 한편 일부 명문 사립 대학교의 경우 특수 목적고 출신 졸업생을 더 많이 입학시키기 위해 편법, 불법 입시 사정을 하였다 하여 문제가 되기도 하였다. 특목고의 비정상적인 행태는 왜 바로잡아지지 않고 있으며, 일부 사립 대학은 왜 특목고 학생들을 유치하기 위해 반칙적인 노력을 하는 것일까? 특목고, 학부모 및 대학 사이에서 불공정한 담합 행위가 의심되는 대목이다.

우리 사회의 기득권층은 현재의 학벌 중심 사회가 견고히 유지되기를 내심 바랄지도 모른다. 대기업은 일류 대학 출신의 인재들을 다수 채용함으로써 일류대학 동문들이 역시 많이 진출해 있는 정치, 사회, 문화 영역의 기득권층과 연계시킬 수 있다. 소위 일류 대학도 대기업에 인재를 취업시키고 부유층 학부모들의 자제들을 입학시킴으로써 우리 사회의 기득권층에 합류하여 정치경제적 안정성을 확보하려는 경향이 있다. 또한 부유층 학부모들은 많은 비용이 소요되는 사교육에 의해 일류대를 진학할 수 있는 교육 구조가 계속 이어짐으로써 가난한 집의 학생들에게 불리한 경쟁 구도가 유지되기를 은근히 바랄지도 모른다.

결국 자본과 대학과 부유층의 탐욕이 결탁하여 대학 서열화, 특수 목적고의 파행, 학벌 사회, 사교육 열풍 등을 은근히 부추기는 측면이 있다. 우리 사회의 메마름과 고통의 큰 원인은 기득권층의 이기주의와 불법, 탈법적 행태라고 할 수 있다. 이들이 정의로운 마음을 회복할 수 있다면 일그러져 있는 많은 영역들이 금방 정상화될 수 있다.

사회 기득권층의 병역 기피는 대표적인 반칙 행위이다. 2010년 3월 백령도 인근 서해 바다에서 대한민국 해군 천안함이 피습되어 해군 병사 46명이 얼음같이 차가운 바닷물 속에서 사망하였다. 그들 대부분은 평범한 가정의 자제들이었으며, 가난하고 어려운 형편의 사람들이 많았다고 한다. 이들은 대한민국 헌법에 의해 군에 소집되어 국방의 의무를 수행하던 중에 전사하였던 것이다.

한편, 천안함이 격침되던 날 청와대에서 국가 안보 회의가 소집되어 대책을 논의하였는데, 18명의 참석자 중에서 국방부 장차관, 합참의장을 제외한 나머지 15명의 국무 위원 중에 군필자는 3명에 불과하여 군 면제자들이 군의 위기 상황을 논의하는 기막힌 상황이 벌어졌다. 우리 사회의 기득권층의 상당수가 이런저런 이유로 병역을 면제받거나 회피하고 있다. 국가의 고위 공직자들 및 그 자제들의 병역면제율은 국가 전체 평균에 비해 매우 높다. 그들은 고위 공직에 오르기 전부터 우리 사회의 엘리트 코스를 밟아 왔지만 헌법상의 의무인 군복무를 회피한 사람들이 많다. '일반 국민'이라는 단어가 '편법과 불법을 사용할 줄 몰라서 군대 제대로 다녀오고, 꼬박꼬박 세금을 제대로 낸 사람들'을 지칭할 때 주로 사용된다면, 이러한 사회는 과연 정의로운 곳인가?

선한 목자가 없는 시대

이 시대에는 자유와 민주의 가치가 달성되고 상품과 서비스가 넘쳐나지만 나의 인생을 통해 따라갈 삶의 모본(模本)이 많지 않기에 우리의 마음은 공허함을 느끼곤 한다. 특히 이 시대를 살아가는 청소년들을 생각하면 측은지심을 느낀다. 이 나라의 정치, 경제, 사회, 문화, 교육 분야의 지도자들은 자라나는 후속세대를 향하여 어떤 삶의 본을 보여주고 있으며, 청소년들의 미래를 밝게 하기 위해 어떤 희생과 준비를 하고 있는가?

안타까운 마음에 학생들에게 종종 하는 말이 있다. "미안하지만 이 시대를 살아가는 그대들은 자신의 미래를 거의 혼자서 책임지고 헤쳐나간다고 생각해야 한다. 정신을 똑바로 차리고, 자신의 앞길을 치밀하게 설계하며, 하루 하루를 치열하게 살아야 한다"라고.

사회 각 분야에서 후속세대를 세워주는 일에 전심전력하는 선한 목자들이 더 많이 생겨났으면 좋겠다. 나의 남은 인생의 여정에서 그런 분들을 많이 만나서 배우기도 하고 같이 동역할 수 있다면 얼마나 행복할까 하는 상상을 해 본다.

자신의 뛰어난 식견을 살려서 사람들에게 봉사하기 위해 국가, 사회, 조직의 지도자로 나서려는 분들이 있다. 좋은 일이고 고마운 일이다. 그러나 그 전에 그분들에게 당부드릴 것이 있다. 낮은 자리에서 사람들의 종이 되어 땀과 눈물로 봉사하고 헌신하는 삶을 먼저 경험하시는 것이 좋을 것 같다. 이 기간은 최소 10년, 바람직하기로는 20년 이상은 되어야 할 것이다. 봉사와 희생의 삶을 실천해 본 경험이 없는 채 지도자의 자리에 오르면 독선과 오만으로 많은 사람들에게 고통을 안겨주는 지도자가 되는 경우가 종종 발생한다.

Ⅲ부

생명 살리기

5 생명력 있는 삶

I부를 통해 하나님께서 창조하신 우주와 지구 생명 공동체의 특성을 살펴보았다. II부에서는 인간의 욕심과 방종으로 인해 발생된 지구 생명 공동체의 파괴와 인간 사회의 황폐함에 대해 살펴보았다. 그렇다면 이러한 파괴와 황폐함을 극복하기 위해서는 무엇이 필요하며, 무엇을 준비해야 할까? 사람들이 욕심과 방종을 자제하도록 캠페인을 벌이거나 법과 제도의 정비를 통해 해결할 수 있을까?

인간의 욕심과 방종의 근본 원인은 우주 만물과 인간을 창조하여 주관하시는 하나님을 모르고, 우리의 삶을 향한 하나님의 뜻을 헤아리지 못한 것에 기인한다. 하나님께서 인간을 창조하신 목적, 우리 삶에 부여하신 삶의 목표, 올바른 삶의 동기와 방법, 하늘나라에서의 상급에 관한 지식이 없으면 이 세상에서 눈에 보이는 욕망과 쾌락을 좇아 살게 되고, 그 결과 지구 생명 공동체를 해치게 되고 자신도 육적, 영적 피폐함에 이르게 된다. 아무리 지혜롭고 유능하고 부지런하다 해도 삶의 목표가 잘못 설정되어 있으면 결국 실패하는 인생을 살 수밖에 없다.

하나님께서는 자신의 형상을 따라 인간을 창조하셨으며, 하나님과 소통하며 교제하기를 원하신다. 또한 자연 만물을 선한 청지기로서 다스리며 누리기를 원하신다. 그리스도를 믿음으로 얻는 구원을 통하여 하나님의 자녀로 거듭나며, 하나님께서 보여주시는 삶의 방법을 따를 때 지구 생명 공동체 안에서 진정한 샬롬의 삶을 살 수 있게 된다.

(1) 영적 거듭남

하나님께서는 우주와 만물을 창조하셨고, 하나님의 형상을 따라 인간을 창조하셨다. 하나님의 형상을 닮은 인간은 하나님과 동행하며, 자연을 다스리며, 풍성한 샬롬의 삶을 살도록 계획되었다. 그러나 인간의 죄로 인하여 하나님과 단절되었으며, 참 생명에서 멀어지게 되었다. 하나님께서는 예수 그리스도를 믿는 믿음을 통하여 하나님의 자녀로 거듭나며 이 세상에서부터 하늘나라로 이어지는 영원한 생명, 참 생명을 누릴 수 있게 하셨다.

그리스도를 믿는 믿음은 하나님께서 인간을 창조하신 목적에 맞는 삶을 다시 시작하게 하는 첫 단추이며, 우리의 삶을 지금부터 영원까지 진정한 샬롬에 이르게 할 수 있는 근본적인 해결책이다. 구원받은 하나님의 자녀로서 풍성함을 누리는 가운데 하나님의 사랑을 이웃에게 나눌 수 있게 된다. 또한 하나님의 뜻을 따라 선한 청지기로서 지구 생명 시스템을 돌볼 수 있는 능력을 부여받게 된다.

복음(Gospel)

① 하나님의 계획

- **인간에 대한 계획**

하나님께서는 이 세상 만물을 아름답고 선하게 창조하셨으며, 그의 형상을 따라 인간을 창조하셨다. 인간은 에덴동산에서 하나님과 동행하며 자연 만물을 다스렸다. 에덴동산에서 하나님과 사람과 만물은 함께 어우러져서 샬롬의 생명 공동체를 이루며 아름다운 삶을 살았다. 그러나 인간은 하나님의 명령과 주권에 대해 불순종함으로써 에덴동산에 거주할 수 없게 되었고, 그 이후 계속된 범죄와 타락으로 하나님과 인간의 관계는 단절되고 말았다.

그런데 하나님께서는 인간이 영적 생명을 회복하고 하나님과의 교제를 회복할 수 있도록 아브라함을 부르시고, 이스라엘의 구원과 이스라엘을 통한 인류의 구원 계획을 시작하셨다.

> "여호와께서 아브람에게 이르시되 너는 너의 고향과 친척과 아버지의 집을 떠나 내가 네게 보여 줄 땅으로 가라 내가 너로 큰 민족을 이루고 네게 복을 주어 네 이름을 창대하게 하리니 너는 복이 될지라

너를 축복하는 자에게는 내가 복을 내리고 너를 저주하는 자에게는 내가 저주하리니 땅의 모든 족속이 너로 말미암아 복을 얻을 것이라 하신지라"(창 12:1~3).

• **하나님의 관심**

아브라함에게 주신 약속은 2,000년 전 예수 그리스도를 이 땅에 보내심으로써 이루어졌다. 하나님께서는 그의 독생자를 보내심으로써 크신 사랑을 보여주셨으며, 예수님을 통하여 모든 사람이 영생을 얻기 원하신다. 하나님의 관심은 모든 사람들이 참 생명을 회복하고 하나님과 동행하며 풍성한 샬롬의 삶을 누리게 되는 것이다.

"하나님이 세상을 이처럼 사랑하사 독생자(예수 그리스도)를 주셨으니 이는 그를 믿는 자마다 멸망하지 않고 영생을 얻게 하려 하심이니라"(요 3:16).

"내가 온 것은 양(우리)으로 생명을 얻게 하고 더 풍성히 얻게 하려는 것이라"(요 10:10).

② 인간의 상태

• **죄로 인한 하나님과의 분리**

사람은 죄에 빠져 하나님을 떠나 눈에 보이는 대로, 마음이 원하는 대로 살아가게 되었다. 하나님과 소통할 수 없게 되었고 하나님의 뜻과 사랑과 계획을 알 수 없는 상태가 되었다.

"모든 사람이 죄를 범하였으매 하나님의 영광에 이르지 못하더니"(롬 3:23).

• 죄의 결과

어떤 사람들은 나름대로의 기준을 가지고 의롭고 선하게 살려고 노력하지만, 하나님의 기준에서는 여전히 죄인의 모습을 벗어날 수 없다. 죄를 범한 사람들은 결코 하나님과 소통할 수 없으며, 육신의 생명이 다한 이후에도 영원히 하나님과 분리된다. 하나님은 사랑과 은혜가 풍성한 분이지만, 온전히 거룩하시고 공의로우신 분이기에 이러한 기준은 무원칙적으로 변경되지 않는다.

"한 번 죽는 것은 사람에게 정해진 것이요 그 후에는 심판이 있으리니"(히 9:27).

"죄의 삯은 사망이요 하나님의 은사는 그리스도 예수 우리 주 안에 있는 영생이니라"(롬 6:23).

③ 예수 그리스도의 하신 일

• 예수 그리스도를 이 땅에 보내심

하나님의 공의와 기준에 의하면 죄를 범한 인간은 하나님과 교제할 수 없으며 영생을 누릴 수 없다. 하나님께서는 사람들의 죄 문제를 해결하고 하나님과 다시 소통할 수 있도록 하기 위해 예수 그리스도를 이 땅에 보내셨고, 우리 죄를 대신하여 형벌 받도록 하셨다. 또한 예수 그리스도는 부활하심으로써 그분이 하나님과 동등한 분임을 나타내셨다.

"우리가 아직 죄인 되었을 때에 그리스도께서 우리를 위하여 죽으심으로 하나님께서 우리에 대한 자기의 사랑을 확증하셨느니라"(롬 5:8).

"그리스도께서 우리 죄를 위하여 죽으시고 장사 지낸 바 되셨다가 성경대로 사흘 만에 다시 살아나사"(고전 15:3~4).

- **예수님을 통한 구원**

예수 그리스도는 우리와 하나님 사이에 연결 다리가 되어 주셨으며 이 다리를 통해 영원한 생명을 얻을 수 있다. 영원한 생명으로 가는 유일한 길(the way)은 예수 그리스도를 통하는 것이다.

"내가 곧 길이요 진리요 생명이니 나로 말미암지 않고는 아버지께로 올 자가 없느니라"(요 14:6).

"I am the way, and the truth, and the life; no one comes to the Father, but by me"(John 14:6, RSV).

④ 믿음과 거듭남

- **예수 그리스도를 영접해야 함**

각 사람이 영생을 얻기 위해서는 예수 그리스도를 '나의 구주, 나의 하나님'으로 영접해야 한다. 하나님께서는 예수님을 영접하는 믿음에 대하여 우리의 모든 죄를 사하시고 하나님과의 끊어진 관계를 회복하도록 해주신다.

"영접하는 자 곧 그 이름을 믿는 자들에게는 하나님의 자녀가 되는 권세를 주셨으니"(요 1:12).

"너희는 그 은혜에 의하여 믿음으로 말미암아 구원을 받았으니 이것은 너희에게서 난 것이 아니요 하나님의 선물이라 행위에서 난 것이 아니니 이는 누구든지 자랑하지 못하게 함이라"(엡 2:8~9).

- **그리스도를 영접하는 믿음이란 무엇인가?**

영접한다는 뜻은 그리스도께서 하신 구원의 역사를 인정하고, 그분을 의지함으로 영생을 얻고자 결단하는 것이다. 이것은 선택의 문제이다. 비록 하나님과 예수님에 대한 이해가 완벽하지 않고 직접 예수님을 경험한 적이 없지만, 하나님의 복을 받고자 하는 마음으로 이 사실을 받아들이면 된다.

"볼지어다 내가 문 밖에 서서 두드리노니 누구든지 내 음성을 들고 문을 열면 내가 그에게로 들어가 그로 더불어 먹고 그는 나와 더불어 먹으리라"(계 3:20).

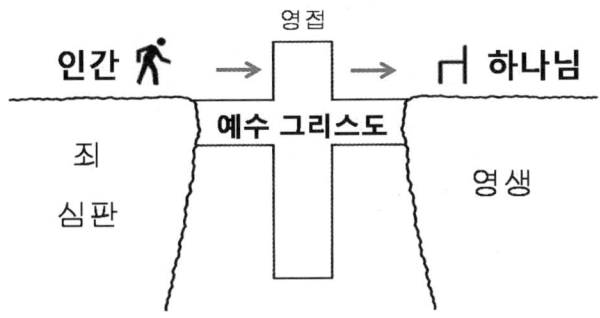

• 거듭난 자의 특권

예수 그리스도를 믿고 영접할 때 영적으로 거듭나게 된다. 거듭난 자의 특권은 무엇인가? 영원한 형벌로부터 구원되었으며, 하나님의 자녀가 되었고, 천국 시민이 되었다. 또한 성령을 우리 마음 가운데 거하게 하시고, 모든 지혜와 총명과 거룩함 가운데 승리하는 삶, 하나님의 은혜를 찬양하는 삶을 살도록 인도하신다.

"찬송하리로다 하나님 곧 우리 주 예수 그리스도의 아버지께서 그리스도 안에서 하늘에 속한 모든 신령한 복을 우리에게 주시되 곧 창세 전에 그리스도 안에서 우리를 택하사 우리로 사랑 안에서 그 앞에 거룩하고 흠이 없게 하시려고 그 기쁘신 뜻대로 우리를 예정하사 예수 그리스도로 말미암아 자기의 아들들이 되게 하셨으니"(엡 1:3~5).

복음과 관련하여 자주 제기되는 질문

- **하나님의 존재를 믿을 수 없다**

하나님은 사람의 눈에 보이지 않으므로 그 존재하심을 과학적, 실증적으로 확인할 방법은 없다. 그러나 본서의 I부에서 제시하였듯이, 이 우주와 지구와 모든 생명체들의 모습을 살펴볼 때 이것이 미생물의 진화에 의해 생겼을 가능성보다는 전지전능하신 하나님에 의한 창조임을 미루어 짐작할 수 있다.

권위와 진실성과 역사성이 2,000년간 충분히 입증되어 온 성경은 분명하게 하나님께서 이 세상을 창조하셨다고 선포하고 있다. 하나님이 존재하지 않는다는 증거보다는 하나님이 존재하신다는 증거가 더 많다. 우주가 존재하고, 내가 이 시간 현재 숨 쉬고 있다는 것이 창조주 하나님이 존재하시는 가장 큰 증거이다.

> "창세로부터 그의 보이지 아니하는 것들 곧 그의 영원하신 능력과 신성이 그 만드신 만물에 분명히 보여 알려졌나니 그러므로 그들이 핑계하지 못할지니라" (롬 1:20)

- **예수 그리스도는 기독교라는 종교를 창시한 인간에 불과하며, 기독교는 많은 종교 중의 하나일 뿐이다**

예수 그리스도가 어떤 분이신가 하는 실체(fact)와 내가 취할 수 있는 반응(response)에 대하여 다음 4가지 경우의 수가 존재한다.

ⓐ 예수 그리스도는 구세주가 아니며, 고의적으로 세상을 속인 경우.
ⓑ 예수 그리스도는 구세주가 아니며, 자아도취 및 착각에 의해 스스로를 구세주라고 믿고 이를 주장한 경우.
ⓒ 예수 그리스도는 구세주가 맞으며, 내가 이 사실을 믿는 경우.
ⓓ 예수 그리스도는 구세주가 맞으며, 내가 이 사실을 믿지 않는 경우.

만약 ⓐ 경우가 맞다면, 예수 그리스도는 위인이나 선인이라고 부를 수도 없는 사기꾼에 불과하다. 왜냐하면 신약성경을 통해 예수님은 자신이 하나님의 아들이며 유일한 구원의 길임을 여러 차례 분명하게 말씀하셨기 때문이다. 만약 ⓑ의 경우가 맞다면 예수 그리스도는 사람이 되며, 그를 수천 년간 믿었던 사람들 역시 정신 나간 헛수고를 한 셈이 된다. 그러나 ⓐ, ⓑ의 가능성은 상당히 희박한데, 그 이유는 예수 그리스도의 행적과 삶은 성경뿐 아니라 고대의 수많은 문서에 기록되어 있는 역사적 사실이기 때문이다.

예수님의 죽음 앞에서 흩어졌던 제자들은 예수님의 부활을 목격한 후 순교를 불사하면서 예수님을 증거하는 사도의 삶을 살았다. 초대 교회 시기에 엄청난 핍박과 죽음의 위협 앞에서도 성도들은 예수님을 믿는 믿음을 견지하였다. 성경 66권은 2,000년간 무수한 도전을 받았으나 여전히 그 권위가 굳건하여 수많은 사람들의 인생을 변화시키며 오지로 파송되는 선교사들을 배출하고 있는 것이다. 이처럼 오랜 역사 속에서 우리의 조상들은 ⓐ와 ⓑ의 가능성을 치열하게 시험하였으며 그 가능성을 좁혀 주었다.

그렇다면 이제 남은 가능성은 ⓒ와 ⓓ로 압축된다. 예수님을 믿을 것인가 하는 문제는 지구상의 모든 사람에게 심각한 문제이다. 왜냐하면 예수 그리스도께서는 우리의 죄와, 구원과, 영생에 관한 말씀을 아주 분명하게 선포하셨기 때문이다. 그분이 역사적으로 신뢰할 만한 분이었다면 그분이 분명하게 전하셨던 죽음과 생명에 관한 메시지가 사실이었는지 확인을 진지하게 해볼 필요가 있다.

- **내가 최선을 다해 선하고 의롭게 나의 인생을 살아간다면 어떤 종교의 어떤 심판이 와도 문제없다**

성경에서는 하나님께서 온 우주와 자연 만물과 인간을 창조하셨으며, 주관하시며, 심판하실 것이라고 보여주고 계신다. 모든 사람들은 스스로의 의지와 상관없이 이 지구상에 태어났으며, 우주의 주관자이신 하나님의 법의 지배를 받는다.

하나님이 죄로 여기시는 것과 이 세상의 실정법에서 죄로 규정하는 것은 다르다. 세상의 법은 시대가 변함에 따라 변하고, 나라별로 달라서 절대적 기준이 존재하지 않으며, 항상 변화한다(어떤 나라에서는 일부일처제, 어떤 나라에서는 일부다처제가 법으로 규정되어 있다).

세상의 법관은 사람의 마음을 읽어내지 못하기 때문에 눈으로 보이는 위법적 행위와 증거에 따라 재판을 하게 된다. 그러나 하나님은 각 사람의 마음을 아시기 때문에 행위뿐 아니라 악한 마음, 잘못된 동기까지도 죄로 여기신다. 내가 최선을 다해 살고 세상 사람들에 비해 상대적으로 선한 삶을 살았다 해도, 하나님 앞에서는 여전히 죄인의 모습이다.

"우리의 의는 다 더러운 옷 같으며"(사 64:6).

"다 치우쳐 함께 더러운 자가 되고 선을 행하는 자가 없으니 하나도 없도다"(시 14:3).

- **아담이 범한 죄로 인해 왜 내가 형벌을 받게 되는가?**

아담은 그의 불순종으로 인해 첫 죄인이 되었다. 아담의 범죄 이후 그 후손들 역시 범죄함에 이르게 되었다. 아담으로 인해 죄가 세상에 들어왔으나, 죄를 범한 주체는 아담뿐 아니라 모든 세상 사람들이다. 사람들은 각자 자신이 범한 죄로 인해 심판받게 된다.

"그러므로 한 사람으로 말미암아 죄가 세상에 들어오고 죄로 말미암아 사망이 들어 왔나니 이와 같이 모든 사람이 죄를 지었으므로 사망이 모든 사람에게 이르렀느니라"(롬 5:12).

"아버지는 그 자식들로 말미암아 죽임을 당하지 않을 것이요 자식들은 그 아버지로 말미암아 죽임을 당하지 않을 것이니 각 사람은 자기 죄로 말미암아 죽임을 당할 것이니라"(신 24:16).

- 예수님을 영접하는 쉽고 간단한 행위로 영원한 생명을 단번에 얻을 수 있는가?

어떤 사람이 일생 동안 최선을 다해 선하고 의롭게 살아간다 해도 하나님 앞에서 여전히 죄인이며 심판을 피할 수 없다. 반면, 평생을 악하고 게으르게 살다가 죽기 직전에 10분간 복음을 듣고 예수님을 마음에 영접한 사람은 구원과 영생을 누리게 된다. 이것은 불공평하지 않은가?

예수님을 마음에 영접하는 것은 10분 만에 결정할 수 있는 간단한 일이다. 그러나 예수 그리스도께서 십자가에서 이루신 일은 간단한 일이 아니었다. 하나님께서는 모세와 이사야 때부터 인류를 구원할 메시아를 예정하셨으며, 예언된 대로 이스라엘 땅에 하나님의 독생자 예수 그리스도를 보내셨다. 그로 하여금 인류 모두의 죄를 담당하고 대신 형벌을 받게 한 후, 이 사실을 마음에 믿고 받아들이는 자를 의롭게 보시고 영생을 주기로 하셨다. 이러한 역사적 사실과 하나님의 복음의 법칙에 의해 쉽게 구원을 받는 것이다.

엘리베이터를 타고 손끝으로 10층 버튼을 터치하면 순식간에 10층으로 올라가게 된다. 비록 내 힘과 내 노력은 간단한 것이었지만, 엘리베이터를 설계하고 설치한 사람들의 많은 수고가 있었기 때문에 쉽게 올라가게 된다.

"그러므로 율법의 행위로 그의 앞에 의롭다 하심을 얻을 육체가 없나니 율법으로는 죄를 깨달음이니라 이제는 율법 외에 하나님의 한 의가 나타났으니 율법과 선지자들에게 증거를 받은 것이라 곧 예수 그리스도를 믿음으로 말미암아 모든 믿는 자에게 미치는 하나님의 의니 차별이 없느니라 모든 사람이 죄를 범하였으매 하나님의 영광에 이르지 못하더니 그리스도 예수 안에 있는 속량으로 말미암아 하나님의 은혜로 값없이 의롭다 하심을 얻은 자 되었느니라 이 예수를 하나님이 그의 피로써 믿음으로 말미암는 화목 제물로 세우셨으니 이는 하나님께서 길이 참으시는 중에 전에 지은 죄를 간과하심으로 자기의 의로우심을 나타내려 하심이니 곧 이 때에 자기의 의로우심을 나타내사 자기도 의로우시며 또한 예수 믿는 자를 의롭다 하려 하심이니라 그런즉 자랑할 데가 어디냐 있을 수가 없느니라 무슨 법으로냐 행위로냐 아니라 오직 믿음의 법으로니라 그러므로 사람이 의롭다 하심을 얻는 것은 율법의 행위에 있지 않고 믿음으로 되는 줄 우리가 인정하노라"(롬 3:20~28).

- **성경과 복음의 내용은 불확실하여 믿을 수 없으므로, 나는 내가 이해하고 있는 삶의 방식을 따라 살다가 죽겠다**

  나는 우주 안에 어떻게 존재하게 되었을까? 나는 나의 생명을 통제할 수 있는가? 나의 사후에 어떤 일이 기다리고 있는지 알고 있는가? 이런 질문에 대답할 수 있다면 위의 주장은 공감할 수 있다. 그러나 모든 인간은 이러한 질문에 대한 해답을 갖고 있지 못하다. 또한 사람의 지식과 지혜는 불완전하다. 사람이 70~80년간 생존하면서 과연 몇 권의 책을 읽고, 몇 명의 사람을 만나며, 몇 가지의 사실을 알게 될까?

  사람들은 보잘것없는 몇 가지의 지식과 경험을 근거로 고집스럽게 생각하는 경향이 있다. 그러나 성경의 권위와 진실성과 역사성은 이천 년 동안 많은 지식인에 의해 검증되어 오늘날까지 이르고 있다. 성경에서는 예수 그리스도를 통하지 않고는 하나님께 이를 수 없다고 경고하고 있다. 나의 지식과 느낌에 의존할 것인지, 성경의 권위에 더 비중을 두어야 할 것인지 신중히 생각해 보아야 한다. 왜냐하면 성경과 복음은 영원한 생명이 있음을 명확히 말씀하시고 있기 때문이다.

- **세상의 것들을 충분히 즐긴 후 노년에 예수님을 영접하겠다**

이것은 그리스도 안에서 얻은 새 생명의 성격과 가치를 몰라서 생긴 오해이다. 영생은 하나님과의 막힌 담이 무너지고 하나님의 자녀로 거듭나는 순간부터 시작된다. 또한 하나님께서 영생을 주시고 하나님의 자녀로 우리를 부르신 목적은 매우 풍성한 삶을 살게 하시기 위함이다. 하나님은 하늘나라의 구원(영생)의 대가로 이 세상에서의 종교적 희생을 강요하시는 분이 아니다. 하나님은 온 우주의 주인이므로 어느 누구의 도움도 필요치 않은 분이다.

하나님이 구원을 통해 우리에게 주시고자 하는 것은 성령 안에서 진리를 행함으로 참 자유를 누리며, 기도 응답을 통해 하나님의 은혜를 경험하며, 진리와 은혜 가운에 기쁨 충만한 삶을 사는 것이다. 그러므로 하루빨리 예수님을 영접하고 거듭나는 것이 나에게 더 이익이다. 허름한 판자촌에서 살다가 왕자가 되어 궁궐로 들어가게 된 사람이 "나는 판자촌의 생활을 최대한 즐기다가 죽기 직전에 궁궐로 들어갈게요"라고 말하는 것은, 궁궐에서의 복된 삶을 알지 못한 오해에서 비롯된 것이다.

"도둑이 오는 것은 도둑질하고 죽이고 멸망시키려는 것뿐이요 내가 온 것은 양으로 생명을 얻게 하고 더 풍성히 얻게 하려는 것이라"(요 10:10).

"그 때에 너희는 그리스도 밖에 있었고 이스라엘 나라 밖의 사람이라 약속의 언약들에 대하여는 외인이요 세상에서 소망이 없고 하나님도 없는 자이더니 이제는 전에 멀리 있던 너희가 그리스도 예수 안에서 그리스도의 피로 가까워졌느니라 그는 우리의 화평이신지라 둘로 하나를 만드사 원수 된 것 곧 중간에 막힌 담을 자기 육체로 허시고 법조문으로 된 계명의 율법을 폐하셨으니 이는 이 둘로 자기 안에서 한 새 사람을 지어 화평하게 하시고 또 십자가로 이 둘을 한 몸으로 하나님과 화목하게 하려 하심이라 원수 된 것을 십자가로 소멸하시고 또 오셔서 먼 데 있는 너희에게 평안을 전하시고 가까운 데 있는 자들에게 평안을 전하셨으니 이는 그로 말미암아 우리 둘이 한 성령 안에서 아버지께 나아감을 얻게 하려 하심이라"(엡 2:12~18).

• **하나님과 예수님에 관한 지식과 경험이 부족하여 믿기 어렵다**
어떤 사람이든 그의 지식과 경험은 충분하지 않다. 필자 역시 하나님을 목격한 적이 없으며, 예수님과 삶을 함께한 경험도 없다. 다만 성경의 기록과 믿음의 선배들의 삶을 보고 미루어 짐작하고 믿음으로 생각할 따름이다. 믿음은 선택이다. 나의 경험과 지식이 아니라 하나님이 하신 일을 믿고 의지적으로 선택하는 것이다.

　잘 알지 못하는 누군가가 귀한 선물을 들고 문 밖에 서 있다고 하자. 그에 대한 완벽한 지식이 없더라도 평소 간접적으로 들었던 그의 말의 일관성과 진실성, 주변에서 말하는 그에 대한 평판 등을 종합하여 문을 여는 결단을 내릴 수 있다.

　이스라엘이 광야에서 하나님을 원망하는 죄를 범하였을 때 하나님께서 불뱀으로 백성을 치신 적이 있다. 모세가 백성을 위하여 간구하였으므로 하나님께서는 놋뱀을 만들어 쳐다보는 사람들은 낫도록 하셨다. 이때 놋뱀을 쳐다본 사람들은 모두 고침을 받았다. 100%의 믿음으로 쳐다본 사람도 구원을 받았고, 반신반의하면서 하나님에 대한 신뢰를 선택하고 놋뱀을 쳐다본 사람들 역시 나음을 입었다.

　신약에서 예수님은 자신이 바로 놋뱀과 같은 역할을 하심을 말씀하셨다. 놋뱀을 쳐다보는 일과 예수님을 믿는 일은 모두 우리가 가지고 있는 몇 가지 정보에 기초한 믿음과 선택의 문제이다. 100% 확신을 가지고 마음의 문을 열 수도 있고, 60%의 확신을 가지고 나의 마음 문을 열고 예수님을 모셔들일 수도 있다. 중요한 것은 마음의 문을 여는 '선택'을 하는 것이다.

　　"모세가 놋뱀을 만들어 장대 위에 다니 뱀에게 물린 자가 놋뱀을
　　쳐다본즉 살더라"(민 21:9).

　　"모세가 광야에서 뱀을 든 것같이 인자도 들려야 하리니 이는 그
　　를 믿는 자마다 영생을 얻게 하려 하심이니라"(요 3:14~15).

"볼지어다 내가 문 밖에 서서 두드리노니 누구든지 내 음성을 듣고 문을 열면 내가 그에게로 들어가 그와 더불어 먹고 그는 나와 더불어 먹으리라"(계 3:20).

- **아무리 의롭고 선하게 살아도 소용이 없고, 오직 예수 그리스도에 대한 믿음만이 중요하다고 하는데 왜 그런가?**

우주와 그 안에 있는 만물을 창조하신 하나님, 모든 권능과 지혜의 하나님 앞에서 우리의 선행과 의가 얼마나 헤아려질 수 있을까? 세상 석학들의 지혜는 하나님 앞에서 무가치하며, 세상의 부와 권세는 하나님 앞에서 없는 것과 같으며, 내가 의롭고 선한 행실을 추구한다 해도 하나님 앞에서는 여전히 심각한 죄인이다. 이 죄의 문제를 해결하는 방법은 이 세상에 없다.

하나님은 예수 그리스도를 마음에 영접하는 믿음을 통해 죄로 인한 형벌을 면하고 영원한 생명을 받을 수 있는 새로운 믿음의 법을 만드셨다. 이 법은 하나님의 주권에 속한 것이며, 우리의 이성으로 그 정당성 여부를 판단할 수 있는 것이 아니다.

"너희는 그 은혜에 의하여 믿음으로 말미암아 구원을 받았으니 이것은 너희에게서 난 것이 아니요 하나님의 선물이라 행위에서 난 것이 아니니 이는 누구든지 자랑하지 못하게 함이라"(엡 2:8~9).

"이 사람아 네가 누구이기에 감히 하나님께 반문하느냐 지음을 받은 물건이 지은 자에게 어찌 나를 이같이 만들었느냐 말하겠느냐 토

기장이가 진흙 한 덩이로 하나는 귀히 쓸 그릇을, 하나는 천히 쓸 그
릇을 만들 권한이 없느냐"(롬 9:20~21).

- **진리에 이르는 길은 여러 가지가 있을 수 있는데 기독교에서는 왜 예수 그리스도만이 구원의 길이라고 주장하는가? 기독교의 복음은 너무 배타적이다.**

세상에 진리는 여러 가지가 있을 수 있다. 그러나 생명에 관한 것은 그 특성이 배타적이다. 중환자실에서 생사를 다투는 환자들이 그들의 생명을 구할 수 있는 방법은 여러 가지가 있는 것이 아니다. 오직 의사가 결정한 방법이 있을 뿐이며, 이것은 매우 단호하고 배타적으로 시행된다. 생명이 걸린 문제이기 때문이다. 복음은 기독교라는 종교의 이론이 아닌, 실존하시는 하나님께서 정하신 구원의 방법이다. 그러므로 영원한 생명에 이르는 방법은 예수 그리스도를 통한 유일한 길이 있을 뿐이다.

"내가 곧 길이요 진리요 생명이니 나로 말미암지 않고는 아버지께
로 올 자가 없느니라"(요 14:6).

예수 그리스도의 유일성과 최종성을 분명하게 선포해야 하지만 세상에 대한 교회와 그리스도인들의 태도는 열려 있어야 할 것이다. 국가, 사회, 다른 종교에 대해 배려하고 존중하는 마음이 필요하다.

(2) 하나님 안에서 누리는 풍성한 생명

그리스도를 믿는 믿음으로 말미암아 하나님의 자녀로 거듭나며, 하나님의 은혜와 축복 안에서 차고 넘치는 삶을 살 때 다른 사람들을 돌아볼 수 있으며 하나님의 지으신 피조물들을 올바로 지켜나갈 수 있게 된다. 나의 삶에 은혜가 넘칠 때 그 은혜를 나누는 삶을 살게 되는 것은 당연한 이치이다. 온 우주와 지구상에 있는 자연 만물이 지극히 아름답고 풍요롭듯이, 하나님께서 사람들에게 주시고자 하는 삶 역시 아름답고 풍성한 것이다. 그리스도인의 삶은 하나님의 구원의 은혜를 힘겹게 할부로 갚아 나가는 고통스럽고 험난한 과정이 아니며, 거듭난 하나님의 자녀로서 모든 자유함과 기쁨과 풍성함을 누려 가는 과정이다.

"도둑이 오는 것은 도둑질하고 죽이고 멸망시키려는 것뿐이요 내가 온 것은 양으로 생명을 얻게 하고 더 풍성히 얻게 하려는 것이라"(요 10:10).

"찬송하리로다 하나님 곧 우리 주 예수 그리스도의 아버지께서 그리스도 안에서 하늘에 속한 모든 신령한 복을 우리에게 주시되 곧 창세 전에 그리스도 안에서 우리를 택하사 우리로 사랑 안에서 그 앞에 거룩하고 흠이 없게 하시려고 그 기쁘신 뜻대로 우리를 예정하사 예수 그리스도로 말미암아 자기의 아들들이 되게 하셨으니 이는 그가 사랑하시는 자 안에서 우리에게 거저 주시는 바 그의 은혜의 영광을 찬송하게 하려는 것이라 우리는 그리스도 안에서 그의 은혜의 풍성함을 따라 그의 피로 말미암아 속량 곧 죄 사함을 받았느니라 이는 그가 모든 지혜와 총명을 우리에게 넘치게 하사 그 뜻의 비밀을 우리에게 알리신 것이요 그의 기뻐하심을 따라 그리스도 안에서 때가 찬 경륜을 위하여 예정하신 것이니 하늘에 있는 것이나 땅에 있는 것이 다 그리스도 안에서 통일되게 하려 하심이라 모든 일을 그의 뜻의 결정대로 일하시는 이의 계획을 따라 우리가 예정을 입어 그 안에서 기업이 되었으니 이는 우리가 그리스도 안에서 전부터 바라던 그의 영광의 찬송이 되게 하려 하심이라 그 안에서 너희도 진리의 말씀 곧 너희의 구원의 복음을 듣고 그 안에서 또한 믿어 약속의 성령으로 인치심을 받았으니 이는 우리 기업의 보증이 되사 그 얻으신 것을 속량하시고 그의 영광을 찬송하게 하려 하심이라"(엡 1:3~14).

그리스도인이 예수 그리스도를 영접하고 누리게 된 영적 기업(基業, inheritance)은 하늘나라에서 얻을 영원한 생명뿐 아니라 이 땅에서는 하나님 안에서 모든 신령한 복을 누리며, 거룩하고 흠이 없는 아름다운 삶을 살며, 사랑과 지혜가 충만하며, 하나님의 은혜를 알고 찬양하는 삶이다.

그리스도인의 새로운 신분

앞에서 설명하였듯이, 인간은 하나님의 형상을 따라 지음받고 하나님과 교제하며 만물을 다스리는 역할을 하도록 창조되었으나,

인간의 범죄로 인하여 하나님과의 소통은 단절되었다. 하나님께서는 하나님과 동등하신 예수 그리스도를 이 땅에 보내어 주시고, 그를 마음에 믿고 영접하는 자들에게 영생을 주시고, 하나님 안에서의 새로운 삶을 살도록 하셨다.

믿는 자들이 얻게 된 새로운 삶은 어떠한 모습인가? 어떤 사람이 새롭게 예수님을 영접했다고 해서 그의 통장에 거액이 입금되거나, 세상적 지위가 급상승하는 것은 아니다. 또한 건강하고 안전하게 이 세상에서의 삶을 살 수 있도록 하는 보증서가 주어지지도 않는다. 그리스도인의 삶에서 누릴 수 있는 특권과 은혜는 무엇일까?

• **영원한 생명**

이 세상에서 어떠한 권력과 재물을 가진 자라 해도, 아무리 건강한 사람이라 해도 70~80년의 세월이 흐르면 결국 그 생명이 마감되며, 그 이후에는 하나님의 심판에 직면하게 된다. 그런데 자신이 죄인임을 인정하고 하나님께서 인류의 죄의 대속자로 보내신 예수 그리스도를 마음에 영접하게 되면 영원한 생명을 얻고, 육신의 생명이 다한 후에 하늘나라에서의 영생을 누리게 된다. 하늘나라에서 누리게 될 영원한 생명의 모습이 구체적으로 어떠할지 우리의 지혜로 파악하기는 어렵다. 다만 가장 귀하고, 아름답고, 가치 있고, 기쁘고, 영광스러운 모습일 것으로 짐작된다.

"하나님이 세상을 이처럼 사랑하사 독생자를 주셨으니 이는 그를 믿는 자마다 멸망하지 않고 영생을 얻게 하려 하심이라"(요 3:16).

"또 내가 새 하늘과 새 땅을 보니 처음 하늘과 처음 땅이 없어졌고 바다도 다시 있지 않더라 또 내가 보매 거룩한 성 새 예루살렘이 하나님께로부터 하늘에서 내려오니 그 준비한 것이 신부가 남편을 위하여 단장한 것 같더라 내가 들으니 보좌에서 큰 음성이 나서 이르되 보라 하나님의 장막이 사람들과 함께 있으매 하나님이 그들과 함께 계시리니 그들은 하나님의 백성이 되고 하나님은 친히 그들과 함께 계셔서 모든 눈물을 그 눈에서 닦아 주시니 다시는 사망이 없고 애통하는 것이나 곡하는 것이나 아픈 것이 다시 있지 아니하리니 처음 것들이 다 지나갔음이러라"(계 21:1~4).

영생의 출발점은 나의 육신의 생명이 마감된 이후가 아니라 이미 지금부터 시작되었다. 예수 그리스도를 영접한 순간 우리의 모든 죄는 사함 받으며, 그리스도를 통하여 하나님과의 관계가 복원되며, 하나님의 자녀로서의 영적 생명력이 복원된 삶이 시작된다. 그러므로 이 세상에 거할 때는 사람의 몸을 입은 상태로 영생을 누리는 과정이고, 육신의 생명이 마치면 변화된 영적 상태로 영생을 누리는 과정이라 할 수 있다.

이러한 맥락에서 '살아서 믿는 자는 영원히 죽지 아니할 것'이라는 예수님의 말씀과, 믿는 자들이 받은 영생이 미래형이 아닌 과거형으로 표현된 에베소서의 말씀을 이해할 수 있겠다.

"예수께서 이르시되 나는 부활이요 생명이니 나를 믿는 자는 죽어도 살겠고 무릇 살아서 나를 믿는 자는 영원히 죽지 아니하리니 이것을 네가 믿느냐"(요 11:25~26).

"그는 허물과 죄로 죽었던 너희를 살리셨도다 그 때에 너희는 그 가운데서 행하여 이 세상 풍조를 따르고 공중의 권세 잡은 자를 따랐으니 곧 지금 불순종의 아들들 가운데서 역사하는 영이라 전에는 우리도 다 그 가운데서 우리 육체의 욕심을 따라 지내며 육체와 마음의 원하는 것을 하여 다른 이들과 같이 본질상 진노의 자녀이었더니 긍휼이 풍성하신 하나님이 우리를 사랑하신 그 큰 사랑을 인하여 허물로 죽은 우리를 그리스도와 함께 살리셨고(made us alive with Christ) (너희는 은혜로 구원을 받은 것이라) 또 함께 일으키사 그리스도 예수 안에서 함께 하늘에 앉히시니 (raised us up with Christ and seated us with him in the heavenly realms)"(엡 2:1~6, NIV).

• **생명력 있는 삶의 동력**
그리스도를 영접하고 하나님의 자녀로 거듭난 사람은 영원한 생명을 선물로 받은 것뿐만 아니라 하나님의 자녀로서 하늘에 속한 모든 축복을 누리며 그것을 전하는 통로로 살 수 있는 힘과 능력을 받게 되었다.

"찬송하리로다 하나님 곧 우리 주 예수 그리스도의 아버지께서 그리스도 안에서 하늘에 속한 모든 신령한 복을 우리에게 주시되"(엡 1:3).

그렇다고 해서 믿는 자들이 세상에서 갑자기 큰 권력을 소유하거나 수십억의 재산을 벌어들이는 것은 아니다. 진정으로 복된 삶이란 이 세상에서 권력이나 재물을 누리는 것이 아니며 하나님을 사랑하고, 사람을 사랑하는 사람으로 살아가게 되는 삶이다. 하나님께서는 평탄하고 형통한 길을 주실 때도 있으나, 때로는 우리의 믿음과 지혜와 사랑과 섬김의 삶을 훈련시키기 위해 고난과 역경을 주기도 하신다. 하나님께서 뜻하셨다면 많은 재물과 넘치는 건강으로 사도 바울의 사역을 지원하실 수 있었겠지만 오히려 궁핍과 환난과 육신의 가시를 통하여 사도 바울이 기도의 사도, 믿음의 사도, 긍휼을 베푸는 사역자로 살아가는 가장 복된 삶을 살도록 하셨다.

하나님께서 원하신다면 나의 삶의 모든 고민들(부족한 재물, 부족한 건강, 부족한 능력 등)을 금방 해결해 주실 수도 있겠으나, 이것은 궁극적으로 나의 삶의 축복이 될 수 없다. 나를 힘겹게 하는 한계 상황과 역경과 고난과 실패를 통하여 하나님을 전심으로 의뢰하는 깊은 믿음을 배우며 사람들을 위해 헌신하는 삶을 살 수 있다. 하나님의 경륜 가운데 내가 받은 환난은 다른 사람들에게 생명과 축복을 나눌 수 있는 귀한 통로가 된다. 고난이 없는 삶을 살아온 사람은 고난 중에 있는 자를 위로하기가 어렵다. 고난과 승리의 경험은 생명을 나누는 통로로 살아가고자 하는 자들의 가장 고귀한 자원이다.

"찬송하리로다 그는 우리 주 예수 그리스도의 하나님이시요 자비의 아버지시요 모든 위로의 하나님이시며 우리의 모든 환난 중에서 우리를 위로하사 우리로 하여금 하나님께 받는 위로로써 모든 환난 중에 있는 자들을 능히 위로하게 하시는 이시로다 그리스도의 고난이 우리에게 넘친 것 같이 우리가 받는 위로도 그리스도로 말미암아 넘치는도다 우리가 환난 당하는 것도 너희가 위로와 구원을 받게 하려는 것이요 우리가 위로를 받는 것도 너희가 위로를 받게 하려는 것이니 이 위로가 너희 속에 역사하여 우리가 받는 것 같은 고난을 너희도 견디게 하느니라"(고후 1:3~6).

그리스도인들도 하나님의 뜻 가운데 환난과 고난을 당할 수 있다면, 이 세상 사람들이 살아가는 인생과 어떤 차이점이 있는 것일까? 무엇보다 거듭난 사람들은 하나님의 자녀로서 그 보좌 앞에 나아가 은혜를 누리는 기도의 특권이 있다. 나의 연약함과 어려움을 기도로 아뢰었을 때 힘과 용기를 주시며, 지혜를 구하였을 때 올바른 방향을 알려주시며, 고통을 아뢰었을 때 하나님께서 주신 은혜를 깨닫게 하심으로 하늘로부터 오는 평강을 경험하게 하신다.

"아무것도 염려하지 말고 다만 모든 일에 기도와 간구로, 너희 구할 것을 감사함으로 하나님께 아뢰라 그리하면 모든 지각에 뛰어난 하나님의 평강이 그리스도 예수 안에서 너희 마음과 생각을 지키시리라"(빌 4:6~7).

"그러므로 우리는 긍휼하심을 받고 때를 따라 돕는 은혜를 얻기 위하여 은혜의 보좌 앞에 담대히 나아갈 것이니라"(히 4:16).

또한 그리스도인들의 심령에는 하나님의 성령이 내주(內住)하고 계신다. 예수께서 부활과 승천 이후에 이루어질 일로 보혜사 성령을 우리 마음 가운데 주시고 영원토록 함께하실 것을 약속해 주셨다. 믿는 자 안에 거하시는 성령은 비유적 또는 상징적 표현이 아니며 실체적 사실이다. 내가 아침에 침대에서 일어날 때부터 출근하여 회사 업무를 보는 과정, 점심과 저녁 식사, 회의, 출장, 운동, 영화 관람 등 나의 모든 삶의 순간에 함께하고 계시며, 나의 삶을 인도하신다.

성령께서 나의 삶을 인도하시는 구체적 방법과 과정은 어떠할까? 하나님의 뜻을 헤아리게 도와주시며, 영적 분별력을 주시고, 죄를 분변하며 피하고자 하는 마음을 주신다. 또한 하나님께 나아가며 사람들을 섬기도록 지혜와 힘을 주신다. 이 모든 과정에서 민감하게 성령의 인도하심을 이해하며 순종하는 삶이 성령 충만한 삶인 것이다.

"내가 아버지께 구하겠으니 그가 또 다른 보혜사를 너희에게 주사 영원토록 너희와 함께 있게 하리니 그는 진리의 영이라 세상은 능히 그를 받지 못하나니 이는 그를 보지도 못하고 알지도 못함이라 그러나 너희는 그를 아나니 그는 너희와 함께 거하심이요 또 너희 속에 계시겠음이라"(요 14:16~17).

"무릇 하나님의 영으로 인도함을 받는 그들은 곧 하나님의 아들이라"(롬 8:14).

- **생명의 통로**

그리스도인의 삶의 정체성(identity)은 빛과 생명을 누리며 그것을 세상에 나누는 것이다. 먼저 자신이 그리스도 안에서 생명력과 기쁨이 넘치는 삶을 살며, 세상 속에서 빛과 소금으로 살아가는 것이 필요하다. 또한 이러한 생명을 다른 사람들에게 나누기 위하여 필요한 것은 복음을 전하는 일이다. 이 세상에서 가장 가치있는 일은 만물 가운데 가장 소중한 사람을 돕고 세워주는 일이다. 사람을 돕는 여러 가지 일 중에 가장 중요한 것은 그가 영원한 생명을 누릴 수 있도록 그리스도의 복음을 전해 주는 일이다. 내가 이 땅에서 사랑하는 사람들에게 복음을 전해 주면 하늘나라에서 그들을 다시 만날 수 있다.

"내가 너로 큰 민족을 이루고 네게 복을 주어 네 이름을 창대하게 하리니 너는 복이 될지라"(창 12:2).

"이는 너희가 흠이 없고 순전하여 어그러지고 거스르는 세대 가운데서 하나님의 흠 없는 자녀로 세상에서 그들 가운데 빛들로 나타내며"(빌 2:15).

"그러나 너희는 택하신 족속이요 왕 같은 제사장들이요 거룩한 나라요 그의 소유가 된 백성이니 이는 너희를 어두운 데서 불러 내어 그의 기이한 빛에 들어가게 하신 이의 아름다운 덕을 선포하게 하려 하심이라"(벧전 2:9).

"모든 것이 하나님께로서 났으며 그가 그리스도로 말미암아 우리를 자기와 화목하게 하시고 또 우리에게 화목하게 하는 직분을 주셨으니 곧 하나님께서 그리스도 안에 계시사 세상을 자기와 화목하게 하시며 그들의 죄를 그들에게 돌리지 아니하시고 화목하게 하는 말씀을 우리에게 부탁하셨느니라"(고후 5:18~19).

"지혜 있는 자는 궁창의 빛과 같이 빛날 것이요 많은 사람을 옳은 데로 돌아오게 한 자는 별과 같이 영원토록 빛나리라"(단 12:3).

생명력 있는 그리스도인의 삶

교회에 출석하는 기독교인들은 여러 가지 다양한 모습으로 살아가게 되는데, 대략 다음의 네 가지 유형으로 구분해 볼 수 있겠다.

ⓐ 교회에는 출석하지만 사실상 예수 그리스도를 믿지 않고 있는 사람(기독교인이라 할 수 있지만, 그리스도인이 아님).
ⓑ 예수 그리스도를 믿고 거듭났으나, 영적 방식이 아닌 세상의 방식을 따라 살아가는 사람.
ⓒ 예수 그리스도를 믿고 거듭났으며, 영적 방식으로 살아가려고 노력하지만 세상의 방식을 여전히 많이 사용하는 사람.
ⓓ 예수 그리스도를 믿고 거듭났으며, 영적 방식을 기꺼이 삶에 적용하여 승리하는 삶을 살며 영적 생명력이 넘치는 사람.

먼저 ⓐ는 그리스도인이 아니므로 영생이 없으며, 성령을 통한 하나님의 인도하심과 깨닫게 하심이 전혀 없으므로 영적인 삶을 살아가는 것이 불가능한 경우에 해당한다. 아마도 많은 그리스도인들의 삶은 ⓑ와 ⓒ에 해당하는 경우가 많을 것으로 예측되는데, 무엇이 문제이며, 어떻게 하면 ⓓ의 상태로 변화될 수 있을까? 이것은 기독교 서점에 진열된 수많은 신앙 서적에 기술되어 있는 매우 광범위한 주제이지만, 다음의 두 가지 내용으로 필자의 생각을 정리해 보고자 한다.

- **영적 손익 계산서를 올바로 작성함**

위의 유형 분류에서 ⓑ는, 세상의 방법과 영적 방법의 손익 계산 비교가 잘못된 것에 주로 기인한다고 여겨진다. 사람들은 누구나 자신에게 더 이익이 되는 것을 선택하게 마련이다. 필자는 초등학생 시절 매일 구슬치기와 딱지치기를 하였지만, 장성한 이후 지금은 하지 않고 있다. 더 이상 구슬과 딱지놀이가 나에게 정신적, 경제적, 사회적 이익이 되지 않기 때문이다.

세상에서 출세하기 위해서 어떤 사람들은 뇌물과 로비를 동원하고, 어떤 사람들은 정직한 삶을 일관되게 살아간다. 세상에서 물질적 부요를 누리기 위해서 부동산 투기를 하는 사람이 있는가 하면, 심령의 부요함을 누리기 위하여 가난한 이들에게 재물을 나누어 주는 사람들도 있다. 이처럼 사람들은 자기에게 이익을 가져다주는 결정을 하면서 살아가게 되는데, 여기에서 매우 중요한 점은 손익 계산서를 처리하는 기준(근거)이 무엇인가 하는 것이다.

그리스도 안에서 새롭게 시작된 삶이 육체적으로 힘들고, 정신적으로 피곤하며, 이 세상에서 많은 손실이 발생하는 삶이라는 시각을 갖는 그리스도인이 있다면 그의 삶은 ⓑ와 같은 형태로 전개될 것이 자명하다. 그러나 하나님께서 예비하신 그리스도인의 삶이 더 안전하고 유익한 삶임을 알게 될 때, 삶의 방식은 자연스럽게 변화하게 된다. 명분만 있는 일은 오래 지속하지 못할 수 있지만, 명분과 실리가 있는 것은 평생 지속할 수가 있다. 영적 손익 계산서 작성에 대하여 직장 생활을 예로 들어 살펴보자.

일반적으로 직장 생활에서 가장 힘든 부분이 대인 관계이다. 무소불위의 권력을 가진 사장님과 상사들의 압박 등으로 인해 경건하고 의로운 삶이 침해될 때 가장 고민이 커지게 된다. 사람들과의 갈등을 해결하기 위해 인간적인 방법을 동원할 것인가, 영적 방법을 사용할 것인가의 갈림길에서, 잠언 말씀은 필자가 20년 가까이 직장 생활을 하는 과정에서 믿고 주장하였던 말씀이다.

세상의 주권자들이 나의 운명을 좌우할 것 같지만, 전지전능하신 권력으로 모든 사람에게 역사하시는 하나님 앞에서 바로 행하는 것이 가장 효과적인 대인 관계임을 믿고 행하였으며, 그 결과 많은 대인 관계에서 형통함을 누릴 수 있었다. 세상에서 갈대같이 연약해 보이는 사람이라도 하나님께서 그를 보호하시면 세상의 어떤 공격이 있어도 털끝 하나 상하지 아니할 것이며, 세상에서 무소불위의 권세를 휘두르는 사람이라도 하나님께서 그를 대적하시면 하루 뒤의 그의 생명을 장담할 수 없다(단 6:22; 행 12:23). 그러므로 하나님을 의뢰하며 의를 행한 이후에 다른 사람들을 두려워할 필요가 없다.

"사람의 행위가 여호와를 기쁘시게 하면 그 사람의 원수라도 그와 더불어 화목하게 하시느니라"(잠 16:7).

"주권자에게 은혜를 구하는 자가 많으나 사람의 일의 작정은 여호와께로 말미암느니라"(잠 29:26).

또한 의식주 문제(경제적 필요)는 세상적 방법과 영적 방법 사이에서 가장 치열한 고민을 하게 하는 영역이다. 특히 돈이 매우 요긴한 것임을 우리 모두는 실생활에서 뼈저리게 느낀다. 돈은 먹고 생활하는 문제, 자녀 교육, 건강과 안전 등 많은 영역에서 나의 삶의 질을 크게 좌우한다. 돈을 더 벌 것인가, 하늘나라의 일을 더 추구할 것인가의 사이에서 치열한 고민을 하고 살아가던 필자에게 지침이 된 것은 다음의 마태복음 말씀이었다. 하나님께서는 나에게 의식주의 모든 필요가 절실히 필요함을 잘 알고 계신다. 그런데 하나님의 나라와 의를 먼저 구하는 삶을 살면 의식주의 모든 필요를 넉넉히 채워주신다는 약속은 참으로 격려가 된다.

"그러나 내가 너희에게 말하노니 솔로몬의 모든 영광으로도 입은 것이 이 꽃 하나만 같지 못하였느니라 오늘 있다가 내일 아궁이에 던져지는 들풀도 하나님이 이렇게 입히시거든 하물며 너희일까보냐 믿음이 작은 자들아 그러므로 염려하여 이르기를 무엇을 먹을까 무엇을 마실까 무엇을 입을까 하지 말라 이는 다 이방인들이 구하는 것이라 너희 하늘 아버지께서 이 모든 것이 너희에게 있어야 할 줄을 아시느니라 그런즉 너희는 먼저 그의 나라와 그의 의를 구하라 그리하면 이 모든 것을 너희에게 더하시리라"(마 6:29~33).

내가 필사적으로 노력한다고 해서 의식주의 모든 영역에서 넉넉하고 행복하게 살아갈 수 있다는 보장은 없다. 그런데 하나님의 나라와 의를 먼저 구하는 삶을 살아간다면 하나님의 전지전능하신 능력 안에서 나의 모든 삶이 풍족해질 수 있다. 나의 힘과 능력에 의지하여 나의 인생을 전개시킬 것인가, 하나님의 힘과 능력에 의지하여 나의 인생을 살아갈 것인가를 치열하게 고민할 때, 후자를 선택하는 것이 더 승산이 있고 유익하다는 결론에 도달하게 된다.

세상의 방법이 아닌 영적 방법으로 인생을 살아가는 것은 하나님의 은혜에 보답하는 봉사 차원이 아니며, 단 하나뿐인 나의 인생을 가장 안전하고 성공적이며 선한 열매를 많이 맺도록 하는 현실적 유익이 있기 때문이다. 몸이 아파서 병원에서 진료 받을 때 나의 느낌보다는 의사의 처방과 지시에 전폭적으로 순종하는 것과 같은 맥락이다. 나의 느낌보다 질병 치료의 전문가인 의사의 지시를 따르는 것이 결국 나에게 유익이 되기 때문이다.

"너는 마음을 다하여 여호와를 신뢰하고 네 명철을 의지하지 말라 너는 범사에 그를 인정하라 그리하면 네 길을 지도하시리라"(잠 3:5-6).

• **말씀과 기도의 삶**

앞의 유형 분류에서 ⓒ는, 영적 지식과 경험이 부족한 경우에 해당한다. 영적인 지식과 함께 삶의 실천과 순종을 통하여 승리하는 삶의 경험이 축적되어 갈수록 영적 방법을 선택하여 살아가게 된다. 영적으로 성장한 사람이란, 교회 안에서의 직분이 높고 영적 지식이 많은 사람이라기보다는 영적 순종과 승리의 경험이 풍부한 사람이다.

영적 지식과 순종의 삶을 위해 가장 기본적으로 필요한 것은 성경 말씀을 섭취하는 것이다. 성경 말씀은 우리 삶에서 필요한 모든 신령한 지혜가 담겨 있으며 복되고 형통한 삶을 살게 하는 구체적인 지침을 보여준다. 성경은 믿는 그리스도인들의 '인생 매뉴얼'과도 같다. 자동차를 오래 잘 타려면 제조사에서 공급한 자동차 관리 매뉴얼을 충실히 지켜야 하듯이, 인생을 성공적으로 살아가려면 성경 말씀을 풍성히 섭취하고 이해하는 것이 필요하다.

"복 있는 사람은 악인들의 꾀를 따르지 아니하며 죄인들의 길에 서지 아니하며 오만한 자들의 자리에 앉지 아니하고 오직 여호와의 율법을 즐거워하여 그의 율법을 주야로 묵상하는도다 그는 시냇가에 심은 나무가 철을 따라 열매를 맺으며 그 잎사귀가 마르지 아니함 같으니 그가 하는 모든 일이 다 형통하리로다 악인들은 그렇지 아니함이여 오직 바람에 나는 겨와 같도다 그러므로 악인들은 심판을 견디지 못하며 죄인들이 의인들의 모임에 들지 못하리로다 무릇 의인들의 길은 여호와께서 인정하시나 악인들의 길은 망하리로다"(시 1:1~6).

일생 동안 성경을 규칙적으로 읽는 습관은 매우 유익하다. 성경 읽기를 잘하기 위해서는 체계적 시스템(규칙)을 만드는 것이 실제적으로 큰 도움이 된다. 성경 읽기표를 활용하여 연간 계획을 수립하고 성경을 읽는 것이 좋다. 또한 성경을 읽으며 묵상된 내용을 정리하는 '성경 읽기 노트'를 활용하면 지속적인 발전이 있게 된다.

세상 일이든 영적 일이든 머릿속으로 진행하는 것과 시스템을 갖추어 진행하는 것은 지속성과 발전성 측면에서 많은 차이가 있다. 자신이 일생 동안 유지했던 성경읽기 노트를 기초로 하여 자신이 읽고, 묵상하고, 실천했던 성경말씀을 정리하고 후손들에게 전한다면 선대의 믿음을 후대에 물려주는 귀한 자원이 될 것이다. 필자도 직장을 은퇴하는 시기 전후로 이 일을 해보려는 생각이다.

생명력 있는 그리스도인의 삶을 살아가기 위해 중요한 다른 한 가지는 기도의 삶이다. 기도는 영적 호흡이며, 하나님의 지혜와 은혜를 경험하게 하는 통로이다. "하나님께서는 모든 성도들의 현재 상태와 필요를 아시는데 왜 기도가 필요할까? 하나님께서 알아서 자동적으로 채워주시면 되지 않을까?"라는 의문이 제기될 수 있다.

하나님의 관심은 나의 삶의 필요들이 해결되는 것 자체보다는 내가 하나님을 의뢰하는 사람이 되는 것에 있다. 하나님께서는 우리가 삶의 문제들을 가지고 하나님 앞에 나아와 그에게 아뢰고 그의 도우심을 받는 인격적인 관계를 원하고 계신다. 단지 하나님께 필요한 것을 요청하는 것뿐 아니라 하나님께 하소연할 수도 있고, 내가 잘한 것을 자랑할 수도 있고, 때로는 터무니없는 것을 가지고 하나님께 졸라서 응답을 받을 수도 있을 것이다. 이 모든 것이 가능

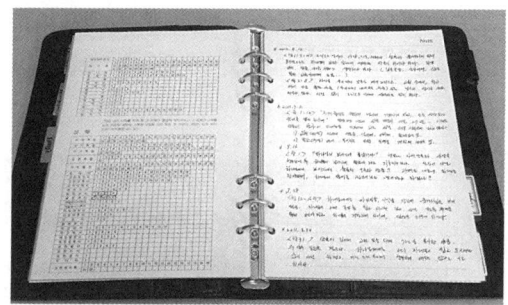

●●● 성경 읽기표와 성경 읽기 노트를 활용한 사례. 이와 같이 구체적인 계획과 노트를 가지고 성경을 읽으면 말씀을 섭취하는 삶이 지속적으로 발전하는 장점이 있다.

한 것은 하나님 아버지와 자녀 된 나 사이에 인격적인 관계가 형성되어 있기 때문이다.

"너는 내게 부르짖으라 내가 네게 응답하겠고 네가 알지 못하는 크고 은밀한 일을 네게 보이리라"(렘 33:3).

"너희 중에 누구든지 지혜가 부족하거든 모든 사람에게 후히 주시고 꾸짖지 아니하시는 하나님께 구하라 그리하면 주시리라"(약 1:5).

"모든 기도와 간구를 하되 항상 성령 안에서 기도하고 이를 위하여 깨어 구하기를 항상 힘쓰며 여러 성도를 위하여 구하라"(엡 6:18).

"그를 향하여 우리가 가진 바 담대함이 이것이니 그의 뜻대로 무엇을 구하면 들으심이라 우리가 무엇이든지 구하는 바를 들으시는 줄을 안즉 우리가 그에게 구한 그것을 얻은 줄을 또한 아느니라"(요일 5:14-15).

기도의 계획과 기도 노트를 활용하여 기도의 삶을 살아가는 것은 자신의 믿음과 영성을 지속적으로 발전시키는 데 큰 유익이 된다. 성경 읽기, 기도, 성경 공부 등 영적 삶의 모든 영역에서 노트를 활용하여 기록하고 평가하는 것은 신앙생활의 발전에 항상 유익하다.

어떤 분들은 영적 생활에서 짜여진 틀을 사용하는 것이 너무 인위적인 것이며 성령께서 인도하시는 대로 자연스럽게 영적 삶을 살아가는 것이 좋다고 한다. 하지만 삶의 모든 영역에서 자연스러운 영적 생활이 이루어지도록 하기 위해서는 계획과 시스템에 따른 훈련이 필요하다. 스포츠나 예술에서 세계 최고의 고수가 되어 무제한적이고 자유로운 기량을 선보이기 위해서는 기본기에 해당하는 것을 기계적으로 반복하는 훈련의 단계를 반드시 거치게 된다. 영적으로도 '계획이나 노트가 더 이상 필요치 않은 자연스럽고 성숙된 영적 삶'을 살기 위해서는 다소 인위적으로 느껴지는 '말씀과 기도를 위한 계획표와 노트'를 활용하는 과정이 필요하다.

(3) 영적 계산법

사람들은 여러 가지 가치관과 기준을 가지고 살아가고 있다. 돈을 중시하는 사람이 있는가 하면, 명예를 귀중하게 생각하는 사람도 있다. 자신의 이익을 얻기에 골몰하는 사람이 있는가 하면, 다른 사람들을 위해 희생하는 삶을 살아가는 사람도 있다. 사람들은 저마다 삶의 계산법이 있다. 자신만의 계산 방법에 의해 득실을 따져 본 후 의사 결정을 하면서 인생을 살아가고 있다.

종종 언론을 통해 부패하고 무능한 고위 공직자나 정치인들에 관한 소식을 접하게 된다. 그들은 대한민국에서 엘리트 교육을 받고, 열심히 일하여 사회적으로 큰 성공을 이루었으며, 결국 국민들에 의해 선택되어 국가의 중요 직책을 맡은 사람들인데 왜 이렇게 부끄러운 모습으로 살아가는 것일까?

이것은 그들의 지식과 이해력의 문제가 아니라 그들의 삶의 목표가 잘못 설정된 것이 큰 원인이다. 이익과 손해를 구분하는 그들 인생의 계산 방법이 틀렸기 때문이다. 예컨대, 정의와 봉사의 가치를 내팽개치고 자신의 사리사욕과 헛된 명예 의식을 좇아 살아가는 국회의원이 있다면, 그의 의정 활동을 통해 어떠한 선한 것도 기대하기 어렵다. 방법을 모르는 인생은 교정이 가능하지만, 목표가 잘못된 인생에게는 백약이 무효이며, 결국 그 인생을 통해 추악한 열매들이 생산된다.

오늘날 대한민국에서 살아가는 우리의 슬픔은 인생의 목표가 잘못 설정된 사람들이 소위 국가와 사회의 지도자의 자리에 다수 포진해 있다는 것이다. 신문 정치면을 읽는 것이 내키지 않고 생의 목표가 그릇된 사람들과 삶을 공유하고 싶지 않은 이유는 잘못된 인생의 목표를 가지고 살아가는 사람들로부터는 선한 것이 거의 나오지 않는다는 것을 경험적으로 알기 때문이다.

현대 사회를 살아가는 사람들의 모습을 보면서 안타까움을 느끼는 것은 언제부터인가 돈, 명예, 쾌락을 얻는 것이 많은 세상 사람들의 삶의 계산법이 되고 있다는 점이다. 언제부터인지 듣기에 다소 천박스러워 보이는 "부자 되세요~" 하는 것이 서로 격려하는 인사말로 자주 사용되고 있으며, 가게에 쇼핑하러 가면 회사 사장이 아닌 나를 "사장님"이라고 불러준다. 하나님께서 성경 말씀을 통해 보여주시는 영적 계산법은 이 세상에서의 계산법과 아주 많이 다르다. 이 세상에서는 돈, 권력, 명예, 쾌락을 중요한 가치로 추구한다. 성경을 통해 하나님께서는 하늘나라의 새로운 영적 가치관을 보여주고 계신다.

세상에서는 돈이 최고라고 한다

요즘 세상을 살아가는 많은 사람들은 돈으로 모든 것을 살 수 있다며 돈이 최고라고 여기는 경향이 강하다. 돈이 있으면 명예와 쾌락과 건강과 안전을 얻을 수 있다고 한다. 과거에는 혼사에서 상대방의 인품이나 배우자 부모님의 덕망 등이 주요 기준이었으나, 세월이 흐르면서 경제적 능력이 1순위가 되고 있다. 바야흐로 그가 보유한 재력은 그의 능력, 신분, 심지어는 인격을 대체하는 시대가 된 것이다. 그러나 하나님은 그렇지 않다고 말씀하신다.

"또 내가 내 영혼에게 이르되 영혼아 여러 해 쓸 물건을 많이 쌓아 두었으니 평안히 쉬고 먹고 마시고 즐거워하자 하리라 하되 하나님은 이르시되 어리석은 자여 오늘 밤에 네 영혼을 도로 찾으리니 그러면 네 준비한 것이 누구의 것이 되겠느냐 하셨으니 자기를 위하여 재물을 쌓아 두고 하나님께 대하여 부요하지 못한 자가 이와 같으니라"(눅 12:19~21).

"내 사랑하는 형제들아 들을지어다 하나님이 세상에서 가난한 자를 택하사 믿음에 부요하게 하시고 또 자기를 사랑하는 자들에게 약속하신 나라를 상속으로 받게 하지 아니하셨느냐"(약 2:5).

"너희를 위하여 보물을 땅에 쌓아 두지 말라 거기는 좀과 동록이 해하며 도둑이 구멍을 뚫고 도둑질하느니라 오직 너희를 위하여 보물을 하늘에 쌓아 두라 거기는 좀이나 동록이 해하지 못하며 도둑이 구멍을 뚫지도 못하고 도둑질도 못하느니라"(마 6:19~20).

"복 있는 사람은 악인들의 꾀를 따르지 아니하며 죄인들의 길에 서지 아니하며 오만한 자들의 자리에 앉지 아니하고 오직 여호와의 율법을 즐거워하여 그의 율법을 주야로 묵상하는도다 그는 시냇가에 심은 나무가 철을 따라 열매를 맺으며 그 잎사귀가 마르지 아니함 같으니 그가 하는 모든 일이 다 형통하리로다"(시 1:1~3).

아일랜드 금언에 "수의(壽衣)에는 주머니가 없다"고 하였다. 잠시 잠깐 후에 나의 생명이 다하게 되면 이 세상에 쌓았던 재물은 아무 소용이 없다. 그러므로 이 세상의 재물이 부요한 것보다 영적으로 부요한 사람이 되는 것이 중요하다. 그러면 영적으로 부요한 사람은 다음의 사람들이 아닐까?

ⓐ 하늘나라에 재산이 많은 사람 : 예수님을 믿음으로 영생을 얻고, 헌신과 봉사를 통해 하늘나라의 상급을 많이 예약해 둔 사람.
ⓑ 하나님의 복을 받고 사는 사람 : 하나님 말씀의 원리대로 살아감으로써 항상 열매 맺으며, 모든 행사가 형통한 복된 삶을 사는 사람.
ⓒ 다른 사람에게 나누어 주는 사람 : 비록 세상적으로 부요치 못하다 해도 나의 시간, 관심, 자원을 가지고 육적인 일과 영적인 일에서 이웃을 돌아보고 나누는 사람.

지구 생명 시스템이 파괴되고 있는 주요 원인은 잘못된 부요의 개념 때문이다. 돈이 많고 큰 집에 사는 사람이 부요하지는 않다. 이웃과 자연을 살피고 세우면 진정 부요한 사람이다.

세상에서는 권력과 높은 지위에 오르는 것을 성공이라 한다

많은 위정자들과 사회 지도자들이 국민을 돌아보지 않고 자신의 이익과 명예를 추구하는 슬픈 시대에 우리는 살고 있다. 많은 사람들은 수단과 방법을 가리지 않고 권력과 지위를 얻으면 그 자체를 성공이라 생각하는 것 같다. 그러나 하나님은 그렇지 않다고 말씀하신다.

> "예수께서 제자들을 불러다가 이르시되 이방인의 집권자들이 그들을 임의로 주관하고 그 고관들이 그들에게 권세를 부리는 줄을 너희가 알거니와 너희 중에는 그렇지 않아야 하나니 너희 중에 누구든지 크고자 하는 자는 너희를 섬기는 자가 되고 너희 중에 누구든지 으뜸이 되고자 하는 자는 너희의 종이 되어야 하리라 인자가 온 것은 섬김을 받으려 함이 아니라 도리어 섬기려 하고 자기 목숨을 많은 사람의 대속물로 주려 함이니라"(마 20:25~28).

> "나는 선한 싸움을 싸우고 나의 달려갈 길을 마치고 믿음을 지켰으니 이제 후로는 나를 위하여 의의 면류관이 예비되었으므로 주 곧 의로우신 재판장이 그 날에 내게 주실 것이며 내게만 아니라 주의 나타나심을 사모하는 모든 자에게도니라"(딤후 4:7~8).

하나님 앞에서의 성공은 섬기는 종이 되는 것이다. 세상에서는 권력을 잡고 사람들 위에 군림하려고 하지만, 하나님께서는 사람들을 섬기는 종이 되는 것이 으뜸이 되는 방법이라고 하신다. 예수 그리스도께서도 친히 종으로 섬기시고 죽기까지 복종하는 삶을 사셨다. 또한 성공의 판단 기준은 이 세상이 아니며, 하나님의 보좌 앞에서 나타날 결과이다. 이 세상에서의 믿음의 선한 경주를 성실하게 이루어 하늘나라에서 면류관을 받게 되는 것이 참된 성공이다.

세상에서의 주인공은 돈과 권력을 가진 사람이다

직장 생활과 사회 생활을 통해서 돈이 많은 사람, 권력을 가진 사람이 세상의 중심이 되는 것을 볼 수 있다. 돈으로 대부분의 원하는 것들을 확보할 수 있는 세상이기에 돈을 많이 가진 사람은 자연스럽게 선망의 대상이 된다. 또한 세상의 권력자는 많은 결정권을 가지고 있기 때문에 사람들은 그들에게 잘 보이기 위해서 노력하게 된다. 그러나 하나님의 관점은 그렇지 않다고 말씀하신다.

"여호와의 눈은 온 땅을 두루 감찰하사 전심으로 자기에게 향하는 자들을 위하여 능력을 베푸시나니 이 일은 왕이 망령되이 행하였은즉 이 후부터는 왕에게 전쟁이 있으리이다 하매"(대하 16:9).

"여호와의 산에 오를 자가 누구며 그의 거룩한 곳에 설 자가 누구인가 곧 손이 깨끗하며 마음이 청결하며 뜻을 허탄한 데에 두지 아니하며 거짓 맹세하지 아니하는 자로다 그는 여호와께 복을 받고 구원의 하나님께 의를 얻으리니"(시 24:3~5).

"너희 중에는 그렇지 않을지니 너희 중에 누구든지 크고자 하는 자는 너희를 섬기는 자가 되고 너희 중에 누구든지 으뜸이 되고자 하는 자는 모든 사람의 종이 되어야 하리라"(막 10:43~44).

하나님 앞에서의 주인공은 하나님께 순종하며, 믿음으로 살아가며, 경건하며, 낮은 자리에서 종으로 섬기는 삶을 사는 사람들이다. 하나님은 이들을 끊임없이 살피시고 그들의 삶을 통해 역사하신다. 이들은 하나님 나라의 중심 세력이다.

성경 66권에서 주인공으로 등장하는 사람들의 이력을 살펴보면 큰 격려를 받는다. 구약시대의 룻은 과부가 된 보잘것없는 이방 여인이었다. 오늘날로 본다면 우리나라에 결혼 이민을 온 베트남 여인의 처지와 비슷하다고 볼 수 있다. 룻은 시어머니의 하나님을 자신의 하나님으로 믿고 이스라엘의 축복의 통로가 되기를 소망했으며(룻 1:16), 하나님은 그의 믿음을 귀히 여기시고 예수 그리스도의 계보에 들어가는 여인이 되도록 하셨다(마 1:5).

신약시대의 고넬료는 로마의 백부장이었다. 오늘날로 본다면 하사관 정도로서 그 당시 사회의 상류 계층은 아니었다. 고넬료는 의롭고 경건하며 백성들을 돕고 하나님께 기도하는 사람이었다(행 10:2~4). 하나님께서는 그의 삶을 주목하셨으며 그로 하여금 이방인 사역의 귀중한 영적 통로가 되게 하셨다.

이 밖에도 성경에 등장하는 수많은 주인공들은 그 당시 사회의 주류가 아닌 경우가 훨씬 더 많았다. 가난한 어부도 있었고, 세리도 있었으며, 과부도 있었다. 대부분 세상의 고등 교육을 받지 못한 사람들이었다.

이 세상에서는 돈과 권력이 없으면 주목받지 못하며 비주류의 삶을 살기 쉽다. 그런데 하나님은 사람의 외모를 보지 않으시고 전심으로 그를 향하며 의뢰하는 자를 주목하고 축복하신다는 것은 참으로 격려가 되는 사실이다. 하나님께서 일부러 세상의 권세자들과 학식 있는 자들을 피하시는 것은 아니겠지만, 하나님은 그를 경외하며 믿음으로 순종하는 삶을 살아가는 것을 가장 귀하게 보신다. 세상의 부자라 해도 하나님은 그의 부를 필요로 하지 않으며, 세계의 석학이라 해도 하나님은 그의 지식을 필요로 하지 않으신다.

세상에서는 넓고, 쉽고, 편안한 길을 가라고 한다

세상 사람들은 일반적으로 고생을 덜 하고 안전한 길을 가려는 경향이 있다. 자녀들에게도 힘들고 어려운 환경을 가능한 한 피하게 하려고 한다. 어떤 사람은 자녀가 군대에 가지 않도록 하기 위해 불법, 탈법을 저지르기도 한다. 사람들이 돈과 권력에 집착하는 이유도 넓고 편안한 길을 가려고 핵심적인 수단을 확보하려는 것이다. 그러나 하나님은 그렇지 않다고 말씀하신다.

> "좁은 문으로 들어가라 멸망으로 인도하는 문은 크고 그 길이 넓어 그리로 들어가는 자가 많고 생명으로 인도하는 문은 좁고 길이 협착하여 찾는 자가 적음이라"(마 7:13~14).

> "그가 아들이시면서도 받으신 고난으로 순종함을 배워서 온전하게 되셨은즉 자기에게 순종하는 모든 자에게 영원한 구원의 근원이 되시고"(히 5:8~9).

"우리의 모든 환난 중에서 우리를 위로하사 우리로 하여금 하나님께 받는 위로로써 모든 환난 중에 있는 자들을 능히 위로하게 하시는 이시로다"(고후 1:4).

"나에게 이르시기를 내 은혜가 네게 족하도다 이는 내 능력이 약한 데서 온전하여짐이라 하신지라 그러므로 도리어 크게 기뻐함으로 나의 여러 약한 것들에 대하여 자랑하리니 이는 그리스도의 능력이 내게 머물게 하려 함이라 그러므로 내가 그리스도를 위하여 약한 것들과 능욕과 궁핍과 박해와 곤고를 기뻐하노니 이는 내가 약한 그 때에 강함이라"(고후 12:9~10).

성경에서 환난, 고난, 궁핍, 핍박이라는 단어는 500회 정도 나타난다. 하나님의 사람들의 삶은 궁핍과 환난의 연속이었다. 예수님도 하나님과 동등된 분이었지만 이 세상에서 심한 고난을 받으셨다. 하나님은 이스라엘의 광야 길을 40년이 아닌 4개월로 단축하실 수도 있었을 것이며, 사도 바울의 사역을 많은 돈과 음식으로 지원하실 수도 있었을 것이다. 그러나 하나님은 그의 위대한 일꾼들을 고난과 역경을 통해 연단하시고 하나님을 경험하는 삶을 살도록 하셨다. 이스라엘에게 필요한 광야의 시간을 20년이나 30년이 아니라 40년으로 설정하셨다. 사도 바울이 자신의 육체의 고통을 위해 간구하였을 때 하나님은 그것을 제하지 않으셨다. 하나님은 왜 이런 고통을 우리에게 주시는 것일까?

하나님께서 보시는 복은 배불리 먹고 안방에 편안하게 누워서 지내는 것이 아니기 때문이다(이것은 소, 돼지와 별 차이가 없다). 환난과 역경을 통해 하나님을 의뢰하는 사람으로 성장시키고, 고난 가운데 도우시는 하나님의 능력을 경험하고, 이러한 경험을 통해 다른 사람들을 격려하고 세우는 삶이 복된 삶이다.

만약 영적으로 육적으로 아무런 고난이 없었던 사람이 있다고 하자. 이 사람에게 결핍된 것은 무엇일까? 무엇보다 치열하게 하나님의 능력과 은혜를 경험하는 삶을 살지 못하게 된다. 또한 어려움과 환난 중에 있는 사람들을 위로하고 격려할 수 없다. 재산이 100억 있는 사람이 가난으로 고통받는 사람에게 "힘내세요~. 힘들고 어려워도 우리에게는 하늘나라의 소망이 있어요"라고 말한다면 그것이 제대로 격려가 되기는 어려울 듯하다.

마찬가지로 군 복무를 회피한 사람이 군 장병에게 "군 생활은 고생스럽지만 인생에 큰 도움이 되니 열심히 생활하라"고 했을 때, 그것이 격려가 될 수 있을까? 수십억 재산을 소유한 교역자가 성도들에게 "우리의 본향은 하늘나라이니, 이 세상에서 빈궁한 것은 아무 상관이 없습니다. 오직 하늘나라에 보화를 쌓아야 합니다"라고 했을 때 그것이 설득력이 있을까?

예수께서는 추운 겨울날 말구유에서 태어나, 가난한 목수의 아들로 살아가신 후 십자가의 형벌을 받는 가장 낮은 종의 삶을 사셨기 때문에, 모든 사람들의 고통을 격려할 수 있는 위로자가 되셨다. 세상의 것들을 많이 가지고 있는 사람들은 다른 사람들을 위로하고 격려하기가 어려운 조건을 하나 가지고 있는 셈이다. 그러므로 어떠한 방법으로 하나님과 사람들에게 의미 있는 삶을 실천할 것인지 많은 고민이 필요하다.

🐾 세상에서는 내 것을 더 많이 챙겨야 한다고 한다

직장 생활과 사회 생활을 하다 보면 평상시에 정상적인 대화와 대인 관계를 하던 사람들이 자신의 이익 또는 손해와 관련된 문제가 발생하면 태도가 돌변하여 이치에 맞지 않는 주장을 하거나, 심지어 거짓말을 하는 경우를 보면서 깜짝 놀라는 경우가 있다. 많은 사람들은 수단과 방법이 올바른가의 여부보다는 자신의 이익이 중요하다고 생각한다. 그러나 하나님은 그렇지 않다고 말씀하신다.

"내가 진실로 진실로 너희에게 이르노니 한 알의 밀이 땅에 떨어져 죽지 아니하면 한 알 그대로 있고 죽으면 많은 열매를 맺느니라"(요 12:24).

"우리 주 예수 그리스도의 은혜를 너희가 알거니와 부요하신 이로서 너희를 위하여 가난하게 되심은 그의 가난함으로 말미암아 너희를 부요하게 하려 하심이라"(고후 8:9).

"주라 그리하면 너희에게 줄 것이니 곧 후히 되어 누르고 흔들어 넘치도록 하여 너희에게 안겨 주리라 너희가 헤아리는 그 헤아림으로 너희도 헤아림을 도로 받을 것이니라"(눅 6:38).

하나님께서는 자신의 것을 허비하여 썩는 밀알이 될 때 많은 열매를 맺는다고 말씀하신다. 예수께서는 가난한 삶, 종 된 삶, 시험과 환난을 견딘 삶을 통해 모든 성도들을 부요케 하는 삶을 사셨다. 하나님께서는 이 세상에서 나의 것을 확보하는 것이 아니라 나의 것을 가지고 다른 사람을 섬기고 다른 사람에게 나누는 삶을 통해 하늘나라에서 많은 것들을 챙기라고 하신다.

사실 섬기고 나누는 삶은 이 세상에서도 행복을 누릴 수 있는 삶이다. 하나님의 영성을 따라 창조된 사람은 배불리 먹고 잠을 많이 잔다고 해서 행복을 느낄 수 있는 존재가 아니다. 이웃을 돌아보고 자연을 살펴주는 삶은 결국 나의 삶에 기쁨을 주고 삶의 의미를 발견하게 해준다.

세상에서의 처세술

사람들은 세상에서 성공적인 삶을 살아가기 위해 여러 가지 처세술을 사용한다. 권세 있는 자에게는 은혜를 구하는 자가 많이 몰리지만 힘없는 사람은 이용 가치가 없다는 이유로 무시하는 경우가 많다. 일을 형통하게 하려고 권세자들에게 로비를 하거나 뇌물을 주기도 한다. 큰 일은 잘하려고 하지만 작은 일은 무시하는 경우가 많다. 그러나 하나님은 그렇지 않다고 말씀하신다.

"사람을 두려워하면 올무에 걸리게 되거니와 여호와를 의지하는 자는 안전하리라 주권자에게 은혜를 구하는 자가 많으나 사람의 일의 작정은 여호와께로 말미암느니라"(잠 29:25~26).

세상에서는 권세자들이 나의 인생에 영향을 미친다고 여기고 그들에게 은혜를 구하려고 노력한다. 학연, 혈연, 지연을 동원하여 로비를 벌이거나 뇌물을 건네는 경우도 간혹 있다. 그러나 성경에서는 하나님을 의뢰하는 자가 안전하며, 사람이 도모하는 일의 성사는 하나님께 달려 있다고 말씀하신다.

요셉은 이국 땅에 노예로 팔리고 모함을 받는 극도로 불리한 상황에 처했으나, 하나님께서 그의 삶을 보호하심으로 인해 바로의 꿈을 통하여 애굽의 총리로 세워졌다(창 39~41장). 다니엘은 포로 된 신분으로 죽음의 위협 앞에서도 믿음을 지켰으며, 하나님은 여러 가지 기적으로 그를 보호하시고 결국 바벨론의 총리 자리에 올리셨다. 이 세상에서 아무리 견고한 권력 위에 서 있는 사람도 하나님께서 돌아보지 아니하시면 한 시간 뒤의 그의 생명을 담보할 수 없다. 하나님께서 지켜주시는 의인이 있다면 세상의 모든 권력이 그를 공격한다 해도 결코 해를 당하지 않을 것이다.

세상에서는 돈과 권력이 없는 사람을 무시하는 경향이 있지만, 하나님께서는 지극히 작은 자를 돌아보고 섬겨야 한다고 말씀하신다. 지극히 작은 한 사람에게 행한 섬김은 곧 하나님께 대한 섬김과 동일한 것이라고 말씀하신다(비유적 표현이 아닌 완전한 등가성을 나타낸다). 그러므로 이 세상에는 그 누구도 소홀히 대우할 사람은 없다. 작은 어린이, 막 입사한 신입 사원, 가난한 사람, 권력이 없는 사람 등 어느 누구도 함부로 대해서는 안 된다. 지금 내 앞에 있는 사람은 모두가 왕같이 소중한 사람들이다.

> "임금이 대답하여 이르시되 내가 진실로 너희에게 이르노니 너희가 여기 내 형제 중에 지극히 작은 자 하나에게 한 것이 곧 내게 한 것이니라 하시고 또 왼편에 있는 자들에게 이르시되 저주를 받은 자들아 나를 떠나 마귀와 그 사자들을 위하여 예비된 영원한 불에 들어가라"(마 25:40~41).

세상에서는 눈에 드러나는 큰 일은 열심히 하려고 하지만, 눈에 보이지 않는 일, 사소한 일은 대충 하는 사람들이 많다. 직장에서 늘 옆에 있는 사람들, 일상적으로 하는 업무들은 소홀하게 대하다가 인생의 결정적인 순간이 오면 최선을 다하여 기회를 잡으려고 하는 경우가 있다. 이것은 매우 잘못된 생각이다. 내가 오늘 하는 업무, 나의 옆에 있는 사람들이 이 세상에서 나에게 가장 중요한 것이다. 나의 인생의 격조는 결정적인 순간에서의 순발력이 아니라 하루하루 일어나는 일상적인 작은 일을 행하는 나의 태도에 의해 결정된다. 지극히 작은 일에 충성하는 태도로 매일을 살아가는 사람은 큰 일을 맡게 되어도 올바른 태도와 현명한 판단을 할 수 있다.

> "지극히 작은 것에 충성된 자는 큰 것에도 충성되고 지극히 작은 것에 불의한 자는 큰 것에도 불의하니라"(눅 16:10).

세상에는 "정직한 것이 밥먹여 주냐?"라는 통속적인 가치관을 가지고 수단과 방법을 가리지 않고 살아가는 사람들이 간혹 있다. 새치기하고, 거짓말하고, 부동산 투기를 하고, 위장 전입을 해서 돈만 벌면 된다는 사람들도 있다. 그러나 하나님께서는 정직한 자가 복을 받으며, 결국 형통할 것이라고 말씀하신다. 정직하게 살아가고, 의롭게 살아가고, 겸손하게 살아가고, 하나님 말씀의 원리대로 살아가면 형통한 삶을 살게 된다.

"복 있는 사람은 악인들의 꾀를 따르지 아니하며 죄인들의 길에 서지 아니하며 오만한 자들의 자리에 앉지 아니하고 오직 여호와의 율법을 즐거워하여 그의 율법을 주야로 묵상하는도다 그는 시냇가에 심은 나무가 철을 따라 열매를 맺으며 그 잎사귀가 마르지 아니함 같으니 그가 하는 모든 일이 다 형통하리로다 악인들은 그렇지 아니함이여 오직 바람에 나는 겨와 같도다 그러므로 악인들은 심판을 견디지 못하며 죄인들이 의인들의 모임에 들지 못하리로다 무릇 의인들의 길은 여호와께서 인정하시나 악인들의 길은 망하리로다"(시 1:1~6).

> **이 세상에서 벌어지는 아이러니한 일들**
> - 날씬하고 근육질의 몸을 가진 사람들은 헬스클럽에서 열심히 운동하는데, 뱃살이 나온 사람들은 패스트푸드 가게에 앉아 열심히 먹고 있다.
> - 소위 "국가와 국민을 위해 봉사하는 지도자"로 자처하는 사람들은 오히려 국가와 사회를 어지럽히는 걱정거리가

되는가 하면, 말없이 이웃을 위해 봉사하고 희생하는 사람들은 우리 사회를 맑고 밝게 가꾸고 있다.
- 가난한 중에서도 이웃을 구제하고 베푸는 사람이 많이 있는데, 많은 재물을 가진 사람 중에 오히려 베풀기에 인색한 사람들이 많다.
- 타인을 괴롭힌 사람은 뉘우침 없이 잠자리에 들고, 선한 일을 행한 사람은 더 베풀지 못한 하루의 삶을 애통하는 마음으로 잠자리에 든다.
- 고마운 일을 많이 베푸는 사람은 "나의 주변에는 고마운 사람들이 많다"고 하는데, 악행하는 사람은 "나의 주변에는 못된 사람들이 너무 많아 내 인생이 고통스럽다"라고 불평한다.
- 세속적 권위를 갈구했던 사람들은 결국 모든 권위를 다 잃어버리게 되며 종으로 섬기는 삶을 실천했던 사람들은 인생의 종착역에서 그들이 원하지 않았던 권위를 결국 부여받게 된다.
- 지혜로운 사람은 어리석은 자에게서조차 배우는데, 어리석은 자는 세상에서 자신이 제일 지혜로운 사람이라고 생각한다.

(4) 삶의 목적 재정립

앞에서 세상의 계산 방법과는 전혀 다른 하나님께서 보여주시는 영적 계산 방법에 대해 살펴보았다. 잘못된 계산기를 가지고 수학 시험을 보면 틀린 답안을 적을 수밖에 없으며, 잘못된 삶의 계산기로 인생을 살아가면 실패할 수밖에 없다.

가끔 TV에서 유명인 중에 죄를 범하여 사법 처리를 받게 된 사람들이 "잠깐의 연약함과 판단 실수로 인해 사회에 물의를 빚은 점을 사과드립니다"라고 말하는 것을 볼 수 있는데, 이것에 동의하기 어렵다. 그들이 죄를 범한 것은 잠깐의 연약함과 실수가 원인이었다기보다는 삶의 목표와 인생을 살아가는 손익 계산기의 세팅이 잘못된 것이 원인이다.

누구나 행복한 삶, 의미 있고 보람 있는 삶, 안전하고 건강한 삶을 살아가기를 소망한다. 필자 역시 마찬가지이다. 그런데 문제는 방법이다. 무조건 돈을 많이 벌고, 사회적으로 높은 지위에 오르고, 명예를 얻으면 행복하고 안전한 삶을 살 수 있다는 믿음으로 손익 계산을 하면 인생이 결국 실패하게 된다. 왜냐하면 우주와 세상의 모든 질서를 주관하고 계신 분은 하나님이시며, 하나님이 만물을 판단하시고 상벌을 내리시는 계산기의 조건(setup)은 나의 기준과는 다르게 세팅되어 있기 때문이다.

"여호와여 위대하심과 권능과 영광과 승리와 위엄이 다 주께 속하였사오니 천지에 있는 것이 다 주의 것이로소이다 여호와 주권도

주께 속하였사오니 주는 높으사 만물의 머리이심이니이다 부와 귀가
주께로 말미암고 또 주는 만물의 주재가 되사 손에 권세와 능력이 있
사오니 모든 사람을 크게 하심과 강하게 하심이 주의 손에 있나이다"
(대상 29:11~12).

그러므로 삶의 계산기를 제대로 세팅해야 한다. 그러려면 삶의 목적을 바로 정립해야 한다. 어떤 측면에서 영적인 삶은 철저히 계산적이라고도 볼 수 있다. 즉 이 세상에서 복받고 하늘나라에서 많은 상급을 받을 수 있도록 삶의 기준과 결정을 최적화하는 것이 그리스도인의 과제이다. 예를 들어, 내가 교만한 생각과 언행을 한다면 하나님의 징벌을 피할 수 없다(벧전 5:5). 그러므로 교만한 삶을 살지 않는 것이 나의 인생에 유익이 된다. 만약 내가 이웃에게 나누고 섬기는 삶을 살아간다면 나의 삶은 더욱 행복하고 하늘나라의 상급을 받게 되므로 이것은 많이 할수록 나에게 유익이 된다.

나는 지방이나 해외 출장을 가서 사람들이 보지 않는 호텔 방에 혼자 있다고 해서 아이들처럼 만화책을 본다든가 소꿉장난을 하지 않는다. 왜냐하면 그것은 나의 인생에 손실을 초래하는 시간 낭비에 불과하기 때문이다. 이와 같이 영적으로 손실이 발생하는 행위는 하지 않고, 영적으로 유익이 되는 일은 적극적으로 찾아 행하는 것이 승리하는 영적 삶의 비결이 아닌가 싶다.

사람의 인생 70~80년은 실로 빨리 지나간다. 어린 시절 어른들이 "세월이 참 빠르다"는 말씀들을 많이 하셨는데, 그 당시는 별로 공감하지 못하였다. 그러나 직장 생활을 시작한 이후 현재까지 정

말 세월이 빨리 흘러간다는 느낌이 든다.

어린 시절에는 '내가 커서 세상을 호령하는 위대한 사람이 되어야지' 라는 생각을 자주 했었다. 그런데 대학을 졸업한 이후 사회인으로 생활하면서, 세월이 흐를수록 내가 보잘것없는 평범한 존재라는 것을 알게 되었다. 나는 거대한 조직의 작은 부품에 불과하며, 내가 결정할 수 있는 일들, 내가 선택하거나 회피할 수 있는 일들, 내가 영향력을 행사할 수 있는 일들은 그다지 많지 않다는 것을 알게 된다.

더욱 우리를 슬프게 하는 것은 나이가 들수록 몸이 쇠잔해지는 것이다. 40대를 지나면서 나의 체력과 몸 상태가 젊은 시절과 다른 것을 확연히 느끼게 되며, 50대가 되면 체력이 현저하게 떨어져서 조금만 산을 올라도 숨이 차고 여러 가지 질병에 시달리기 시작한다. 60대 이후가 되면 죽음으로 연결될 수 있는 치명적인 질병들이 사람을 위협하기 시작한다. 결국 나의 몸의 장기들이 노쇠하여 정상 작동을 하지 못하거나, 내 몸의 면역력이 떨어져서 의사가 처방한 약품이 내 몸에서 더 이상 작용을 하지 못하게 되는 임계 상황에 도달하면 세상을 떠나게 된다.

인생은 게임기와 같이 반복되지 않는다. 오직 한 번의 삶을 살아간 이후 하나님 앞에서 평가받는다. 그러므로 참으로 신중하게 살아야 하며, 이 땅에 생존하는 동안 많은 선한 열매를 맺으며 살아야 할 것이다.

지금부터는 삶의 각 영역에서 어떤 목표가 필요할지 필자의 생각들을 정리해 보고자 한다.

재물

　재물이 많으면 여러 가지로 편리한 것은 분명한 사실이다. 돈이 많으면 일단 의식주에서 걱정이 줄어든다. 잘먹고 큰 집에서 살 수 있다. 자녀교육도 잘 시킬 수 있고, 노후에 안정된 삶을 사는 데 도움이 된다. 그러나 필자는 재물은 내가 필요로 하는 만큼만 있으면 충분하며 굳이 많은 돈을 벌 필요가 없다고 본다.
　첫째로 지나치게 많은 재물을 가진 사람들은 그들의 인생에서 결핍되는 영역들이 생겨나기 쉽기 때문이다. 예컨대, 많은 재물을 가진 사람들은 오히려 지족하는 마음이 부족하기 쉽다. 필자는 가난한 시골 농가에서 태어났다. 늘 생활은 빠듯했으며, 초코파이나 콜라 등을 먹을 수 있는 것은 일 년에 한두 차례 있는 소풍 때나 가능하였다. 그 당시 아이들이 가장 좋아하는 음식인 짜장면은 초등학교 6년간 단 몇 차례 먹었을 정도로 귀한 음식이었다. 중년의 나이가 된 요즘에도 중국 음식점에 들어갈 때는 약간 긴장되면서 심장 박동수가 증가하는 증상이 나타나는데, 이것은 어린 시절의 추억 때문이다(일식집이나 한정식 집에 들어갈 때는 신체의 이상 징후가 없는 것으로 보아 그렇게 생각한다).
　어린 시절 부모님은 우리 삼남매를 양육하기 위해 농사, 목축, 양봉, 상업, 막노동 등 닥치는 대로 일을 하셨다. 워낙 혼신의 힘을 다해 살아가셨기 때문에 우리 집의 생계가 위태로운 적은 없었지만, 돈이 궁할 때는 많았다. 반찬거리를 구입할 1천 원이 없어서 어려웠던 기억도 있다. 이러한 어린 시절의 기억 때문인지 요즘도 1만 원짜리 지폐를 보면 별 느낌이 없는데 1천 원짜리 지폐를 보면 순간적으로 긴장하게 된다.

어린 시절의 궁핍함은 그 당시에는 약간 불편하였으나, 세월이 지난 지금 나로 하여금 지족하는 마음을 갖게 해주었다. 지금도 짜장면을 먹을 때 '이런 귀한 음식'을 먹게 해주신 하나님의 은혜에 감사하게 된다. 지갑에 1천 원짜리 지폐를 꺼낼 때도 하나님께 감사하게 된다.

이처럼 인생에 있어 궁핍한 시절을 지내보는 것이 삶에서 감사하는 태도, 지족하는 마음을 갖는 데 상당한 도움이 되는 것 같다. 반면, 어린 시절부터 부유한 집안에서 자라나서 고생을 모르고 지내온 사람들의 경우 그들의 가치관과 인격과 삶의 방법에서 부족한 측면들이 발견되는 경우가 많은 것 같다.

예컨대, 지족하지 못하고 쉽게 불평하는 태도, 다른 사람들의 아픔을 잘 헤아려주지 못하는 모습 같은 것들이다. 인생에서 고난의 경험이 많은 사람들은 타인의 고통을 이해하고 배려해줄 수 있으나 고생해 보지 않은 사람은 남들의 고통을 헤아리는 능력이 덜하다. 회사 생활을 통하여 상사와 부하 사이에서 갈등을 많이 겪어 본 경험이 없는 전문직 종사자들(의사, 변호사, 교수 등)은 다른 사람들의 어려운 형편을 살피는 능력이 부족한 경향이 있다.

어떤 측면에서 세상살이는 공평한 측면이 있다. 궁핍과 고난과 갈등이 많은 인생은 그 자체는 힘겹지만 그로 인하여 삶에서 갖추어지는 다른 능력들과 삶의 깊이가 생긴다. 부잣집 자녀들은 별다른 고생 없이 인생을 살아가고, 심지어는 군 복무를 회피하기도 한다. 이것이 복은 아닌 것 같다. 오히려 다른 사람들에게 별 영향을 주지 못하는 얄팍한 인생이 되거나 남들을 괴롭게 하는 천덕꾸러기 인생이 되기 쉽다.

재물이 많이 있다고 삶의 질이 획기적으로 개선되는 것은 아니다. 예컨대, 부자와 가난한 사람의 의식주 측면에서의 차이점을 살펴보자. 연간 수입이 10억 원인 사람은 연간 수입이 2,000만 원인 사람에 비해 의식주 측면에서 더 많은 것을 누릴까? 별로 그렇지 않다. 사실 부자나 가난한 사람이나 의식주 측면에서 거의 차이가 없다. 부자가 입는 옷은 가난한 사람들이 입는 옷에 비해 디자인이 좀 뛰어난 것은 사실이지만, 옷감(원단)의 차이는 거의 없다.

먹는 것은 어떨까? 부자라고 해서 매일 통닭을 10마리씩 먹을 수는 없다(몸이 망가진다). 물론 부자들은 캐비어, 샥스핀, 산삼, 녹용 등 고가의 기호 식품을 섭취할 수는 있겠지만 이러한 식품이 사람의 건강을 크게 증진시켜 준다는 의학적인 증거는 없다. 사람이 건강하게 살아가려면 시금치, 콩나물, 두부, 멸치, 미역, 사과 등 동네 슈퍼에서 저렴하게 판매되는 평범한 음식들을 골고루 먹으면 그것으로 충분하다. 하나님께서 우리 주변에 흔히 구할 수 있는 저렴한 식품들에 필수 영양소를 다 넣어 주신 것은 참으로 하나님의 은혜이다(인체에 결정적으로 필요한 중요한 영양소가 산삼, 녹용에만 들어 있었다면 가난한 사람들이 얼마나 좌절할 것인가?).

주거 측면에서는 어떨까? 100평의 저택에 사는 사람은 20평의 주택에 거주하는 사람에 비해 어느 정도의 유익이 있을까? 큰 저택에 사는 사람들은 심리적 만족감, 주거의 편리성 등이 있겠으나 결국 잠자리에 들 때는 부자이든 가난한 사람이든 면적 2m²의 침대(가로 1m×세로 2m)에 눕게 된다. 부자라고 해서 10m×10m 크기의 침대에 누울 수는 없다(눕고 일어나기가 불편하다). 또한 부잣집 저택은 거실과 안방의 천장이 높은 경향이 있는데, 이것은 사실 건강 측면에서 더 불리하다. 유체 역학적 측면에서 천장이 낮은 가난한 집의 방 구조가 온도 및 습도 조절에 더 유리하기 때문이다. 이처럼 재물은 우리가 필요로 하는 정도만 있으면 충분하다.

많은 사람들이 경제적 궁핍함과 박탈감에 시달리고 있다. 먹고 살기가 힘들다고 하는 사람들이 많으며, 심지어 자살과 같은 극단적인 선택을 하는 경우도 있다. 그런데 우리가 느끼는 궁핍함은 상대적인 기준에 의해 강요되었거나 우리의 삶의 목표가 잘못 설정된 것에 기인하는 경우가 많다. 사실 조금만 몸을 움직여 일하면 의식주의 최소 수준은 해결할 수 있다. 그리고 명품, 해외 여행, 자가용, 과외 등을 절제하고 검소하고 소박하게 살아간다면 수입이 남들만 못해도 살림을 꾸려갈 수 있다. 무엇보다 남의 눈을 의식해서는 안 된다. 인생의 목표를 올바로 정립하고, 나의 보폭에 맞추어 흔들림 없이 살아가야 한다.

필자가 예수님을 믿고 성경의 원리대로 살아가려고 노력하면서 얻게 된 여러 가지 감사한 것들 중의 하나는 돈에 거의 연연하지 않게 된 것이다. 일용할 양식과 기거할 정도의 집이 있다면 만족하는 것이 나의 삶의 기준이므로, 다른 사람들이 주식이나 부동산으로 돈을 많이 벌든 말든 나의 관심사는 아니다.

진정한 부자는 베풀어 주는 사람이다. 그리고 하늘나라에서 부요하게 되는 사람이다. 인생길에서 많은 사람들에게 나의 시간과 관심과 섬김과 물건을 나누어 주고, 하늘 본향집에 다다랐을 때 아름다운 면류관을 받게 되는 사람이다. 재산 한 푼 없어도 부유한 인생이 있으며, 수천억 재산을 가진 가난한 인생도 있다.

> **소유와 무소유**
>
> 우리는 필요에 의해 물건을 갖지만, 때로는 그 물건 때문에 마음이 쓰이게 된다. 따라서 무엇인가를 갖는다는 것은 다른 한편 무엇인가에 얽매인다는 것. 그러므로 많이 갖고 있다는 것은 그만큼 많이 얽혀 있다는 뜻이다.
>
> 法頂, 《무소유》 중에서
>
> 현대의 우리는 무엇이건 자꾸만 채우려고 할 뿐 비울 줄을 모른다. 그렇기 때문에 항상 갈증의 상태를 면하기 어렵다. 적게 가질수록 더욱 사랑할 수 있다. 어느 날엔가는 그것마저도 다 버리고 갈 우리 아닌가. 우리의 목표는 풍부하게 소유하는 것이 아니라 풍성하게 존재하는 것이어야 한다.
>
> 《버리고 떠나기》 중에서

권력과 명예

세상에는 권력과 명예를 추구하는 사람들이 꽤 있다. 고위 공직자의 인사 청문회를 보노라면 자격 미달인 듯한데 권력과 명예에 집착하는 모습이 종종 나타난다. 왜 권력과 명예에 집착하는 것일까? 사람들 위에 군림하고 사람들에게 우러러보이고 싶어 하는 잘못된 인생 목표를 가지고 있기 때문이다. 예수 그리스도께서는 이 세상의 왕이나 정치 권력자로 오시지 않고, 가난한 목수의 아들로 오셨으며, 머리 둘 곳이 없는 종 된 삶을 사셨다. 하나님께서는 세상의 권력자가 되는 것이 아니라 사람들을 섬기는 종이 되는 것이 으뜸이 되는 방법이라고 하셨다.

높은 지위에 오르고 권력을 잡으면 권위와 명예가 생길 것이라는 엄청난 착각을 하는 사람들이 많다. 어떤 사람이 권력을 가졌다고 해서 그를 존경하고 그에게 권위를 두는 것은 아니다. 진정한 권위와 명예는 봉사와 희생의 삶에 부여된다. 언더우드 선교사, 이태석 신부의 삶에 권위가 부여됨은 그들의 일생을 통해 말이 아닌 삶으로 봉사와 희생을 몸소 실천했기 때문이다.

필자는 부모님을 매우 존경한다. 부모님의 학력은 초등학교 졸업이 전부이며 가난한 농사꾼으로 인생을 살아가셨다. 부모님은 우리 3남매를 키우기 위해 힘을 다해 수고하셨으며, 일생 동안 철저하게 정직하셨고, 결코 남에게 해를 끼치는 삶을 살지 않으셨다. 생활비를 벌기 위해 아버님은 새벽부터 밤까지 논밭에서 일하셨고 영주, 안동, 단양 등의 지역을 넘나들면서 무거운 벽시계를 여러 개 짊어지고 발이 부르트도록 다니셨다. 필자가 고등학생일 때 학비와 생활비를 충당하기 위해 영주시청 공사장에서 막노동을 하시기도 했다. 얼마 전 수십 년 만에 영주시청을 가 보게 되었는데, 예전에 아버님의 고생하시던 모습이 기억나 눈시울을 적셨다. 부모님은 본인들의 권위를 인정하라고 한 번도 나에게 말하신 적이 없지만, 나는 부모님의 희생과 봉사를 알기에 그 권위를 인정하게 된다.

사회 생활을 하다 보면 사람들이 억지 권위를 부리는 추태를 직간접적으로 보게 된다. 아랫사람들을 집합시켜서 공포 분위기를 조성하거나, 자신의 뛰어난 능력과 화려한 경력을 회의 석상에서 장황하게 늘어놓기도 한다. 그러나 나는 그들의 말과 인생에 권위를 두지 않는다. 왜냐하면 희생과 봉사의 삶이 아닌 강압적이고 폭력적인 방법으로 권위를 행사하고 있기 때문이다. 국가의 정치 및 경제 지도자들, 그리고 사회 각 분야에서 지도자의 자리에 있는 사람들이 존경받지 못하고 권위를 세우지 못하는 사실은 오늘날 대한민국에서 살아가는 우리 모두의 슬픔과 고통이다.

내가 존경하고 나의 삶에 큰 영향을 준 사람들은 희생적으로 봉사의 삶을 살아가는 사람들이다. 직장 생활에서 부하 직원들을 배려하고 양보해 주며 격려해 주었던 상사들, 어려움에 처했던 사람들의 아픔을 함께 위로해 주었던 분들, 우리 사회에서 나눔과 봉사를 묵묵히 실천하고 있는 분들, 성도들을 귀히 여기고 기쁘게 종 된 모습으로 섬기시는 교회 교역자들을 존경한다.

이분들은 나에게 권위를 강요하지 않았으나, 나는 그분들의 희생과 봉사의 삶을 잘 알기에 그 권위를 높이 인정한다. 어떤 측면에서는 이들은 세상에서 가장 무서운 권력자들이다. 그들의 삶 속으로 사람들의 마음과 인생의 목표를 강하게 붙들어 오기 때문이다. 진정한 권위와 명예를 얻게 하는 것은 백 마디의 말이 아니라 희생하고 봉사하는 실천적 삶이다.

생의 목표가 올바르게 설정되지 못한 사람들은 헛된 명성[虛名]을 좇는 경우가 많다. 권세를 자랑하고, 재물을 자랑하고, 지식을 자랑하고, 연구 실적을 자랑하고, 골프 스코어가 높은 것을 자랑하고, 자녀들이 성공한 것을 자랑하고, 심지어 주먹 힘을 자랑하기도 한다. 그런데 남을 낮추면서 자신이 높아지려는 삶은 결국 공허함과 부끄러움으로 귀착된다. 진정한 명예는 어떻게 얻을 수 있을까? 사람들을 섬기고, 사람들을 사랑하고, 사람들을 위해 자신을 희생하고, 나를 낮추고 상대방을 높이는 삶을 살아야 한다. 이러한 삶은 단기적으로 보잘것없어 보일 수도 있으나, 오랜 세월을 통해 실천할 때 진정한 승리, 진정한 명예[眞名]를 얻을 수 있다.

사회적 성취를 이루거나 돈을 버는 목적(청년들에게)

돈, 권력, 학벌, 명예가 인생의 목표가 되어서는 안 된다는 것이 자신의 인생을 대충 살아가도 된다는 의미는 아니다. 특히 청소년들은 최선을 다해 학업에 임하여야 한다. 그 이유는 무엇일까? 첫째로 성실함과 충성됨을 배우기 위해서이다. 공부가 인생의 전부는 아니지만 학업에 충실해야 할 시기에 스스로 절제하며, 집중하며, 성실하게 최선을 다하는 삶의 태도를 배우는 것은 매우 중요하다.

둘째는 자신의 성실함과 집중력을 자기 자신과 이 사회에 증명해 보이기 위해서 필요하다. 어떤 대학생들은 나에게 이렇게 묻는다. "회사에 가면 영어가 별로 쓰이지도 않는데 왜 입사전형에서는 토익 성적을 이렇게도 강조할까요?" 나는 이렇게 답한다. "회사에서 확인하고자 하는 것은 그대의 토익 실력이라기보다는 토익 성적을 얻기 위해 노력했던 그대의 집중력과 성실함이다."

셋째는 더 많은 사람들을 섬기기 위함이다. 성실한 학업을 통해 좋은 대학에 진학하여 사회적, 학문적 성취를 이루거나 사업을 통해 돈을 많이 번다면 이는 더 많은 사람들을 더 많은 장소에서 섬길 수 있는 기회로 활용될 수 있다. 학업과 사회적 성취와 재물은 인생의 목적은 아닐지라도 봉사와 섬김을 위한 유용한 도구가 될 수 있다. 더 많은 사람들을 섬기고자 하는 고귀한 학업의 목표를 세울 때 더욱 흔들림없이 성실하게 학업에 임할 수 있다.

직장 생활과 대인 관계

대부분의 사람들은 일생의 대부분의 기간에 직장 생활을 하게 된다. 필자의 경우도 20년 가까이 직장 생활을 하고 있으며, 하루 평균 12시간 정도 직장에서 시간을 보낸다. 직장 동료들은 몇 년에서 몇십 년을 같이 지내기 때문에 서로의 장단점을 잘 알게 된다. 성실하게 일하는 사람이 있는가 하면, 눈치껏 대충 일하는 사람도 있다. 남을 배려하는 사람이 있는가 하면, 자신의 이익을 위해 남을 가차없이 밟아 버리는 못된 사람도 있다. 예수를 믿는 사람도 있고,

석가모니를 믿는 사람도 있다. 기독교인도 여러 부류가 있다. 아름다운 삶으로 선한 간증을 나타내는 사람이 있는가 하면, 교회에 오래 다녔음에도 불구하고 사회를 어지럽히고 사람들을 괴롭게 하는 사람도 의외로 많다.

직장 생활은 그리스도인의 영적 삶에서 매우 중요한 영역이다. 첫째로 직장 생활과 대인 관계는 성경의 원리들을 실천하고 영적 축복을 나누는 터전이다. 또한 직장 생활을 통해 봉사와 섬김의 삶을 실천할 수 있다. 국가와 세계를 위해 봉사한다는 것은 공허한 외침이며 매일 만나는 직장 사람들을 섬기는 것이 먼저 필요하다. 직장은 그리스도의 사랑과 성경적 삶의 본을 나타내어 믿지 않는 사람들을 주님께로 인도하는 선교지이기도 하다. 대부분의 기업들의 보안이 강화되어 전도의 목적으로 외부인이 내부로 들어갈 수 없게 되어 있다. 그러므로 나는 우리 직장의 실질적인 선교사이다. 목사님이 내 일을 대신해 줄 수가 없다. 오랜 세월 직장 생활을 하면서 필자는 직장 생활의 목표를 다음과 같이 갖게 되었다.

ⓐ 내가 맡은 업무를 잘 감당하자

직장 일을 잘 감당하는 것이 다른 사람들에 대한 중요한 섬김이 된다. 왜냐하면 다른 사람들의 일을 덜어주고 걱정을 덜어주기 때문이다. 또한 직장에서 맡은 일을 잘 감당하지 못하면 일단 사람들의 비방거리가 되기 쉬우며 그리스도인으로서 선한 간증이 되지 않는다. 또한 회사 업무를 잘 감당함으로써 더 다양한 기회에서 다양한 모습으로 사람들을 섬길 수 있는 기회를 얻게 된다.

ⓑ 사랑은 목적이며 수단이 아니다

그리스도인들이 직장 생활에서 빠지기 쉬운 오류가 몇 가지 있다. 첫째는, 사람들의 세속적인 삶의 방식을 혐오하며 그들의 삶을 멸시하는 시각이다.

이것은 잘못이다. 하나님 앞에서는 모두가 죄인이며 부족한 사람들이다. 허랑방탕한 세상 사람들이 하나님 앞에서 100점 만점에 10점이라면, 의로운 척하며 절제된 삶을 살아가는 나의 점수는 12점 정도로 별 차이가 없다. 세상 사람들은 아직 하나님을 모르기 때문에 방향 없이 살고 있으며, 긍휼히 여길 대상이지 멸시할 대상이 아니다.

회식 자리에서 술을 권하는 회사 동료는 나를 타락시키려는 것이 아니며 나와 친해지기 위해 선한 동기로 권하는 것이므로 그 의도는 감사하게 받아야 한다. 세속적인 회사 동료라 해도 그들의 삶에 진지한 관심을 가져야 하며 귀히 여기는 마음을 달라고 기도해야 한다. 마음으로 귀히 여기지 않으면서 겉으로 선대한다면 이것은 위선이며 내 마음에도 평안이 없다.

둘째는, 사람들을 선교의 대상으로만 여기는 비인격적인 시야도 잘못이다.

그들의 삶에 대한 본질적인 관심과 사랑이 없이, 선교 전략적 차원에서 접근하여 교회로 인도하려고 하는 것이 그 사례이다. 예컨대, 독실한 불교 신자의 경우는 교회로 올 가능성이 없다는 이유로 아예 관심을 두지 않는 경우는 올바르지 않다. 사람을 사랑하고 섬기는 것 자체가 목표이다. 교회에 다니든 석가모니를 믿든, 그것은 부차적인 문제이다. 사람들을 사랑하고 섬기는 것은 그 자체가 목적이지, 다른 어떤 목표를 이루기 위한 수단이 아니다.

예수께서 사마리아를 지나다가 우물가에서 사마리아 여인과 대화하신 내용이 있다(요 4장). 문맥을 통해 추측해 볼 때 잠깐이 아닌 한참 동안 진지한 대화가 있었던 것으로 보인다. 사마리아 여인은 예수님의 사역에 활용 가치가 있었던 것은 아니지만 예수님은 그의 삶과 관심사에 깊은 관심과 사랑을 나타내셨다. 직장 사람들을 사랑하고 섬기는 것이 나의 목표라면 그것은 100% 달성할 수 있는 목표이다. 사랑하고 섬기면 이룰 수 있기 때문이다.

ⓒ 작은 일에서 관심과 사랑을 나누자

내가 엄청난 것을 가지고 사람들을 섬길 수는 없다. 나의 능력과 자원도 한계가 있기 때문이다. 회사 동료가 경제적인 어려움에 처했다고 하자. 도와주면 좋겠지만 나도 그다지 여유롭지 못한 상황에서 몇백만 원, 몇천만 원의 돈으로 도움을 주기란 어렵다. 다른 사람들이 어려운 업무로 인해 힘들어할 때 내가 그 짐을 나눌 수 있는 것도 일정한 한계가 있다. 나의 시간과 능력도 제한되어 있기 때문이다. 그렇다면 도대체 언제, 어떻게, 무엇을 가지고 사람들을 섬길 수 있을까?

필자가 얻은 교훈은 작은 것을 나누면 된다는 것이다. 예컨대, 사람들의 말을 잘 들어주고 호응해 주는 것은 훌륭한 나눔이 된다. 누구나 말하기는 좋아하지만, 잘 들어주는 것은 쉽지 않은 일이다. 격려와 감사의 말을 나누는 것도 큰 베풂이 될 수 있다. 커피 한 잔을 대접할 수도 있다. 무엇보다 중요한 것은 상대방의 삶에 대한 진지한 관심이다. 그에게 필요한 것이 무엇이고, 그가 어려워하는 것이 무엇이며, 그의 삶의 관심사는 무엇인지 알고자 하는 진지한 관심이 필요하다.

ⓓ 영적인 축복을 공유하자

직장 생활에서 수년 내지 수십 년 동안 같이하면서 기본적으로는 착하고 선한 이웃이 되어야 함과 동시에, 나의 영적 축복을 나누면 좋을 것이다. 믿지 않는 사람들이 하나님을 알고 하나님 안에서 복된 삶을 살 수 있도록 돕는 것은 아주 중요한 선행이기 때문이다. 가장 실제적인 방법은 내가 신앙생활을 통해 경험하고 누리고 있는 영적 축복을 종종 나누거나, 신앙 도서 등을 선물하는 것이다.

ⓔ 직장에서 선한 간증의 삶을 살아가자

해외 선교와 국내 선교 중 어느 것이 더 중요할까? 여러 가지 관점이 있겠으나 필자의 생각에는 국내 선교가 더 중요할 것 같다. 국내에 있는 교회가 더 건강하게 성장하고, 기독교인들이 사회에서 더 존경을 받으며, 후속 세대의 신앙심이 견고하게 발전해 나가야 지속적인 해외 선교가 가능할 것이기 때문이다.

전임 사역자(목사, 선교사)의 사역과 직장인으로서 살아가는 기독교인들의 삶 중에 어떤 것이 더 중요할까? 여러 가지 관점이 있겠으나, 필자의 생각에는 직장에서 평신도로서 믿음의 선한 경주를 하며, 주변 사람들을 하나님께로 인도하는 역할도 매우 중요할 것 같다. 목사님은 회사 출입 보안 카드가 없으므로 회사에 들어올 수가 없다. 회사에 있는 수많은 사람들에게 영적 영향력을 미치고 그들로 하여금 하나님과 성경에 관심을 갖도록 도와줄 수 있는 사람은 같이 근무하고 있는 바로 나 자신이다.

필자는 교역자가 아니고 선교사도 아니다. 더구나 해외 선교사는 더더욱 아니다. 그러나 내가 직장에서 사람들을 섬기고, 그들을 위해 기도하는 것은 나이지리아에 파송되어 선교하는 선교사의 역할 못지않게 중요하다. 지식 정보화 사회인 요즘 세상에서 기독교에 대한 정보는 넘쳐난다. 그러나 사람들에게 효과적으로 영향을 줄 수 있는 것은 성경 말씀에 따라 능력 있게, 아름답게 살아가는 그리스도인의 삶의 본이다.

양보와 배려

終身讓路 不枉百步

終身讓畔 不失一段 (唐書)

평생토록 길을 양보하여도,
늦어지는 걸음은 백 걸음에 불과하며
평생토록 밭고랑을 양보하여도,
잃는 것은 밭 한 떼기에 불과하다.

취업이 결정된 학생들이 필자의 연구실로 찾아올 때 늘 해주는 말이 있다. 희생하며, 양보하며, 손해 보는 직장 생활을 하라는 것이다. 요즘 사람들은 손익계산이 빨라서 자신에게 손해가 되는 일은 하지 않으려고 하며 잘 양보하지 않는다. 필자는 20년간의 직장 생활을 하면서 양보의 미덕을 갖춘 분들을 보아 왔으며 결국 그분들의 인생에서 손실이 초래되는 것이 아니라 더 큰 보상과 존경을 받는 것을 목격하였다. 양보와 배려는 다른 사람들에게 큰 격려와 힘이 되며 결국 본인에게도 이롭다.

이러한 교훈을 본받아 필자 역시 직장에서 직급이 올라가고 연장자가 되어 나의 권리가 쌓일지라도 그 권리를 사용하지 아니하고 다른 사람들을 위해 양보하며 사랑으로 종노릇하는 삶을 살아가고 싶다. 서로 양보하는 사회를 만들기 위해서는 양보의 삶을 실천하는 사람들이 많아져야 한다.

가정

아름답고 행복한 가정은 그 자체가 목적이며, 가정의 가치를 희생하면서 쟁취할 만한 다른 가치는 없다. 세계를 돌아보고 조국을 위해 봉사하는 인생을 산다고 하면서 가정을 돌아보지 않는 것은 매우 큰 잘못이다. 가정이 모여서 사회와 국가를 이룬다. 가정이 행복하고 건강해야 사회와 국가가 행복할 수 있다. 교회 공동체를 잘 섬기기를 원하는가? 먼저 가족을 잘 섬기는 것이 필요하다. 각 가정이 건강하고 행복할 때 교회 공동체 역시 건강해진다. 가족을 사랑하고 섬기는 것은 사회를 건강하게 하고, 국가에 봉사하며, 세계를 살리는 가장 효과적이고 실천적인 방법이다. 가정의 희생을 강요하는 사회 조직이나 교회가 있다면 이는 올바르지 못하며 결코 지속 가능한 집단이 될 수 없다.

우리 사회에서 가정에 충실하지 못하게 하는 제도와 관습이 사라지기를 희망해 본다. 무엇보다 기업체의 야근이 사라져서 저녁에 부모와 자녀가 함께하는 시간이 보장되면 좋을 것 같다. 또한 직장의 잦은 저녁 회식은 가정에서 식구들과 함께하는 소중한 저녁 시간을 빼앗는다. 아내의 생일에도 직장의 경직된 조직 문화로 인해 참담한 심정으로 부서 회식에 참여하는 직장인들이 많이 있다. 점심 식사를 통해서도 필요한 회의와 의견 교환은 충분히 할 수 있다. 평상시 서로 배려하고 돌아봄으로써 부서의 팀워크는 충분히 다져질 수 있다. 필자의 오랜 사회 경험을 통해서 저녁 회식 자리에서 맺어진 의리는 그다지 견고하지 못하다는 것을 알게 되었다. 오히려 정직함과 부지런함, 희생과 봉사를 통해 맺어진 관계가 오래 지속된다.

주위에서 결혼 적령기에 있는 젊은이들과 대화해 보면, 배우자를 고려할 때 경제적 능력, 외모 등을 많이 보는 것 같다. 여성들은 남성들의 경제적 능력과 큰 키를 많이 고려한다고 하고, 남성들은 외모가 아름다운 여성을 선호하는 경향이 강하다고 한다. 이런 모습을 지켜보면서 결혼의 목적은 과연 무엇일까 생각해 보게 된다. 돈 많은 사람, 얼굴이 예쁜 사람, 키가 큰 사람과 결혼하면 성공적인 결혼일까?

필자는 결혼 시기가 된 후배들에게 배우자를 정함에 있어 외모를 보지 말고 삶의 목표와 인품과 믿음을 보라고 충고하곤 한다. 잠시 여행을 같이하는 파트너라면 예쁜 사람이 좋을 수도 있겠지만, 평생을 아름답게 함께 하려면 같은 삶의 목표와 같은 믿음을 갖는 것이 가장 중요하다. 외모는 중요하지 않다. 세월이 흐르면 아무리 훌륭한 미모도 사라지게 되며, 결국 아름다운 마음이 더 빛을 발하게 되기 때문이다.

진정한 아름다움

흔히 20대의 청년들이 가장 아름답다고 한다. 그러나 중년의 나이가 되기까지 오랜 세월 동안 가정에서 배우자와 자녀들을 지혜롭게 살피며, 사회에서 교회에서 깊은 인격으로 섬겨 나가는 분들은 이 세상 어떤 꽃보다 아름답고 향기롭다. 아름다운 꽃도 시들면 추하게 되고, 곱던 얼굴도 나이 들면 초라해지지만, 깊은 인격의 아름다움과 향기는 중년과 노년을 거쳐 세월이 흐를수록 더욱 빛을 발한다.

인생의 향기는 감추어지지 않으며, 한두 마디의 말과 작은 몸짓에 의해서도 그 향기가 주위 사람들에게 전해진다. 한편 일그러진 인생의 악취 또한 아무리 고상하고 영적인 언어로 포장한다 해도 금방 탄로나게 된다. 아름다운 소통은 오직 아름다운 인격으로만 가능하며, 진실된 소통은 오직 진실된 인격으로만 가능하다.

인생의 향기는 세상에서 돈, 권력, 지위를 가졌다고 해서 만들어 낼 수 있는 것이 아니며, 수천 권의 책을 읽는다고 갖추어지는 것도 아니다. 그것은 사랑, 겸손, 희생, 봉사의 삶을 통해 갖추어지게 된다. 인생의 향기는 그 삶의 목적(방향)과 연관되어 있다. 그러므로 향기 나는 인생을 살기 위해서는 10~20대의 시기에 인생의 목표를 올바로 설정하는 것이 매우 중요하다.

많은 사람들은 인생의 향기를 갖추기보다 겉모습에 신경을 쓰는 것 같다. 명품 액세서리, 성형 수술, 성장 호르몬 주사가 유행하는 이 시대의 풍조에 불편함을 느낀다. 정말 변화되어야 할 것은 사람들의 외모가 아니라 마음이 아닐까. 사람들을 배려하고 섬기는 마음, 상대방의 필요와 아픔을 헤아리는 마음, 지혜로운 마음, 사랑하는 마음을 갖도록 하는 성심 수술(成心手術)이 오히려 많이 필요하지 않을까?

키가 크거나 얼굴이 아름다운 것은 부모님으로부터 물려받은 것이니 그다지 칭찬할 일은 아니다. 그러나 마음이 아름다운 사람은 진정으로 칭송받을 사람이다. 아름다운 마음은 그의 삶의 지혜, 겸손, 순종을 통해 부지런히 가꾼 결과이기 때문이다.

모두들 아름다운 꿈에 부풀어 결혼을 하지만 실상은 별로 그렇지 못하다. 통계청 자료에 의하면, 2010년 한 해 동안 혼인은 33만 건, 이혼 신고는 12만 건 정도로 나타났다. 결혼하여 이루어진 가정들 중에 많은 수가 파국에 이르고 있는 것이다. 당사자들은 물론이고 어린 자녀들이 당하는 고통은 이루 말할 수 없다. 이혼 서류에 서명하는 단계에까지는 이르지 않았으나, 파탄 직전에 있거나 서로 인격적 관계를 맺지 못하는 부부까지 포함한다면 결혼 생활이 실패에 가까운 비율은 절반 정도가 될지도 모를 일이다. 이와 같이 결혼이 파탄에 이르는 이유는 무엇일까? 애초부터 결혼의 목적이 잘못 설정된 것이 큰 이유라고 본다.

상대방의 큰 키와 아름다운 얼굴, 많은 재물과 좋은 직업을 통해 나의 만족과 안정을 얻고자 하는 것이 주된 동기가 되어 결혼했다면, 이는 실망과 파탄으로 이어질 가능성이 많다. 결혼하여 같이 지내다 보면 상대방이 자기가 기대했던 것보다 부족한 경우가 많기 때문이다.

그런데 결혼의 목적이 서로 돕고, 서로 섬기며, 서로 배우기 위한 것이라면 결혼한 이후의 삶과 그 열매가 크게 달라지게 된다. 비록 경제적으로, 외모적으로 부족하다 해도 하나님을 경외하며 바른 인생의 목표를 갖고 있는 배우자를 맞이하여 평생토록 그를 사랑하고, 섬기고, 그의 약점을 내가 메워 주려는 목적으로 결혼한다면, 그 결혼은 틀림없이 아름답게 유지될 것이다. 배우자의 단점이 나타난다 해도 내가 더 도우며 섬기려고 할 것이기 때문이다.

예컨대, 남편이 경제적 능력을 상실했다면, 이는 가난하게 되어도 귀하게 여기고 사랑하고 섬기겠노라고 했던 혼인 서약을 실천할 기회가 온 것이다. 아내가 집안 살림을 잘 못하는 것이 보인다면 내가 더 수고하고 도와서 그의 부족함을 채울 기회가 생긴 것이다. 50:50의 비율로 주고받기(give and take)를 목표로 이루어진 결혼은 쉽게 깨질 수 있다. 주고받은 내역에 대한 계산이 부부간에 서로 다르기 때문이다. 그러나 상대방이 어떠하든지 내가 모든 것을 주고 항상 섬기겠노라고 한 결혼은 죽음이 갈라놓기 전까지는 결코 깨지지 않는다.

결혼을 앞둔 청년들은 어떤 결혼 준비를 해야 할까? 먼저 나를 살피고 나 자신을 준비해야 한다. 올바른 인생의 목표와 신앙을 세워 나가야 한다. 그리고 삶의 목표를 함께하여 인생을 살아갈 배우자를 달라고, 내가 그를 위해 일생 헌신하고 섬길 수 있는 충성된 마음을 달라고 기도해야 할 것이다.

- **혼인 서약에 대한 단상**

종종 결혼식에 초대받아 하객으로 참석할 때마다 10여 년 전 나의 결혼식이 생각나곤 한다. 1997년 가을에 결혼했는데, 그때는 분주한 마음과 피곤한 몸으로 황망한 중에 결혼식을 치렀던 것 같다. 목사님의 주례사 이후에 결혼 서약을 하는 순서가 있었다. 목사님의 질문, "남편은 아내를 일생 귀히 여기며, 형통하거나 궁핍하거나, 건강하거나 병들거나, 일생 변치 않는 일정한 도의와 합당한 예절로 아내를 보살피고 섬기겠느뇨?"에 대하여 나는 "예"라고 답했다. 그 당시에 이런 결혼 서약 문답은 나에게 큰 감동을 주거나 의미를 부여하지는 못했던 것 같다.

그런데 결혼 후 10여 년이 지난 지금 다른 사람들의 결혼식에 참석하여 결혼 서약 순서가 되면 내 마음이 숙연해지고, 때로는 코끝이 찡해 온다. 예전에는 대수롭게 들리지 않던 것이 시간이 지날수록 진지하게 다가오고 감동을 준다.

직장 생활을 하다 보면 국내외 출장이 많은데 동행했던 사람들이 불경건에 이르는 모습을 몇 번 본 적이 있었다. 그때 아무 사정도 모르고 집안에 있을 그분들의 아내가 불쌍하게 생각되었다. 주변에 아내를 홀대하고, 심하면 이혼에 이르는 경우도 종종 보인다. 많은 사람들이 아내에 대한 '일정한 도의와 합당한 정절'을 저버리고 그들의 결혼식에 참석했던 많은 증인들 앞에서 굳게 맹세했던 서약을 지키지 않는다.

반면 일생을 금실 좋은 부부로 해로하는 경우도 많이 있다. 결혼하여 백발의 노부부가 되기까지 서로를 극진히 사랑하고 예우하며, 다정하게 손을 잡고 산책하는 모습은 참으로 아름답고 큰 감동을 준다. 그들은 일생을 통해 서로에게 했던 결혼 서약을 충성스럽게 지키고 있는 훌륭한 분들이다. 사회 생활을 하다 보면 배우자를 존귀하게 예우하는 분들이 대체적으로 다른 모든 삶의 영역에서도 인품이 뛰어난 분들임을 알게 된다.

필자도 지금까지 노력해 왔듯이, 앞으로 여생을 통해 결혼식에서 하나님과 여러 증인들 앞에서 했던 서약을 충실하게 지켜나가고 싶다. '아내를 귀하게 대우하며, 일생 변치 않는 예의와 정절로 아내를 예우하고, 아내가 병들고 늙어도 변함없이 사랑하는' 남편으로 살아가고 싶다. 이렇게 함으로써 아내의 명예를 존중하고, 결과적으로 나도 명예롭게 되고 싶다. 결혼 생활은 남편과 아내가 서로 깊이 사랑하고 용납하고 섬기는 것을 배워 나가는 긴 여정이다.

- **경조사에 대한 단상**

몇 년 전 동유럽 출장지의 고성(古城)에서 10여 명의 사람들이 결혼식에 모여 신랑신부를 축하하고 야외에서 즐거운 시간을 함께 하는 것을 본 적이 있었다. 이때 우리나라의 경조사 문화도 검소하게 개선해 나가면 어떨까 하는 생각이 들었다. 보통 직장 총무과, 출신 학교 동문회 및 지인들로부터 며칠에 한 번씩 경조사 연락을 받게 된다. 결혼식 및 장례조문에 참석하면 보통 수백 명에서 많게는 수천 명까지 모이는 것을 볼 수 있다.

전근대 시대에는 모든 가정이 경제적으로 어려우므로 계(契)의 개념으로 경조사가 생기면 적극적으로 함께하고, 경조금을 통해 서로 돕는 것이 필요했을 것이다. 그러나 요즘 시대에 소박한 규모의 애경사를 치르지 못할 정도로 어려운 형편의 사람들은 그리 많지 않을 듯하다. 또한 현대사회를 살아가는 우리 모두는 너무나도 바쁘고 피곤하다. 그러므로 경조사의 규모와 범위를 좀더 줄여나간다면 서로를 배려하는 것이 되지 않을까 한다. 경조사의 목적은 가까운 지인들의 기쁨과 슬픔을 함께 나누기 위함인데, 집안의 위신을 세우기 위해서 또는 업무의 연장선상에서 경조사를 주관하거나 경조사에 참석한다면 이는 바른 목적이 아닐 것이다. 경조사에 소수의 사람이 모인다면 서로 깊이 있게 축하와 애도를 전하고 조용한 대화를 나눌 수가 있어 더 의미 있는 모임이 될 것 같다.

법정 스님은 이 세상을 떠나면서 유언으로 "번거롭고 부질없으며, 많은 사람에게 수고만 끼치는 일체의 장례의식을 행하지 말고, 관과 수의를 따로 마련하지도 말며, 편리하고 이웃에 방해되지 않는 곳에서 지체 없이 평소의 승복을 입은 상태로 다비해 주고, 사리를 찾으려고 하지 말며, 탑도 세우지 말라"고 상좌들에게 당부했다 한다.

필자도 이러한 본을 따르고 싶다. 우리 가정에 경조사가 생긴다면 평소 가까웠던 소수의 친지들과 지인들만을 모시고 조용하게 서로 함께하는 시간을 가지고 싶다. 또한 필자가 세상을 떠나게 될 때 자녀들에게 유언하여, 가정예배로서 장례식을 대신하도록 하여 많은 사람들이 모이는 번거로움을 끼치지 않았으면 좋겠다. 또한 수목장(樹木葬)을 통해 마지막 남은 나의 몸의 잔해가 자연의 생명체들을 돕도록 하고 싶다. 큰 무덤으로 이 세상에 흔적을 남기는 것이 아니라 미력이나마 나눔과 봉사를 통해 몇몇 사람들의 마음 속에 흔적을 남기는 인생을 살아가고 싶다.

무엇이 영원히 남는 것일까? 아무리 거대한 무덤이라도 100여 년이 지나면 결국 돌보는 사람이 없어 쓰러지고 들짐승의 발에 짓밟히게 된다. 그러나 나눔과 봉사를 실천한 삶과 그 정신은 후대와 그 후대를 통해 계속 이 세상에 전해지므로 이것이 진정 영원히 남는 것이라 할 수 있다.

교회 공동체

간혹 교회(주로 대형 교회)의 비리가 언론에 보도되어 믿지 않는 사람들의 지탄을 받는 일이 있다. 당회장직 세습, 교회재정 횡령, 교회 내 폭력 및 성범죄 등 그 유형도 다양하다.[11] 이런 모습들은 한국 교회에 대한 국민들의 신뢰가 크게 떨어진 주된 이

---

[11] 포털 사이트 뉴스 검색에서 교회 + 비리, 불법, 부패, 세습, 폭행, 횡령 등의 키워드로 검색하면 수백 건의 관련 기사를 자세하게 살펴볼 수 있다.
[12] "지금은 세상이 종교를 걱정한다", 〈경향신문〉(2011.8.25).

유이기도 하다. 교회가 세상을 걱정하는 것이 아니라 세상이 교회를 걱정해 주는 시대가 되었다.[12]

이런 사건들이 발생한 것 자체가 있어서는 안 될 부끄러운 일이지만, 이러한 사건에도 불구하고 해당 교회가 돌이키는 모습이 부족한 것은 더욱 의아하게 생각되는 부분이다. 교회에 출석하는 사람들의 목적이 여러 가지로 다양할 수 있겠다는 추측을 해 본다. 믿음과 소망과 사랑을 배우기 위한 것이 목적인 분들도 있겠고, 사회적 성취를 위하여 거대한 교회 조직을 발판으로 활용하려는 분들이나 자신의 재능을 과시하려는 것이 목적인 경우도 혹여 있을 수 있다. 세속적 목적으로 교회 공동체에 함께하는 분들이 만약 있다면 이들은 교역자가 세상적인 가치관으로 교회를 이끌어도 불만이 없다(오히려 교역자들이 성경적 가치관으로 교회를 인도하는 것이 더 불편할 것이다). 세속적 교인들이 많은 교회에서는 그들의 요구를 만족시키기 위해서 교역자들 역시 세속적 관점으로 목회를 하기 쉽다.

한편 작은 규모의 교회일수록 성도들이나 교역자가 잘못된 동기를 가질 가능성이 상대적으로 줄어든다. 왜냐하면 작은 교회에 출석함으로써 얻게 될 세속적 이익이 거의 없으며 오히려 많은 수고에 동참하게 되는 경우가 많기 때문이다. 그래서 필자는 작은 규모의 교회가 좋다.

잘못된 목적으로 교회에 출석하는 사람들과, 잘못된 방법으로 성도들을 인도하는 교역자들이 만약 있다고 가정하면 이들은 지혜롭지 못한 분들이다. 이 세상에서 교회 출석으로 시간과 돈을 낭비하고, 잘못된 삶의 태도로 인해 자신의 가치관을 손상시키며, 궁극적으로 하늘나라에서의 상급마저도 놓쳐 버리게 되어 결국 세상의 것들과 하늘나라의 것들을 동시에 놓치기 때문이다. 정교하게 움직이는 우주와 그 안에 있는 생명체들을 창조하신 하나님은 사람들의 속임에 넘어가는 분이 아니다(갈 6:7). 그러므로 영적인 모습으로 포장되어 있으나 세상의 이익을 추구하는 삶은 하늘나라에서 헤아려지지 못할 것이다.

교회 공동체의 목적은 성도 안에서 사랑과 선행의 교제를 나누는 것이다(히 10:24~25). 서로 낮아지고 서로 섬기며 모두가 그리스도의 형상을 이루도록 세워주는 곳이다. 교회는 세상적 이권을 얻기 위한 목적으로 모이거나, 서로 높아지려고 하거나, 재물을 축적하는 곳이 아니다.

> "그가 어떤 사람은 사도로, 어떤 사람은 선지자로, 어떤 사람은 복음 전하는 자로, 어떤 사람은 목사와 교사로 삼으셨으니 이는 성도를 온전하게 하여 봉사의 일을 하게 하며 그리스도의 몸을 세우려 하심이라 우리가 다 하나님의 아들을 믿는 것과 아는 일에 하나가 되어 온전한 사람을 이루어 그리스도의 장성한 분량이 충만한 데까지 이르리니"(엡 4:11~13).

영적이고 경건한 올바른 교회 공동체에서 함께하는 것은 참으로 기쁘고 감사한 일이다. 서로 아름다운 사랑을 나누며, 서로 격려하며, 서로 살피며, 서로를 낮추며, 서로 먼저 섬기는 삶은 초대 교회의 아름다운 모습과도 같다. 세속적인 교회에서는 돈과 권력이 있는 사람이 큰소리를 칠 수 있을지 모르겠으나, 영적인 교회 안에서는 세상의 권세와 재력이 통하지 않는다는 것이 큰 매력이다. 한국을 변화시키고 세계를 변화시키는 교회는 어디인가? 그것은 반드시 교회의 규모에 비례하는 것은 아니다. 수십만 명이 모이는 교회라 해도 하나님의 걱정거리가 될 수 있으며, 시골 동네의 작은 교회라 할지라도 하늘나라의 찬송이 되는 교회일 수 있다. 하나님은 외모가 아니라 중심을 보고 판단하시는 분이다.

"여호와께서 사무엘에게 이르시되 그의 용모와 키를 보지 말라 내가 이미 그를 버렸노라 내가 보는 것은 사람과 같지 아니하니 사람은 외모를 보거니와 나 여호와는 중심을 보느니라 하시더라"(삼상 16:7).

지구 생명 공동체

I부에서 설명하였듯이, 하나님께서는 태양광, 물, 산소, 이산화탄소 등 네 가지의 플랫폼 상에 동물과 식물 생명체를 창조하셨다. 또한 하나님께서는 하나님의 형상을 따라 인간을 창조하셨으며 자연 만물을 다스리는 역할을 부여하셨다(창 1:28). 이러한 지구 생명 공동체는 매우 아름답고 견고하며, 조화롭게 수천 년을 유지해 왔다.

하나님을 대신하여 인간이 자연을 다스린다는 것은 자연에 존재하는 생명체들을 착취하고 함부로 대한다는 의미가 아니다. 동물과 식물 생명체들을 살피고, 건강한 생명성을 유지하게 하고, 자연의 모든 환경을 지켜나가는 것을 의미한다. 그러나 인간은 하나님께서 부여하신 임무를 망각하고 인간 중심의 이기주의, 탐욕, 물신주의(物神主義), 과학 만능주의에 빠져 지구상에 존재하는 동식물 생명체를 인간을 위한 먹잇감으로 여기고, 자연 환경을 조작하거나 착취하는 대상으로 보게 되어 결국 지구 생명 공동체는 무너지고 많은 생명체가 살기에 부적절한 환경이 되어 버렸다. 인간의 욕심과 불순종으로 인하여 지구 생태계의 위기는 돌이킬 수 없이 위험한 국면으로 치닫고 있으며, 그 여파는 인간에게 무섭게 돌아오고 있다.[13, 14]

지구 생명 공동체의 파괴 문제는 단순히 환경 캠페인, 기후 변화 협약 제정, 환경 복원 등의 조치로 해결될 수 없다. 무엇보다 하나님 중심의 세계관 회복이 필요하다. 자연 생태계는 하나님의 창조의 작품이다. 자연 생태계는 나의 욕심을 채우는 대상이 아니며, 내가 선한 청지기로서 하나님을 대신하여 선하게 관리해야 할 대상이다. 이러한 실천을 통하여 인간과 지구 생명 공동체는 진정한 샬롬의 삶을 살 수 있게 된다. 이와 관련된 자세한 내용은 다음 장에서 구체적으로 다루기로 한다.

---

[13] 조용훈, "생태위기와 환경 선교", 《신자유주의 시대 평화와 생명 선교》(동연, 2008).
[14] 대한예수교장로회총회 생명살리기운동10년위원회, 《생명을 살리는 교회》(한국장로교출판사, 2011).

지구 생명 공동체의 청지기

몇 년 전부터 웰빙(well-being, 참살이)이라는 사회 문화적 키워드가 유행하고 있다. 우리나라에서 널리 사용되는 이 단어는 영미권에서 공공 복지의 개념으로 사용되는 것과는 다소 다르며, 잘 먹고 잘살자는 것이 주된 내용이다. 웰빙이라는 개념이 주목받게 된 배경에는 소득 수준의 향상과 산업 사회의 삶에서 발생하는 스트레스의 해소라는 측면이 있다. 국민 소득이 향상되어 의식주의 기본 문제들이 해결되면서 사람들은 '더 잘 먹고, 더 잘사는 방법'에 관심을 많이 갖게 되었다. 몸에 이롭다는 웰빙 푸드, 인체 공학 및 환경적 관점으로 건설한 웰빙 주택, 사람들이 쉬기 좋다는 웰빙 여행지 등 다양한 웰빙의 주제들이 있다.

필자는 이 책을 쓰면서 웰빙이라는 단어로부터 어떤 영적 의미를 끌어낼 수 있다는 생각이 들었다. 하나님께서 창조하신 목적에 맞게끔 살아가는 것(하나님이 원하시는 자리에서, 하나님께서 부여하신 임무를 잘 수행하는 상태)을 웰빙이라고 표현할 수 있다고 본다. 인간과 자연이 영적 웰빙 상태에 있다는 것은 어떻게 정의할 수 있을까? '하나님의 영광을 위하여 모든 피조물이 더불어 살아가는 지구 생명 공동체 – 창조의 목적과 상태'를 이루는 것이다.

특히 인간의 책임은 하나님께서 창조하신 자연 만물을 하나님의 뜻 가운데 선한 청지기같이 잘 다스리고, 사람들을 사랑하고, 하나님을 경외하는 것이며, 이 상태가 인간이 하나님 앞에서 '잘 존재하는 것'(well-being)이라고 할 수 있다. 지구 생명 공동체를 구성하는 것은 나와 이웃과 자연이다. 내가 이웃을 돌아보고 자연을 보살피려는 삶의 목표와 방법을 통하여 나는 영적 웰빙의 삶을 실천할 수 있다.

본 장에서는 내가 어떻게 이웃을 돌아볼 것인가, 지구 생명 공동체를 어떻게 살릴 것인지 그 생각들을 실천적 관점에서 전개하고자 한다.

(1) 사람을 돌아봄

사람의 가치

사람은 생물학적으로 체중 50~70kg 정도의 지능이 뛰어난 동물이다. 그런데 사람이 다른 동물과 전혀 다른 것은 하나님의 형상을 따라 지음 받았다는 것이다. 사람은 하나님을 닮아 선과 악을 분변

한다. 선한 일을 행함으로 기쁨을 누리고, 악한 일을 할 때 양심의 가책을 받는다. 사람은 하나님께 기도하고, 하나님의 뜻을 헤아리며, 하나님과 동행하며, 하나님과 동역할 수 있는 존재이다(창 5:24; 행 13:22). 이 세상에서 아무리 지능이 뛰어난 침팬지라 해도 하나님과 동행할 수는 없다.

또한 사람은 하나님과 마찬가지로 영원히 존재한다. 비록 이 세상에서의 수명은 70~80년으로 제한되어 있으나 죽음 이후에 각 사람의 영은 영생의 부활로 또는 영벌의 부활로 살아나서 영원히 존재한다. 즉 나와 내 이웃의 생명은 결코 사라지지 않는 것이다. 그러나 침팬지와 개는 이 세상에서 생명을 다하면 우주 속에서 사라지며 부활은 없다.

"선한 일을 행한 자는 생명의 부활로, 악한 일을 행한 자는 심판의 부활로 나오리라"(요 5:29).

그러므로 한 사람의 가치는 이루 말할 수 없이 귀하다. 하나님이 존귀하고 우주가 장엄하듯이 한 사람의 가치는 지극히 귀하다. 하나님의 형상을 따라 창조된 하나님의 분신과도 같기 때문이다. 현대 자본주의 시장 경제에서 가장 위험하고 우려스러운 것은 인간을 도구화, 상품화하는 발상이다. 특히 신자유주의적 패러다임에서는 모든 것들을 상품과 가격의 문제로, 투자와 이윤의 문제로 설명하기 때문에 인간 역시 상품을 제조하는 도구라고 바라보는 문제점이 도사리고 있다. 사람들이 자기의 '몸값'에 따라 이에 상응하는 대접을 받게 되는 것이다. 하나님의 형상을 따라 지음 받은 사람의 몸값은 결코 세상의 화폐 단위로 정해 줄 수 있는 것이 아니다. 모든 사람은 똑같이 가치로우며 지구상에 무시되거나 따돌려도 될 사람은 단 한 명도 없다.

천지의 창조주이시요 주관자 되신 하나님께서는 사람을 매우 귀하게 여기셨음을 성경을 통해 확인할 수 있다. 성경은 사람의 이야기로 가득하다. 세상의 역사책은 대부분 사건 위주로 기록된 반면, 성경은 사람에 관한 이야기이다. 하나님께서 사람들을 사랑하시고, 사람을 찾으시고, 사람을 훈계하시고, 사람을 인도하시는 내용이다. 하나님이 돌아보시는 사람들은 왕, 어부, 과부, 세리, 선지자, 백부장, 어린이 등 각계각층을 망라한다. 어느 누구도 하나님의 사랑과 관심에서 벗어난 사람은 없다. 하나님께서 그의 독생자 예수 그리스도를 이 땅에 보내 주신 것은 사람에 대한 하나님의 관심과 사랑을 확실하게 보여준다(요 3:16).

예수님께서도 이 땅에 계시는 동안 굶주린 자에게 먹을 양식을 주셨고, 병에 걸린 자들을 고치셨다. 슬픔당한 자를 위로하셨고, 어린아이들과 즐겁게 함께하셨다. 복음을 통해 가장 귀한 영생을 주고자 하셨으며, 지혜를 구하는 자를 훈계로 가르치셨다. 예수님의 삶에서 주목할 것은 종으로 섬기시는 방식으로 사람들을 도우셨다는 점이다. 구름 위에 날아다니시면서 먹을 것을 지상으로 투하 하거나, 왕으로서 구호 식량 배분에 관한 결재 서류에 서명하는 방식이 아니었다.

예수 그리스도의 삶의 본

예수님의 탄생 장소가 말구유였던 것은 참으로 인상적이며, 그가 이 땅에서 행하실 섬김과 희생의 예표이다.

> "맏아들을 낳아 강보로 싸서 구유에 뉘었으니 이는 사관에 있을 곳이 없음이러라"(눅 2:7).

누가복음의 기록자는 여관이 만실(滿室)이 되고 상황이 급박한 나머지 말구유에서 나셨다는 뉘앙스로 기록하고 있다. 그런데 이사야를 비롯한 구약의 선지자들은 이미 수백 년 전부터 예수님의 탄생을 예언한 바 있다.

> "보라 처녀가 잉태하여 아들을 낳을 것이요 그 이름을 임마누엘이라 하리라"(사 7:14).

> "베들레헴 에브라다야 너는 유다 족속 중에 작을지라도 이스라엘을 다스릴 자가 네게서 내게로 나올 것이라 그의 근본은 상고에, 태초에니라"(미 5:2).

우주의 주인이신 하나님의 능력이 부족하여, 천사들의 준비가 부족하여 베들레헴 동네 여관들의 방이 다 찬 것일까? 하나님은 예수님을 위하여 수천 개의 방을 준비하실 수도 있었으며, 왕궁에서 출생하시도록 할 수도 있었다. 그러나 하나님께서는 그의 독생자로 하여금 베들레헴의 따뜻한 여관 방이 아닌 추운 말구유에서 조용히 태어나게 하셨다. 나팔을 불면서 자기를 드러내는 사람들의 선행과 얼마나 비교되는 모습인가!

예수님은 이 땅에서 왕이나 권력자가 아닌 가난하고 궁핍한 삶을 사셨다. 고급 마차를 타고 다니시지 않고 제자들과 함께 피곤한 걸음으로 마을을 다니셨다. 세리의 집에 가셨고, 사람들의 결혼식장에 참석하기도 하셨다. 이방 여인과 우물가에서 진지한 대화를 나누셨으며, 어린이들과 즐거운 한때를 보내시기도 했다.

"예수께서 가라사대 여우도 굴이 있고 공중의 새도 집이 있으되 인자는 머리 둘 곳이 없도다 하시고"(눅 9:58).

"예수께서 마태의 집에서 앉아 음식을 잡수실 때에 많은 세리와 죄인들이 와서 예수와 그 제자들과 함께 앉았더니 바리새인들이 보고 그 제자들에게 이르되 어찌하여 너희 선생은 세리와 죄인들과 함께 잡수시느냐"(마 9:10~11).

"사마리아 여자가 가로되 당신은 유대인으로서 어찌하여 사마리아 여자 나에게 물을 달라 하나이까 하니 이는 유대인이 사마리아인과 상종치 아니함이러라"(요 4:9).

"예수께서 그 어린아이들을 불러 가까이하시고 이르시되 어린아이들이 내게 오는 것을 용납하고 금하지 말라 하나님의 나라가 이런 자의 것이니라"(눅 18:16).

왜 예수님께서 왕이나 권세자로 이 땅에 오시지 않았을까? 더 많은 사람들을 보듬고 더 많은 사람들이 그 앞으로 나아오게 하시려는 하나님의 사랑이요 지혜이다. 만약 예수님이 왕이나 부자로 이 세상에서 지내셨다면, 오늘날 가난하고 힘없는 사람들이 어려움을 당할 때 예수님의 이름을 부르기 어려웠을 것이다. 내가 이 세상에서 권력과 재물을 갖지 못했다고 해서 실망할 필요가 없다. 오히려 예수님의 삶과 같이 더 많은 사람들을 위로하고 섬겨 나갈 수 있다.

"우리에게 있는 대제사장은 우리 연약함을 체휼하지 아니하는 자가 아니요 모든 일에 우리와 한결같이 시험을 받은 자로되 죄는 없으시니라 그러므로 우리가 긍휼하심을 받고 때를 따라 돕는 은혜를 얻기 위하여 은혜의 보좌 앞에 담대히 나아갈 것이니라"(히 4:15~16).

예수님은 사람들을 긍휼히 여기셨다. 그들의 배고픔과 병든 것을 애통해 하셨다. 이웃 사랑에 대한 세미나를 개최하거나 교육 자료를 만드신 것이 아니라 친히 행함으로 도움을 주셨다.

"예수께서 나오사 큰 무리를 보시고 불쌍히 여기사 그중에 있는 병인을 고쳐 주시니라"(마 14:14).

"무리를 보시고 민망히 여기시니 이는 저희가 목자 없는 양과 같이 고생하며 유리함이라"(마 9:36).

예수님은 하나님의 뜻에 굴복하는 삶을 사셨다. 무엇보다 하나님께서 이 세상에 자신을 보내신 목적을 알고 그에 순종하셨다.

"예수께서 제자들을 불러다가 가라사대 이방인의 집권자들이 저희를 임의로 주관하고 그 대인들이 저희에게 권세를 부리는 줄을 너희가 알거니와……인자가 온 것은 섬김을 받으려 함이 아니라 도리어 섬기려 하고 자기 목숨을 많은 사람의 대속물로 주려 함이니라"(마 20:25, 28).

"인자의 온 것은 잃어버린 자를 찾아 구원하려 함이니라"(눅 19:10).

"아버지께서 내게 하라고 주신 일을 내가 이루어 아버지를 이 세상에서 영화롭게 하였사오니"(요 17:4).

예수님은 십자가의 형벌을 순종함으로 받으셨으며, 이를 통해 온 인류의 죄를 대신 담당하시고 우리로 하여금 은혜로 구원을 얻도록 하셨다. 그 과정은 너무나도 처절하고 고통스러웠다. 채찍에 맞고, 침뱉음을 당하며, 흉악한 죄인 바라바보다도 못한 취급을 받으셨다. 그리고 예수님이 십자가에 달리시는 마지막 순간 그 좌우편에는 가장 저질적인 흉악 죄인 둘이 함께하였다. 예수 그리스도의 삶은 추운 겨울 밤 말구유에서 시작되어 치욕스러운 십자가의 형벌로 마감되었다. 가장 비천하고 가장 낮은 모습으로 이 땅에서 섬기셨다. 이러한 그리스도의 분명한 본으로 말미암아 교회 공동체 안에서도 가장 낮은 자리에서 땀 흘려 수고하고 섬기는 사람이 그리스도를 닮은 사람이며 주님 오실 때 칭찬받게 될 것이다.

교회 역시 가장 낮은 곳에서 가장 겸손한 모습으로 이 사회를 섬겨야 한다. 최고급 대리석으로 화려하게 꾸며진 오늘날의 교회의 모습은 마굿간에서 탄생하시고 가장 낮은 모습으로 살아 가셨던 예수님의 모습과는 왠지 어울리지 못하는 느낌으로 다가온다.

"대제사장들과 장로들이 무리를 권하여 바라바를 달라 하게 하고 예수를 멸하자 하였더니 총독이 대답하여 가로되 둘 중에 누구를 너희에게 놓아 주기를 원하느냐 가로되 바라바로소이다"(마 27:20~21).

"이 때에 예수와 함께 강도 둘이 십자가에 못 박히니 하나는 우편에, 하나는 좌편에 있더라"(마 27:38).

사도 바울은 이러한 예수님의 사랑과 섬김과 희생을 깨닫고 그리스도의 형상을 본받아 자신의 모든 것을 드리는 사도의 삶을 살았다. 또한 지난 2,000년간 수많은 선교사들이 십자가의 사랑 앞에 눈물을 흘리고, 복음 사역을 위해 수고하며 순교에 이르기까지 헌신하였다.

> "그리스도의 사랑이 우리를 강권하시는도다 우리가 생각건대 한 사람이 모든 사람을 대신하여 죽었은즉 모든 사람이 죽은 것이라 저가 모든 사람을 대신하여 죽으심은 산 자들로 하여금 다시는 저희 자신을 위하여 살지 않고 오직 저희를 대신하여 죽었다가 다시 사신 자를 위하여 살게 하려 함이니라"(고후 5:14~15).

예수 그리스도께서는 이 세상을 떠나시면서 우리들에게 이웃을 돌아보고 섬기는 것은 곧 하나님을 섬기는 것과 동일하다는 것을 가르쳐 주셨다. 이웃에게 선을 베푸는 것은 예수님을 섬기는 것과 같다고 말씀하셨다.

> "내가 진실로 너희에게 이르노니 너희가 여기 내 형제 중에 지극히 작은 자 하나에게 한 것이 곧 내게 한 것이니라 하시고"(마 25:40).

이웃을 향한 우리의 섬김과 나눔은 어떠해야 할까? 예수님은 가장 누추한 곳에서 태어나신 후, 가장 낮은 곳에서 사람들과 함께하셨다. 그들을 긍휼히 여기셨으며, 육신의 모든 필요와 영적 필요를 채우셨다. 이러한 예수님의 삶의 본은 우리의 섬김과 나눔의 명확한 기준이다.

"그러므로 함께 하늘의 부르심을 입은 거룩한 형제들아 우리의 믿는 도리의 사도시며 대제사장이신 예수를 깊이 생각하라"(히 3:1).

만약 예수 그리스도께서 왕으로 이 세상에 오셨다면, 오늘날 교회 안에서 사람들은 서로 왕이 되려고 다투었을 것이다. 그러나 하나님께서는 그리스도의 사랑과 헌신을 통해 우리들이 하나님과 사람들을 위해 헌신하는 삶을 살도록 하셨다. 희생과 헌신이 사람을 움직이게 할 수 있다. 헌신 없이는 헌신하게 할 수 없고, 희생하지 않고는 희생하게 할 수 없으며, 사랑 없이는 사랑하게 할 수 없다. 내가 이 세상에서 희생과 손해의 대가를 지불하지 않는다면 다른 사람들로 하여금 이 세상과 복음을 위해 희생하게 도울 수 없다.

나눔의 가치

사람을 돌아보고 섬기는 것은 참으로 귀한 일이다. 첫째는 하나님의 형상을 따라 지음 받은 사람의 가치 때문이며, 사람을 향한 하나님의 관심과 사랑 때문에 그러하다. 또한 사람을 돕는 것은 나에게 큰 축복이 된다. 과학자로서 〈사이언스〉나 〈네이처〉 등의 유명한 저널에 논문을 게재하는 것은 영예스러운 일이다. 넓은 평수의 아파트와 대형 차를 누리는 것도 기분 좋은 일이다. 친한 지인들과 테니스를 하거나 등산을 같이하는 것도 큰 즐거움이다. 이처럼 우리 생활에 기쁨이 되는 일들이 많이 있다. 그런데 가장 기쁘고 보람 있는 것은 무엇보다 사람을 돕고 세우는 일이다.

이 세상의 모든 것들(자동차, 주택, 과학과 기술 등)은 영원하지 못하여 세월이 흐르면 다 사라질 것들이다. 사람은 영원하며, 하나님의 형상을 따라 지음 받은 존재이다. 그러므로 사람을 돕고 세워주는 것은 가장 가치롭고 영리한 삶이다.

　　"주린 자에게 네 심정이 동하며 괴로워하는 자의 심정을 만족하게 하면 네 빛이 흑암 중에서 떠올라 네 어둠이 낮과 같이 될 것이며 여호와가 너를 항상 인도하여 메마른 곳에서도 네 영혼을 만족하게 하며 네 뼈를 견고하게 하리니 너는 물 댄 동산 같겠고 물이 끊어지지 아니하는 샘 같을 것이라 네게서 날 자들이 오래 황폐된 곳들을 다시 세울 것이며 너는 역대의 파괴된 기초를 쌓으리니 너를 일컬어 무너진 데를 보수하는 자라 할 것이며 길을 수축하여 거할 곳이 되게 하는 자라 하리라"(사 58:10~12).

　가장 삶의 질(수준)이 뛰어난 사람은 누구일까? 많은 재산을 가진 사람, 정치 권력자, 세계적 석학일까? 사람들을 돕고 세우는 사람들이라고 생각된다. 비록 외적으로 화려하지는 않더라도 이웃을 생각하고 이웃을 살피고 이웃을 돕는 사람은 가장 질적으로 뛰어난 인생을 살고 있다. 왜냐하면 그들의 마음에는 이 세상에서 가장 귀한 사랑이 담겨 있기 때문이다. 의류나 액세서리에 명품이 있듯이 인생에도 명품이 있다면 그것은 다른 사람들을 돕고 세워주는 인생이라 할 것이다.

　나의 일생 전체를 통해 열 명에게 깊은 감동을 주고 그들의 삶이 진리와 생명을 향할 수 있도록 도와주었다면 나의 삶은 성공적이라고 할 수 있으며 기쁜 마음으로 이 세상을 떠날 수 있을 것이다. 수천 명을 호령하는 권세자나 수백억의 재산을 가진 자산가라 해도 단 한 명에게조차 올바른 영향력과 감동을 주지 못하고 오히려 많은 사람들을 괴롭힌 후 이 세상을 떠날 수도 있다. 필자의 삶에 큰 영향력을 주었던 분들은 직장의 상사, 교회의 선후배, 교회 목사님 등 다양한데, 그분들의 공통점은 사람들에게 애착을 가지고 살았고 삶의 실천적 본이 뚜렷한 분들이었다.

필자는 근무하고 있는 대학에는 총장, 교무처장, 학생처장 등의 보직자들과 평교수들이 있다. 총장의 역할도 중요하겠지만 이에 못지않게 학생들과 만나 그들과 함께 호흡할 수 있는 평교수들의 역할 역시 중요하다는 생각이 든다. 필자의 경우 퇴직하는 그날까지 가능한 한 보직을 피하고 학생들과 자주 만날 수 있는 평교수의 신분으로 살아갈 수 있기를 희망하고 있다.

학생들의 최대 관심사는 취업이다. 그러므로 수업, 개인 면담, 취업 동아리 활동 등을 통해 학생들의 앞길에 대해 같이 고민하고, 같이 준비하는 것이 학생들에게 가장 도움이 되는 일이다. 수업 시간과 동아리 활동을 통해 학생들이 밝은 미래를 위해 준비해야 할 것들을 설명하였을 때 학생들이 호응해 주고, 그 이후 꾸준하게 실천적 행동으로 반응을 보일 때 그 무엇보다 보람을 느끼게 된다. 학생들을 몇몇 기업체에 추천하여 취업이 결정되었을 때 큰 기쁨을 누린다.

학생들과 면담하면서 영어 공부와 취업 전략에 대한 방향 제시를 했을 때 학생들이 따라서 해보겠노라고 결심하면 참 기쁘고 감사하다. 학생들이 마음을 열고 그들의 삶의 고민들을 가지고 찾아올 때 그들과 함께 미래를 설계하는 시간은 가장 긴장되고 보람을 느끼는 순간이다. 수업 시간은 항상 기대가 된다. 초롱초롱한 눈으로 앉아 있는 50명의 학생들은 나에게 귀한 보물덩어리와도 같다. 이들을 잘 도와준다면 이들의 삶을 통해 얼마나 아름다운 열매가 맺힐지 상상해 보면서 항상 기대가 된다.

지방대 학생들은 자신감이 부족한 경우가 많다. 수도권 대학이 아닌 지방 소재 대학에 진학한 그들은 이 세상의 주류가 아닌 변방의 인생처럼 느낄 수 있다. 그러나 학력이 부족하다는 것은 그의 여러 가지 능력 중 한 가지가 부족하다는 의미에 불과하며, 그의 인격과 장래 가능성이 결여되었다는 것은 결코 아니다. 긍정적인 생각을 가지고 자신의 장점을 최대한 계발하면 얼마든지 훌륭한 인재가 되어 이 사회에 기여할 수 있다. 아인슈타인은 특허청 말단 공무원의 신분에서부터 노벨 물리학상을 받는 데 이르렀으며, 노무현은 고교 졸업의 학력으로 대한민국 대통령에 이르렀다.

필자가 속한 학과 학생들 중에서 뛰어난 집중력과 창의성을 발휘하여 대기업에 취업한 후 성공적으로 직장 생활을 하고 있는 경우도 많으며, 메이저 대학의 석박사 과정을 진학하거나 미국 주립대 대학원 과정으로 진학한 경우도 있었다. 수업 시간에 이 점을 자주 말하곤 한다. "황금만능주의의 이 시대는 여러분을 등급화하고 있으나 그것에 속지 말라. 자신의 장점을 살리고 자신에게 맞는 전략을 가지고 지금부터 차근차근 준비하면 된다. 여러분은 서울대

학생, 하버드 대 학생과 똑같이 무한한 가능성을 가진 학생들이다"라고 자주 말하곤 한다.

학생들에게 가장 필요한 것은 함께하는 것이다. 함께 고민하고, 시간을 함께하며, 함께 작업하는 것이다. 잘못을 책망하거나 가야 할 길을 훈계하는 것보다 훨씬 더 중요한 것은 올바른 길로 한 걸음, 한 걸음씩 같이 걸어가 주는 것이다. 수업 시간에 취업 준비를 철저히 하라는 훈계의 말보다 더 중요한 것은 취업 동아리 방에서 학생들과 함께 짜장면을 같이 먹으며, 그들의 삶과 생각을 들으며, 마이크로로봇 제작을 위한 경비를 지원해 주는 것이다.

필자는 대학 총장이 되어 역사책에 남는 인생을 선택하기보다, 학생들과 함께 걸어가며 그들의 마음에 흔적을 남기는 인생을 살고 싶다. 사람을 마음에 담고 살아가는 인생을 살고 싶다. 나의 모든 삶의 자원들을 사람들에게 나눠주는 삶을 살고 싶다. 사람이 이 세상의 무엇보다 가장 귀하기 때문에 사람을 세워주는 것이 가장 영리한 인생을 사는 것이라고 믿는다.

나눔의 실천

초강대국 미국의 힘과 저력은 어디에서 나오는 것일까? 막강한 군사력이나 탄탄한 기초과학에 있는가? 미국 사회의 특징 중의 하나는 약자에 대한 배려가 있다는 것이다. 어린이, 여성, 사회적 약자들을 보호하고 배려하는 문화가 있다. 아이들이 탄 스쿨버스가 도로에서 아이들을 승하차시키기 위해 정차하면 앞뒤에 따르던 일반차량들은 모두 일시 정차한다. 옆 차선의 차량들뿐 아니라 반대 차선의 차량들도 모두 정차하도록 되어 있다.

　사회 각 영역별로 사회적 약자를 배려하는 인사 정책(affirmative action)을 가지고 있는데, 인구 구성비에 해당하는 여성, 흑인, 소수 민족의 취업을 보장한다는 것이다. 예컨대 특정 주의 흑인의 비율이 20%라면, 전체 공무원 중에 20%는 흑인으로 충원한다는 것이다. 미국의 대학들도 소수 집단을 입학 사정에서 배려하는 체제(minority quota system)를 가지고 있다.

　미국 사회의 또 다른 힘은 기부 문화이다. 전체 미국인의 98%가 어떤 형태이든 기부에 참여하고 있고, 소액 기부자의 기부 금액은 전체의 80% 정도이며, 평균 금액은 연평균 150만 원 정도라고 한다. 또한 대기업과 재벌에 의한 기부 문화도 매우 활성화되어 있다. 기업들의 기부는 일반화되어 있으며, 월마트, 듀폰, 보잉과 같은 대기업들의 기부금은 매년 수백억에서 수천억 원에 달한다. 재산가들은 회사 돈이 아닌 사재를 털어 기부에 참여하고 있다. 미국 재력가들의 기부 문화의 시작에는 카네기, 록펠러, 포드처럼 자신의 전 재산을 사회에 환원하고 공익 활동에 앞장선 훌륭한 모델이 있었다. 자신의 이익만이 아니라 사회 전체의 이익을 생각하고 헌신하는 모습을 행동으로 보여주었다. 이런 아름다운 모습이 빌 게이츠, 워런 버핏 등에게 이어지고, 또다시 실리콘밸리에서 성공한 젊은 벤처

---

[15] 빌 게이츠 등이 주도하는 기부 서약 운동의 진행 상황은 http://www.thegivingpledge.org 에서 확인할 수 있다.

기업가들에게 연결되고 있다. 기부 문화는 건강한 미국 사회를 만들어 가는 큰 저력이다.

최근 빌 게이츠와 워런 버핏 등이 중심이 되어 사회로부터 축적한 부를 기부를 통해 사회로 환원하는 운동이 활발하게 펼쳐지고 있다. 기부 서약(the giving pledge) 홈페이지를 통해 본인의 재산 기부 의사를 밝히는 서한을 공개함으로써, 자신과 후손들도 이러한 약속을 준수할 수 있도록 하고 있다.[15]

빌 게이츠는 현재까지 약 400억 달러(50조 원)의 기부를 실천했으며, 향후 남은 재산의 99.9%를 기부하고 3명의 자녀를 위해서는 0.1%의 금액만을 남길 것으로 알려지고 있다. 자녀와 관련하여 그는 "부모가 얻은 많은 부를 자녀들이 갖게 되는 것은 그들(자녀)에게 결국 유익이 되지 않는다. 자녀들이 자신들의 길을 스스로 찾아가도록 하는 것이 자녀들에게 더 유익하다"라고 말하고 있다.

한편, 빌 게이츠는 저개발국에서 말라리아 등으로 죽어가는 생명을 구하기 위하여 저개발국 백신 사업을 위해 상당한 액수를 기부하고 있다. 이 사업을 통해 이미 100만 명 이상이 목숨을 구했으며, 2020년까지 1,000만 명 이상의 생명을 구할 것으로 예상하고 있다. 미국 대통령도 하지 못하는 일을 빌 게이츠의 마음에 심어진 봉사의 정신이 이루어 내고 있다. 마이크로소프트 윈도우즈 제품을 사용할 때 왠지 기분이 좋은, 것은 내가 빌 게이츠의 나눔에 일부나마 동참하고 있다는 생각 때문이다.

워런 버핏은 현재 300억 달러에 달하는 기부를 실천하고 있으며, 남은 재산의 99%를 사회에 환원할 것을 약속하고 있다. 기부와 상속에 관해 버핏은 "내가 보유한 재산의 1% 이상을 사용한다고 해도 내 삶의 질과 만족은 더 이상 증가하지 않는다. 하지만 나의 재산의 99%를 사회에 환원한다면 다른 사람들의 건강과 행복에 큰 기여를 할 수 있다. 또한 기업의 가족 승계는 정당하지 않은 반사회적 행동이며, 일하지 않고 살아갈 수 있다는 생각을 주게 되어 결국 자녀들에게도 해롭다"라는 말로 기부가 왜 필요한지를 설명해 주고 있다.

60억 달러라는 재산의 대부분을 기부하기로 한 미국의 재벌가 엘리 브로드의 서약 편지 중 다음 내용은 나눔의 가치를 심오하게 표현한다. "누군가는 이를 기회, 다른 누군가는 이를 책임이라 하지만, 우리는 특권이라 생각한다."

나눔은 그 혜택을 받는 사람에게 축복이지만, 나누는 사람 자신에게 큰 축복이요 혜택이다. 사람은 하나님의 형상을 닮은 존재이기에 기름진 음식을 먹고 넓은 집에서 생활한다고 해서 만족할 수 있는 존재가 아니며, 하나님의 뜻을 따라 의롭고 올바른 일에 참여함으로써 행복을 누릴 수 있는 존재이다.

우리나라의 경우는 국민 1인당 연평균 기부금은 1만원 정도에 불과하여 미국과 비교할 때 1/100 정도의 수준이다. 특히 부자들과 대기업의 기부는 부족해 보인다. 대기업과 재벌 총수들이 국가와 사회의 도움에 의해 거둬들인 부의 일부를 사회에 환원하는 노력은 매우 부족한 반면, 축적한 부를 자식에게 고스란히 물려주어 재벌 2세, 재벌 3세라는 말이 생겨난다.

버핏의 말처럼 수천억 원의 재산을 가지고 있다 해도 자신이 쓸 수 있는 한계는 1%도 되지 못한다. 그런데도 거대한 부를 전부 움켜쥐려는 것은 왜 그럴까? 아마도 잘못된 명예 의식과 관련 있는 것 같다. 재산을 2,000억 원 가진 사람보다 3,000억 원 가진 사람이 1.5배 더 권위 있다고 생각하는 것은 아닌지 모르겠다. 그런데 진정한 명예와 권위는 나눔, 봉사, 희생의 삶으로 부여 받는 것이다. 많은 재물을 버는 것보다 중요한 것은 그것을 어떻게 사용하는가 하는 것이다. 내가 많은 재물, 권세, 재능을 가졌다면 이런 것들은 나의 허영심을 채우는 도구가 될 수도 있고, 다른 사람들을 위로하고 봉사하는 수단이 될 수도 있다. 내가 가진 것이 많다면 이것을 가지고 어떠한 방법으로 하나님과 사람들에게 의미 있는 삶을 실천할 것인가 하는 고민이 필요하다.

더불어 사는 세상

원양어업과 유통으로 연매출 1조원 이상을 내고 있는 인터불고 그룹의 권영호 회장은 국산 경차를 손수 운전하며 15평 정도의 주택에서 생활한다고 한다. 대기업 회장으로서 왜 경차를 타고 다니는지 사람들이 물었을 때 그는 이렇게 답했다.

"우리 그룹의 수천 명의 직원들 중에 많은 사람들이 경제적인 어려움을 느끼고 있으며 더 많은 급여를 원하고 있을 것입니다. 전 직원을 책임지고 돌아보아야 할 아버지로서 내가 호화로운 생활을 한다면 그것은 직원들의 사기를 꺾는 일이 될 것입니다. 우리나라는 자유민주주의 국가로서 자신이 노력하여 축적한 부를 마음껏 누릴 자유가 있습니다. 이것이 우리나라의 큰 장점이고 경쟁력입니다. 그러나 어려운 형편에 있는 이웃을 돌아보고 배려하는 선한 마음을 갖는다면 더 밝은 세상을 만들 수 있을 것입니다."

신자유주의적 무한 경쟁의 패러다임만으로는 밝고 아름다운 세상을 만들 수 없다. 사람은 기계가 아니며 동물과는 다른 영적인 존재이므로 많은 재물을 소유한다고 해서 행복한 삶을 살 수 있는 것이 아니다. 서로에 대한 배려와 나눔을 통하여 주는 사람과 받는 사람 모두가 밝고 행복하게 살 수 있다. 작은 나눔을 통해 인생의 의미는 크게 새롭게 된다. 만약 이웃을 위해 연수입의 1%를 나눈다면 그 삶의 행복은 50% 이상 증가할 것이다. 만약 나눔을 위해 연수입의 10% 이상을 사용한다면 그 인생의 차원은 완전히 달라질 것이다.

공평과 정의

하나님은 공평하고 정의로우신 분이다. 하나님께서는 선지자들을 통하여 공의와 정의를 선포하셨으며, 이 땅 위에서 사람들이 서로를 돕고 의와 평화의 열매를 맺기 원하신다. 이 땅 위에서 공의는 법이라는 옷을 입고 있다. 그러므로 세상의 법을 지키는 것은 기본적으로 중요하다. 그런데 법을 잘 지켰다고 해서 공의를 충분히 구현했다고 할 수 있을까?

"네 마음을 다하고 목숨을 다하고 뜻을 다하고 힘을 다하여 주 너의 하나님을 사랑하라 하신 것이요 둘째는 이것이니 네 이웃을 네 몸과 같이 사랑하라 하신 것이라 이에서 더 큰 계명이 없느니라"(막 12:30~31).

하나님의 공의는 단지 법과 규정을 지켰다는 것뿐만 아니라 이웃을 사랑하는 마음과 이에 기초한 최선의 나눔이다.

"여호와께서 나단을 다윗에게 보내시니 그가 다윗에게 가서 그에게 이르되 한 성에 두 사람이 있는데 한 사람은 부하고 한 사람은 가난하니 그 부한 사람은 양과 소가 심히 많으나 가난한 사람은 아무것도 없고 자기가 사서 기르는 작은 암양 새끼 한 마리뿐이라 그 암양 새끼는 그와 그의 자식과 함께 자라며 그가 먹는 것을 먹으며 그의 잔으로 마시며 그의 품에 누우므로 그에게는 딸처럼 되었거늘 어떤 행인이 그 부자에게 오매 부자가 자기에게 온 행인을 위하여 자기의 양과 소를 아껴 잡지 아니하고 가난한 사람의 양 새끼를 빼앗아다가 자기에게 온 사람을 위하여 잡았나이다 하니 다윗이 그 사람으로 말미암아 노하여 나단에게 이르되 여호와의 살아 계심을 두고 맹세하노니 이 일을 행한 그 사람은 마땅히 죽을 자라 그가 불쌍히 여기지 아니하고 이런 일을 행하였으니 그 양 새끼를 네 배나 갚아 주어야 하리라 한지라 나단이 다윗에게 이르되 당신이 그 사람이라"(삼하 12:1~7).

다윗은 충성된 장군 우리아의 아내를 탐하여 취하고 이를 무마

하기 위해 우리아를 맹렬한 전쟁에 보내어 죽음을 당하게 하였다. 하나님께서는 이에 대하여 부자가 가난한 자의 양을 빼앗는 것과 같다고 책망하셨으며 그에게 큰 징벌을 내리셨다.

얼마 전 고위 공직자 인사 청문회를 통해 이미 여러 채의 상가를 소유하고 있는 고위 공직자가 개발 예정 지역의 쪽방 주택을 매입한 소식이 전해졌다. 당사자와 관련 정당에서는 노후 대비를 위해 매입한 것으로 불법적 행위는 없었다는 식의 의견이 나왔다. 그것이 '불법'이 아니라 해도 이러한 분이 대한민국의 고위 공직자가 되는 것은 '정의로운 일'인지 묻고 싶다. 비록 법에 어긋남이 없다 하더라도 국민들을 위해 봉사하고 의와 공평을 이끌어야 할 지도자로서 적합한 모습인가? 이처럼 돈과 권력을 위해 정의를 버리는 사람들이 많은 것이 우리 시대의 비극이다.

필자는 부동산 투기, 전업 주식 투자 등이 그다지 좋아 보이지 않는다. 땀 흘려 수고하지 않고 부를 얻으려는 측면이 있고, 이 세상에 가치 있는 것을 창출하는 것이 아니라 남의 주머니의 돈을 내 주머니로 가져오는 제로섬(zero-sum) 게임이기 때문이다. 누군가는 돈을 벌게 되지만 일자리가 창출되는 것도 아니고 산업 전반의 성장에 도움이 되는 것도 아니다. 반면, 농부는 정직하게 수고하고 땀을 흘려서 농토로부터 곡식이라는 가치를 창출한다. 다른 농부의 곡식을 뺏는 것이 아니다.

약자를 돌아보는 것은 하나님의 공의에 부합한다. 하나님께서는 경제적, 사회적, 정치적 약자들을 억압하거나 학대하지 말라고 엄중히 경고하고 계신다.

"너는 이방 나그네를 압제하지 말며 그들을 학대하지 말라 너희도 애굽 땅에서 나그네였음이라 너는 과부나 고아를 해롭게 하지 말라 네가 만일 그들을 해롭게 하므로 그들이 내게 부르짖으면 내가 반드시 그 부르짖음을 들으리라"(출 22:21~23).

다른 사람들의 도움을 절실히 필요로 하는 약자들은 내팽개쳐져 있고, 도움이 필요 없는 강자 주변에는 그들을 돕겠다는 사람들이 우글거리는 것이 이 시대의 슬픈 풍경이다. 강자들은 스스로 잘 생존하고 있다. 도움과 배려를 필요로 하는 사람들은 약자들이다. 그런데 직장과 학교와 군대 등에서 약자들을 배려하기는커녕 집요하게 괴롭히고 모욕적인 대우를 하는가 하면, 심지어 집단 따돌림으로 괴롭히는 모습을 많이 볼 수 있다. 약자들을 괴롭게 함으로 그들이 울부짖어 하나님께서 그 부르짖음을 들으시고 보응하고자 하실 때 누가 감히 그 앞에 설 것인가?

돌아보아야 할 약자들은 누구인가? 가정에서 남편은 아내와 자녀들을 극진히 예우하고 잘 보살펴야 한다. 직장에서는 신입 사원들이 모든 일과 대인 관계가 어려우므로 이들을 세심하게 배려하고 도와주어야 한다. 사회적으로는 가난으로 고통받는 사람들, 노인들, 타국에서 취업 및 결혼 이민을 온 사람들, 장애인들을 보살피고 배려해야 한다. 교회에서는 갓 출석한 신입 교우들에게는 모든 것이 생소하므로 이들에 대한 적극적 사랑과 관심이 필요하다. 군에서는 막 입대하여 모든 것이 어렵고 낯선 신병들에 대한 보호와 배려가 필요하다. 학교에서는 교사(교직원)에 비해 약자의 위치에 있는 학생들을 배려하고 보살펴야 한다.

사실 이상의 모든 내용들은 매우 상식적인 수준의 이야기들이다. 누가 도움을 필요로 하는 사람들이며, 어떤 말과 행동이 상대방에게 도움이 될 것인가를 생각하면 모든 것이 자명하다. 그런데 자신의 사소한 이익을 얻기 위해서, 또는 잘못된 권위 의식으로 인하여 이러한 상식에 벗어나는 행동을 하는 못된 사람들이 많이 있다.

이 시대에 필요한 사람은 사람들을 괴롭게 하는 영웅이 아니라 상처받은 사람들을 보듬고 일으켜주는 선한 사마리아인이다. 어려움으로 고통받는 사람들을 돌아보고 그들을 격려하고 부축해 주는 삶을 통해 가장 고귀한 선행을 실천할 수 있으며 자신의 인생도 의미 있게 된다.

정치 지도자들과 직장 상사들이 주위 사람들을 괴롭히고 고통을 주는 또 다른 이유는 경험과 성공으로 인한 교만이다. 나이가 어리고 성공의 경험이 부족한 상태에서는 대부분의 사람들이 겸손을 유지한다. 그러다 나이가 들고, 직급이 올라가고, 경험이 축적되고, 몇 가지 성공의 경험을 하게 되면 서서히 성공과 경험의 함정에 빠져서 교만하게 되기 쉽다. 대통령으로부터 직장의 과장에 이르기까지 자신의 성공에 도취되어 다른 사람들의 생각과 삶을 살펴보지 않고 독선과 횡포를 부리며 사람들을 괴롭게 하는 경우가 종종 있다. 지도자의 자리에 있는 사람들은 참으로 경성하는 태도가 필요하다. 수많은 성공의 경험이 있다 하더라도 겸손하게 다른 사람들의 의견에 귀 기울이고, 상대방을 배려하며, 어린아이에게서조차 배우고자 하는 진정한 지혜로움이 필요하다.

(2) 생명체를 돌아봄

🌏 지구 생명 공동체를 지키는 청지기

하나님 앞에서 인간의 특성은 세 가지로 나타난다. 첫째는 하나님의 형상을 따라 창조되었다는 것이고, 둘째는 흙으로부터 지음 받았다는 것이며, 셋째는 자연을 다스리는 임무를 부여 받았다는 것이다.

하나님의 형상대로 지음 받았다는 것은 하나님의 뜻을 헤아릴 수 있는 영성, 지혜, 선한 양심, 자연 만물을 이해하는 능력 등을 지녔다는 의미가 될 것이다. 하나님께서는 이러한 능력을 인간에게 주신 후 자연 만물을 다스리는 임무를 부여하셨다. 자연을 다스린다는 것은 마음대로 착취하거나 학대하는 것이 아니고 하나님의 뜻을 따라 선하고 지혜롭게 자연을 관리한다는 의미이다. 또한 인간이 흙으로 창조되었다는 사실은 어떤 의미가 있을까? 인간은 흙으로 지어져 흙으로 돌아가는 존재, 즉 지구 생명 공동체의 일부분이라는 것이다. 인간은 지구 생명 공동체를 다스리는 영적 존재임과 동시에 지구 생명 공동체를 구성하는 요소이다. 그러므로 지구 생명 공동체의 파괴와 손상은 인간에 대한 파괴와 손상으로 바로 연결된다. 현재 인간들에 의해 벌어지는 지구 환경 및 생태계 파괴는 인간과 지구 생명 시스템 사이의 상관관계에 대한 이해 부족에 기인한 측면이 크다.[16]

---

[16] 장회익, 《삶과 온 생명》(솔, 1998). 이 책에서는 우주 전체적 생명 질서를 온 생명(global life)으로, 국소 생명 질서는 낱 생명(individual life)으로, 타 생명체와 환경 생태계는 보생명(co-life)으로 규정하고, 현재의 생태계 파괴 및 생명 시스템의 붕괴는 환경을 보생명으로 이해하지 못한 것에 기인한다고 설명한다.

하나님께서는 태초에 땅과 바다를 만들어 그 가운데 갖은 채소, 나무, 물고기, 육축들을 창조하셨는데 그 종류는 수백만 종에 이른다. 하나님께서는 자연 생태계를 워낙 견고하고 안전하게 만드셨기 때문에 자연은 모든 생명체 사이에 균형을 유지하며, 스스로 정화하며, 스스로 건강성을 지켜오고 있다. 그러나 인간은 청지기로서의 임무를 망각하고 자연 만물을 인간의 욕심을 만족시키는 먹잇감으로 생각하고 인간의 부를 축적하기 위한 투기 대상으로 삼는 행위를 하기 시작했다. 특히 이런 움직임은 인간의 산업 기술이 고도로 발달하고 자본이 대형화한 1970년대 이후 가속화되고 있다. 그 결과 창조의 질서가 파괴되면서 생물 종의 멸종, 자연 환경의 파괴, 인간의 질병과 고통이 심해지고 있다.

인간은 우주와 지구를 멋대로 소유하고 통치하는 신분이 아니며 하나님을 대신하여 선하게 관리하는 청지기의 신분이다. 올바른 청지기의 삶을 통하여 무너진 창조 질서(하나님과 사람과 자연과의 유기적 관계)의 회복이 이루어질 때까지 현재의 고통과 아픔은 계속해서 우리를 따라다니게 될 것이다. 그러므로 창조 질서의 회복이야말로 현대 사회를 살아가는 우리 인간에게 주어진 중요한 과제이다. 창조 질서의 회복을 통하여 하나님께서 자연과 인간에게 주신 축복을 회복할 수 있다. 특히 그리스도인들은 하나님께서 인간을 창조하신 목적에 맞게 지구 생명 공동체를 살리는 선한 청지기로서의 삶을 적극적으로 살아야 할 것이다. 구체적으로는 모든 식물과 동물 생명체들을 살피고, 건강한 생명성을 유지하게 하고, 자연의 모든 환경들을 지켜나가는 것이 필요하다.

신자유주의적 시장만능주의는 모든 것을 상품화한다. 갖은 종류의 공산품과 농수산물 뿐만 아니라 공기와 물, 지식과 정보, 경치, 시간도 살 수 있다고 한다. 그러나 그렇지 않다. 서로를 향한 배려와 사랑, 자연에 숨쉬는 생명력, 공동체 정신은 돈으로 거래할 수 있는 것이 아니다.

산과 들과 강은 우리의 형제이다

여러분은 돈으로 하늘을 살 수 있다고 생각하는가? 여러분은 비를, 바람을 소유할 수 있다고 생각하는가? 내 어머니가 옛날 내게 이렇게 말씀하신 적이 있다. 이 땅의 한 자락 한 자락 모든 곳이 우리 종족에게는 성스럽다고. 전나무 잎사귀 하나, 물가의 모래알 하나, 검푸른 숲 속에 피어 오르는 모든 안개의 물방울 하나, 초원의 풀 하나, 웅웅거리는 곤충 한 마리는 우리 종족의 가슴속에 성스럽게 살아 있는 것들이라고.

언젠가 내 아버지가 내게 이렇게 말씀하신 적이 있다. 나는 나무들 몸속에 흐르는 수액을 내 혈관을 흐르는 피처럼 잘 알고 있노라고. 우리는 이 땅의 일부이고 이 땅은 우리의 일부라고, 대지 위에 피어나는 꽃들은 우리의 누이들이라고, 곰과 사슴과 독수리는 우리의 형제들이라고. 바위산 꼭대기, 널따란 들판, 그 위를 달리는 말들, 그 모두가 한 가족이라고.

내 조상들의 목소리가 내게 말했다. 반짝이며 흐르는 시냇물은 네 조상의 조상들, 그들의 피가 살아 흐르는 것이라고. 맑디 맑은 호수에 어리어 비치는 살아 있는 영혼의 모습은 우리 종족의 삶에 관한 기억이라고. 강들은 목마를 때 너의 목을 적셔주고, 우리가 탄 카누를 옮겨주고, 우리 자식들을 먹여 키우니 너는 형제에게 대하듯 똑같은 사랑으로 강들을 대해야 한다고.

내 할아버지 목소리가 내게 말했다. 대기는 헤아릴 수 없이 값진 것이라고. 대기가 키워가는 모든 생명마다 대기의 정령이 깃들어 있으니 내게 첫 숨을 쉴 수 있게 해준 대기에 내 마지막 숨을 돌려 주었다고. 들꽃 향기 가득한 바람을 느끼고 맛볼 수 있는 저 땅과 대기를 너는 성스럽게 지켜가야 한다고.

내 조상들은 내게 말했다. 우리는 알고 있지, 이 땅은 우리의 소유가 아니라 우리가 이 땅의 일부란 것을. 우리는 알지, 세상 만물은 우리를 하나로 엮는 핏줄처럼 서로 연결되어 있다는 것을. 우리는 사람이 이 생명의 그물을 엮은 것이 아니라 우리는 그 그물 속에 들어 있는 하나의 그물코일 뿐, 우리가 이 그물을 향해 무슨 일을 하든 그것은 곧바로 우리가 우리 자신에게 행하는 일임을.

　　-1854년 미합중국 대통령에게 보낸 인디안 수쿠아미시족 추장 시애틀의 편지

• **지구 생명 공동체와 함께함**

필자는 직장 업무로 가끔 해외 출장을 다녀온다. 출장지에서는 몇몇 관광 명소를 둘러보기도 한다. 서양에서의 관광의 개념과 우리나라의 관광의 개념은 약간 다른 측면들이 있다. 스위스의 인터

라켄에 가보면 관광지가 사람들이 사는 동네와 어우러져 있다. 사람들이 소를 키우고 우유를 짜는 바로 그 동네에 융프라우 산이 있다. 모텔과 민박집은 모두 나지막하며, 현지 사람들이 사는 집들 사이 이곳저곳에 있다. 언뜻 봐서는 이곳이 세계적인 관광지라는 것을 눈치 채지 못할 정도로 자연스러운 동네의 모습이다.

유럽의 유명한 산과 호수와 폭포 등의 관광지 안으로 들어가면 가게(매점)가 없다. 물과 음식은 각자 준비해야 한다. 미국의 요세미티 국립공원에 가보면 수십 년 전 불이 나서 산등성이가 모두 불탄 구역이 있다. 그런데 공원 측에서는 인위적인 복구를 하지 않고 자연의 힘에 의해 숲이 복원되기를 기다리고 있다고 한다. 큰 나무가 번개를 맞고 사람들이 지나는 통로에 쓰러진 경우도 치우지 않는다. 사람들은 그 위로 넘어 다니는 수고를 감수한다. 공원 내부에 있는 모든 자연은 자연 그대로 있게 하고 손을 대지 않는 것이 원칙이라고 한다.

서양인의 자연에 대한 태도는 자연을 유흥의 대상으로 여기는 것이 아니라 생명력 있는 존재, 인간과 공존하는 존재로 인식하는 측면이 있다. 이것은 아마도 오랜 전통의 기독교 문화와 관련 있을지도 모른다. 반면 우리나라의 경우 관광이라는 개념은 인간 중심의 유흥의 성격이 강한 모습이 있다. 국내의 명산들을 둘러보면 산허리까지 음식점들과 술집들이 들어서 있는 경우가 대부분이다.

사람들이 관광지에 가면 자연을 깊이 들여다보기보다 눈요기 위주로 둘러보는 식이 많은 것 같다. 파리의 볼로뉴 숲을 거닐면서 명상에 잠기기보다는 옆에 있는 에펠탑 꼭대기에 올라가기를 좋아 한다. 며칠 고생해서 도착한 그랜드캐니언에서 기념 사진을 찍은 후 30분 후 버스를 타고 라스베이거스로 이동하여 밤문화를 둘러보는 이런 식이다. 만약 그랜드캐니언의 끝자락에서 며칠 동안 고요히 산책하면서 기도하는 시간을 갖는다면 하나님과 인생에 대해 깊이 생각하는 좋은 시간이 될 텐데 하는 아쉬움이 있다. 사람들이 많이 모이는 곳으로 몰려다니게 되면 자연과 더불어 호흡하는 것은 어려워진다.

필자는 등산을 좋아한다. 도봉산, 수락산, 지리산, 한라산, 설악산의 등산길을 조용히 오르면 여러 가지 깊은 생각을 하게 된다. 하나님이 창조하신 자연은 참으로 웅장하고, 조화롭고, 자연스럽다는 생각이 든다. 설악산 용아장성과 공룡 능선의 웅장함은 하나님의 광대하심을 찬양하게 하며, 천불동과 비선대 계곡을 따라 흩뿌려진 바위들은 수천 년 세월의 흐름을 말해 준다. 한라산 영실의 기암들은 한 폭의 수채화를 보는 것처럼 아름다우며, 어리목 하산길에서 만난 노루의 울음과 산새의 지저귐과 몰려드는 거대한 운무는 하나님이 만드신 자연의 웅장한 오케스트라와도 같다. 1,550m 만세동산 전망대에서 한동안 서 있노라면 하나님 안에서 자연과 내가 하나가 되는 듯한 일체감을 느끼게 된다.

산에는 큰 수목들과 작은 풀들이 조화롭게 공존하고 있으며, 짐승들과 새와 벌레들이 같이 어우러져 생활하고 있다. 사람들이 파괴하지 않는 한 자연은 절대로 파괴되지 않는다. 자연의 질서와 생명력은 매우 견고하다. 자연 스스로가 치유하고 정화하면서 수천 년간 생명력을 이어간다. 자연의 모습은 매우 다양하면서도 아름답다. 거대한 산맥과 같이 지극히 큰 것과 돌멩이 같이 작은 것이 공존하며, 공작과 같이 화려한 새와 비둘기 같은 검소한 새가 어우러져 있다. 사자와 같이 장엄한 동물이 있는가 하면, 거북같이 코믹한 동물도 있다. 사람이 만든 것은 금방 싫증을 느끼지만, 하나님이 창조하신 대자연은 수십 번 다시 가도 신비로움과 장엄함과 자연스러움과 변화하는 생명력을 느끼게 된다.

대자연 속에서 지구 생명 공동체의 구성원들을 만나고 그들과 호흡하고 동행하면서 하나님을 찬양하는 것은 참으로 기쁜 일이다. 산에 올라 수천 년의 세월을 견디어 온 나무와 바위들을 만날 때, 끝자락이 보이지 않는 광대한 바다를 만날 때, 몇 시간이고 그 앞에 앉아서 그들이 들려주는 고요한 이야기를 들을 수 있는 것은 자연과 더불어 살아가는 삶의 가장 큰 매력이다.

현대인의 삶의 모습은 한마디로 'fast life'라고 할 수 있다. 패스트푸드를 즐겨 먹고, 초고속 인터넷을 사용하며, 실시간 통화를 하기 원한다. 레저도 'fast style'이다. 숲과 냇가를 거닐기보다는 대형 놀이공원을 찾는다. 대형 놀이 공원은 fast life의 전형이다. 패스트푸드를 먹으면서 놀이시설 탑승 순서를 기다리는 아이들과 흔들리는 바이킹 위에서 비명을 지르는 사람들은 '많은 비용을 지불하고 빠른 시간 내에 강렬한 쾌감을 얻고자 하는 사람들'이며 놀이시설 운영에 지쳐 가쁜 숨을 몰아쉬는 직원들은 '단위시간당 많은 돈을 벌기 위해 혹독한 노동을 자처한 분들'이다. 돈을 쓰는 사람들이나 돈을 버는 사람들 모두 힘들고 측은해 보인다.

현대를 살아가는 우리들에게 필요한 것은 하나님께서 주신 자연

속에서 누리는 'slow life', 'natural life'로의 회귀이다. 특히 자라나는 아이들은 놀이공원이나 실내 놀이터가 아닌 산과 숲과 바닷가에서 하나님이 창조하신 자연 속에서 뛰놀고, 생각하고, 생명체와 함께하는 삶을 배우게 하는 것이 좋을 것 같다.

- **관성(觀省)**

관광(觀光, sight-seeing)이라는 말이 있다. 유명한 유적지나 자연 경관을 둘러보는 것을 뜻한다. 3박 4일간의 제주도 관광도 있고 7박 8일간의 서유럽 관광도 있다. 관광이라는 단어는 왠지 인간 중심이라는 느낌이 든다. 자연은 대상물이고 인간은 보면서 즐기는 것이다.

인간이 하나님께로부터 부여 받은 임무는 하나님의 뜻에 맞게 지구 생명 공동체를 살리는 선한 청지기로서의 삶을 사는 것이다. 청지기의 특징은 맡은 일과 관련하여 부지런히 살피는 것이다. 구경하며 즐기는 것 이상으로 깊은 관심으로 필요를 살피고 돕고 고치는 일을 해야 한다.

이런 의미에서 관광이라는 말보다, 관성(觀省)이라는 단어를 생각해 보았다. 이는 자연을 보고 살피는 것이다. 자연에 나타난 하나님의 창조 질서를 살피고, 동물과 식물 생명체들의 생명력을 느끼고, 생명체들의 고통이 없는지, 필요가 없는지 살피는 것이다. 관성의 마음으로 여행을 떠나고 뒷산에 오른다면, 하나님과 그의 창조물인 자연 생명체와 깊은 교감을 나눌 수 있을 것이다.

지구 생명 시스템와 어우러지는 삶

• 생활 환경

우리나라에서 주된 주거 형태는 아파트이다. 특히 대도시의 경우 압도적으로 아파트 주거를 선호한다. 아파트를 선호하는 이유는 아파트 가격 상승에 대한 기대감, 우수한 보안성, 관리의 편의성, 이웃과 관계성을 최소화할 수 있는 독립성, 주변 상가가 밀집되어 쇼핑과 외식에 편리한 점 등을 들 수 있겠다.

그런데 아파트라는 거주 형태가 지구 생명 공동체의 측면에서 바람직하지는 않은 것 같다. 아파트에서 생활하는 것을 극단적으로 나쁘게 표현한다면 닭장에서의 생활과 비슷하다는 생각이 든다. 아파트의 가장 큰 문제점은 마당이 없다는 것이다. 나무를 심을 수 없고, 땅의 열기와 습기를 느낄 수 없다. 퇴근 후 아파트 문을 열고 들어가면 자연 환경으로부터 차단되고, 할 수 있는 일은 TV를 보거나 컴퓨터를 켜는 일이다. TV에서 보여주는 대로 보고 생각하는 저녁 시간을 보낸다. 마치 닭이 닭장에 갇혀 모이를 먹는 모습이 연상된다. 극단적인 표현으로 설명하였으나 어쨌든 아파트라는 거주 형태가 자연 친화적이지 않은 것은 분명하다.

반면, 단독 주택은 많은 장점이 있다. 무엇보다 땅을 밟고 살아갈 수 있다. 땅의 온기와 습기를 느끼며 살 수 있다. 인간은 흙으로 만들어진 존재이므로 땅은 인간의 모태와도 같다. 마당에는 나무를 심고 과실을 거둘 수 있다. 꽃을 심고 가꿀 수 있다. 식물 생명체가 살아가고 움직이는 모든 경이로운 모습을 볼 수 있다. 마당이 충분히 넓다면 몇몇 동물들도 키울 수 있다. 또한 이웃을 초대하여 마당에서 함께 차를 마시며 대화할 수도 있다. 아파트보다는 훨씬 자연과 가까워지고 지구 생명 공동체와 교감을 나눌 수 있다.

더 좋은 것은 텃밭이 딸린 전원 주택이다. 작은 규모의 농사를 지을 수 있다. 필자가 어린 시절에 살았던 시골 집에는 텃밭이 있었는데, 많은 종류의 채소를 재배하였다. 옥수수는 담벼락을 따라 길게 늘어서 있었으며, 호박은 담벼락을 타고 거대한 넝쿨을 이루었다. 텃밭에는 보통 고추, 토마토, 배추, 무우 등을 재배하였다. 우리 어머님이 재배하시는 텃밭의 하이라이트는 토종 오이였다. 이것은 어머님이 1950년대부터 한 해도 쉬지 않고 재배하면서 그 종자를 유지해 온 것으로, 가게에서 판매하는 양오이와 맛이 질적으로 달랐다. 우리 텃밭에는 식탁에 오르는 거의 모든 종류의 채소가 있었으며, 우리 논에서는 쌀을 수확하였다.

한편, 두부는 콩을 맷돌에 갈아서 간수를 친 후 두부를 만들어 먹었다. 요즘 가게에서 판매하는 두부와는 달리 우리 집에서 만들었던 것은 상당히 딱딱한 편이며, 콩 특유의 고소한 냄새가 났다. 안방의 윗목에는 콩나물을 키워서 먹었다. 하루에 몇 번씩 바가지로 콩나물에 물을 주곤 하던 생각이 난다. 요즘 가게에서 판매하는 콩나물과는 달리 직접 재배한 콩나물은 상당히 딱딱하고 거칠다(시중의 콩나물은 유연제 등 어떤 약품을 쓰지 않나 의심된다). 이런 식으로 하루 세 끼 식사를 해결하였으므로 가게에서 식료품을 살 일은 거의 없었다. 간혹 꽁치 같은 생선을 살 때 들르는 정도였다.

만약 중규모의 텃밭이 딸린 전원 주택에서 생활한다면 앞에서 소개한 것과 비슷하게 자연과 연합된 삶을 살아갈 수 있다. TV를 보면서 복잡한 세상사를 접하기보다 자연과 호흡하며 하나님의 창조의 섭리를 몸소 체험하는 것은 참으로 값진 일이다. 필자도 여러 가지 여건상 아직도 아파트에서 살고 있으나, 언젠가 밭이 딸린 전원 주택으로 거주지를 옮길 수 있기를 희망하고 있다.

- 음식

현대인에게 생긴 치명적인 질병인 당뇨병, 고혈압, 신장 질환, 소화기 계통의 암 등의 원인은 무엇일까? 여러 가지 원인이 있겠으나 탄수화물과 당분이 많이 포함된 가공식품의 섭취가 늘어난 것이 주요 원인이다. 탄수화물과 당분은 사람이 섭취한 후 체내에서 신속하게 포도당으로 전환된다. 포도당은 신장 및 기타 장기에 해롭기 때문에 포도당의 농도가 일정 수준 올라가면 인체의 췌장에서는 자동적으로 인슐린을 분비하여 포도당을 근육 세포 내로 이동시킨 후 글리코겐 또는 지방산으로 전환시키게 된다.

그런데 이런 과정이 반복될수록 근육 안에서 포도당이 글리코겐으로 전환되는 과정에서 내성이 발생하여 점점 더 많은 양의 인슐린을 필요로 하게 된다. 비만 증상을 보이는 거의 대부분의 사람들은 인슐린 저항성을 가지게 된다. 특히 현대인들이 많이 섭취하는 정제 탄수화물(밥, 빵, 떡, 케이크, 과자류, 라면류 등)은 섭취 후 소장에서 빠르게 흡수되어 혈당 수치를 가파르게 상승시킨다.

반면, 복합 탄수화물은 현미 등 껍질을 벗기지 않은 곡물, 과일,

야채, 견과류 등에 포함되어 있는데, 여기에는 탄수화물뿐만 아니라 여러 가지 다양한 미네랄과 비타민 등의 영양소가 많이 있다. 특히 섬유질이 풍부하여, 장 속에 들어가서 소화되는 과정이 완만하게 이루어져 인체에서 당 수치를 급격하게 상승시키지 않는다.

최근 화두가 되고 있는 것으로 '원시인 식생활'이라는 것이 있다. 정제 탄수화물과 당분의 섭취를 억제하고 채소, 과일, 육류 등 생식품을 섭취하는 것을 말한다. 원시인들은 정제 탄수화물 및 설탕류는 아예 입에 댈 수 없었으며, 들과 산에서 구할 수 있는 수많은 종류의 곡식과 과일과 야채를 통해 풍부한 비타민, 섬유질, 복합 탄수화물을 섭취하였다. 영양소 중에서 섬유질은 현대인들이 하루 20g 정도를 섭취하는 것이 비해, 원시인들은 100g 이상 섭취했을 것으로 예상된다.[17] 1800년대 1인당 연간 섭취하는 설탕의 양은 대략 2kg 정도로 추정되지만, 현대에는 대략 1인당 60kg 이상을 소비하고 있다. 원시인 식생활이란 인간이 발명한 농업 기계를 통해 가공된 정제 탄수화물과 당분 섭취를 줄이고, 하나님이 이 땅에 베풀어 주신 밭과 목장에서 얻어진 음식물을 섭취하여 건강하게 살아가려는 움직임이다.

식품 매장에 가면 중앙부에는 공장에서 생산된 가공식품이 있고, 주변부에는 밭과 들과 바다에서 생산된 신선 식품이 있다. 가공식품은 인간이 가공한 것이고, 신선 식품은 하나님의 능력으로 만들어진 것들이다. 더 맛있게 먹어 보려는 인간의 욕심을 버리고 하나

---

[17] 잭 캘럼,《탄수화물 중독증》(북라인, 2006).

님이 만드신 형태 그대로 음식물을 섭취하는 것이 창조 질서에 부합할 뿐 아니라 개인의 건강에도 더 좋다. 공장에서 생산된 가공식품 중에서 건강 식품이라 할 만한 것은 생수가 유일할 것이다.

• **원시인처럼 살자**

인간은 과학 기술을 발전시켜 전기, 자동차, 비행기, TV, 가공식품 등 편리한 문명의 이기들을 만들고 쾌재를 불렀다. 지상 낙원이 건설되고 모든 인간은 행복하고 만족한 삶을 살 것으로 기대했다. 그러나 결과는 반대로 나타나고 있다. 각종 질병이 더 많아지고, 극심한 스트레스에 시달리고, 불평하고 힘들어 하는 사람들이 많다.

이러한 문제를 해결하려면 원시인의 삶으로 돌아가야 한다. 이것은 원시인처럼 무식하게 살라는 것이 아니라 하나님께서 사람을 창조하신 원리 그대로 살아가야 한다는 의미이다. 앞에서 열거한 것과 같이 자연에서 수확된 신선 식품 중심의 식생활이 필요하다.

또한 전근대 시대와 비교하여 현대인의 가장 큰 문제는 극심한 운동 부족이다. 원시인들은 슈퍼에서 1주일치 식료품을 한꺼번에 쇼핑하거나, 냉장고로 느릿느릿 걸어가는 삶을 살 수 없었으며, 사냥과 농경으로 고된 삶을 영위했다. 그 결과 근육질의 몸매를 유지하였으며 현대인에 비해 칼로리를 3배 정도 많이 사용하여 절대로 비만이 생겨날 수 없었다. 그러나 현대인들은 사무실에 앉아서 컴퓨터로 업무를 본다. 자동차 및 운송 수단의 발달로 사람들은 별로 걷지 않게 되었다. 보통 하루에 몇백 미터 걷는 것이 고작이다. 일상생활에서의 칼로리 소모가 거의 없으므로 배고픔을 모르는 상태에서 다음 끼니를 먹는 일이 반복되면서 온몸에는 지방 덩어리들이 생겨난다. 극심한 운동부족으로 인해 몸의 모든 생체 기능이 활성화되지 못하고 체력과 면역력이 저하되어 있다. 소화계 및 순환계 장기들의 기능이 전반적으로 떨어지며 근육량의 부족으로 당뇨병 등 각종 질병에 시달린다.

원시인같이 살려면 절대적으로 운동을 많이 해야 한다. 우유를 배달 받아 먹는 사람들보다 우유 배달부가 훨씬 더 건강하다. 지리산 등산객보다 산장으로 음식물을 매일 나르는 산지기가 훨씬 더 건강하다. 운동을 위한 인위적인 방법으로 헬스클럽에 다니거나 등산을 하거나 하는 방법이 있다. 더 자연스러운 방법은 앞에서 소개한 단독 주택에서 사는 것이다. 특히 밭이 딸린 전원 주택에서 채소와 나무를 가꾸고 살아가면 자연스럽게 원시인들이 했던 운동을 하게 된다.

또한 TV와 인터넷을 끄고 자연과 호흡하는 시간을 더 확보해야 한다. TV와 인터넷에 있는 수많은 정보들 중에 99%는 내가 몰라도 아무런 지장이 없는 것들이다. 하늘을 쳐다보며, 땅을 밟고, 식물과 동물을 기르며, 등산을 통해 자연에 가까이 다가서는 시간을 더 확보해야 한다. 이럴 때 우리의 몸과 마음이 새롭게 되며 건강한 생명성을 회복하게 된다.

- **생명체의 품위를 지켜주어야 함**

필자의 어린 시절에 집 마당에 닭을 풀어 놓고 키웠던 기억이 있다. 닭은 집안 곳곳의 벌레, 음식 찌꺼기 등을 먹으며 활기 차게 마당을 뛰어놀았다. 어미 닭은 매일 계란을 하나씩 낳았는데, 우리 식구들이 순서대로 돌아가면서 날계란을 얻어 먹었던 기억이 있다. 주의할 점은, 먹고 난 빈 계란껍질은 최대한 원래대로의 모습으로 닭의 처소에 다시 넣어 두어야 한다는 점이다. 그렇지 않고 계란의 흔적을 없애 버리면 닭이 분노하여 다음에 자신이 낳은 알을 깨버리는 행동을 하기 때문이다. 좋은 날이 되면 닭을 잡아 오랜만에 닭고기를 섭취할 수 있게 되는데, 그 닭고기의 맛은 요즘 치킨 집에서 판매하는 것과 달리 색깔이 검고 육질이 질기다.

현대인들이 섭취하는 닭고기, 돼지고기 등은 대부분 좁은 우리에서 길러진 동물들로부터 얻어진 것들이다. 야생에서 길러진 동물의 고기 100g 안에는 단백질 22g, 지방 4g 정도가 들어 있으나, 좁은 공간에서 사육한 동물의 고기 100g 안에는 단백질 16g, 지방 29g 정도가 포함되어 있어 그 맛과 영양적 가치가 전혀 다르다.[18]

또한 좁은 공간에서 사육되는 동물들의 경우, 비위생적인 환경과 극심한 운동 부족으로 인하여 병균에 대한 저항력이 약할 수밖에 없고 이에 대응하기 위하여 사람들은 다량의 항생제를 사료에 투입하게 된다. 과도한 항생제 사용으로 인해 국내에서 유통되는 생닭의 항생제 내성률이 87%에 이르고 있으며, 닭고기에 포함된 항생제는 결국 인간의 몸 안으로 들어와 인체의 항생제 내성을 유발하고 있다.[19] 또한 빠른 시간 동안 동물들을 성장시켜 많은 돈을

---

[18] Ibid.
[19] "닭고기 항생제 내성률 87% 달해", 〈국민일보〉(2009.3.12).

벌려고 하는 인간의 욕심에 의해 사육 사료에 성장 호르몬을 첨가하여 사용하게 되는데, 이는 결국 인간을 포함한 생태계 전체에 큰 위협 요인이 되고 있다.

●●● 몸을 뒤척일 공간도 없는 닭장에서 닭고기를 얻기 위해 사육되는 닭들. 인간이 닭의 품위를 지켜주지 않기 때문에 닭도 인간의 품위를 지켜주지 못한다.

인간이 동물들의 품위를 지켜주지 않고, 비좁은 공간에서 성장 호르몬과 항생제가 뒤범벅된 사료로 동물들을 키워내게 되면, 동물들도 인간들에게 해로운 고기와 부산물을 줌으로써 인간의 삶의 질을 해치게 된다. 닭과 돼지와 소를 학대하지 말고, 훨씬 더 높은 가격을 지불하더라도 품위 있게 자라난 동물의 고기를 섭취해야 한다. 1만 원짜리 닭을 5마리 사 먹는 대신, 품위 있게 자라난 5만 원짜리 닭을 1마리 사 먹는 것을 선택하면 결국 닭의 품위도 높아지고 인간의 삶의 질이 높아져서 모두가 행복할 수 있다. 그리고 단백질의 섭취가 부족하다면 콩과 두부를 통해서 충분히 보충할 수 있다.

생명체의 품위를 지켜주려는 노력은 민간을 중심으로 일부 대두되고 있는데, 그중의 한 가지가 공정 무역(fair-trade) 운동이다. 이는 대형 자본과 선진국 중심의 불균형적 무역을 시정하고 생산자의 건강 및 생태 환경을 보호하자는 취지의 운동이다. 정당한 대가를 지불하고 올바르게 생산된 제품을 얻는다는 것이다. 또 다른 것으로 동물 복지 인증 제도가 있다. 이는 충분한 공간에서 올바른 방법으로 사육된 동물들로부터 얻어진 육류임을 인증하는 마크를 통해 소비자들이 제품 구입에 참고하도록 하는 제도이다. 한편, 항생제나 성장 촉진제를 사용하지 않고 자연의 질서에 순응하여 재배한 친환경 채소, 과일, 곡식들을 섭취하자는 운동도 활발하게 전개되고 있으며, 친환경 생활협동조합 판매장을 통해 해당 농산품이 거래되고 있다.

한편 자연산이라고 해도 반드시 친환경적이지는 않다. 예컨대 대게(snow crab)의 경우 해안에서 수백 킬로미터 떨어진 심해저에서 생활하므로 이것을 잡아올리기 위해서는 선박의 장거리 이동에 따른 많은 유류소비가 발생하며 추위와 거친 파도가 몰아치는 겨울 바다에서 목숨을 건 어부들의 사투가 필요하다.

- **지구 생명 공동체와 어우러지는 교육**

이 시대의 교육 시스템은 여러 가지 측면에서 심각한 문제점을 안고 있으며 가히 망국적인 단계에 와 있다고 할 만하다. 특히 공교육이 무너지고 사교육이 번창함으로 인해 학부모의 허리가 휘고 있으며 이는 저출산율의 중요한 이유이기도 하다(2010년 현재 우리나라의 가구당 평균 출산율은 1.24명으로 세계 186개국 중 184위를 기록하고 있다).

사교육이 번창하는 이유는 무엇일까? 역사적, 문화적, 사회적인 다양한 이유들이 있겠지만 교육 목표가 잘못 설정된 것이 핵심적인 이유라 할 것이다.

예전에 학교에서 널리 사용되었던 국민교육헌장에 의하면, 교육의 목적은 '성실한 마음과 튼튼한 몸으로 타고난 저마다의 소질을 개발하고, 창조의 힘과 개척의 정신을 기르며, 공익과 질서를 앞세우고, 명랑하고 따뜻한 협동정신을 배우는 것'으로 되어 있다. 그러나 넘쳐나는 사교육과 선행 학습을 통해 학부모와 학생들이 얻으려는 것은 특수 목적고, 일류대를 진학하여 다른 사람과의 경쟁에서 이기기 위한 발판을 구축하려는 것으로 보여진다. 인성 교육, 예술과 체육, 급우들과 화합하고 협동하는 것은 뒷전으로 밀려나고 초등학교 때부터 대학 입시를 염두에 둔 입시 중심의 교육이 펼쳐진다.

이러한 교육 파행의 근저에는 신자유주의적 물신주의(物神主義) 패러다임이 자리하고 있다. 사교육의 목적은 일류대에 진학하려는 것이며, 일류대를 진학하려는 목적은 대기업에 취업하기 위함이다. 대기업에 취업하려는 목적은 많은 돈을 벌기 위해서이며, 돈이 필요한 이유는 더 많은 물건을 구입하고 더 많은 쾌락을 얻기 위함이다. 이와 같이 교육의 목적이 그릇될 경우 교육은 반드시 파행으로 이어진다.

교육의 올바른 목적은 자신의 가치를 발견하고 올바로 구현하며, 이웃과 자연을 사랑하고 그 안에서 화합하는 것을 배우는 것이다. 현재의 입시 위주의 교육을 통해서 학생들은 대학 입시에 필요한 지식 경쟁력을 갖출 수는 있으나, 이웃을 배려하며 자연과 화합하는 방법을 배우지 못한다. 특히 하나님의 창조 원리와 지구 생명 공동체와 연계된 교육이 이루어지지 못하고 있다. 그 결과 하나님을 경외하고 사람을 사랑하고 자연을 돌아보는 사람을 양성하는 것이 아니라 자신의 이익만 챙기는 이기적이고 몰상식한 사람들이 양산된다. 밤늦게 퇴근 길에서, 시내 학원가에서 부지런히 학생들을 실어 나르는 학원 버스를 지켜 보노라면 우리의 후속 세대는 무엇을 교육받고 있으며, 우리 사회는 어디를 향해 달려가고 있는가 하는 생각에 깊은 시름에 잠긴다. 현재의 황폐화된 공교육과 만연한 사교육은 오랜 세월이 가도 해결되지 못할 듯하여 더욱 걱정이 크다.

이러한 기존 공교육의 문제를 탈피하기 위해서 자연의 원리에 따라 학생들을 가르치려고 하는 대안 교육이 주목받고 있다. 이는 단순히 기존 질서를 회피하려는 소극적인 움직임이 아니며, 우주와 지구 생명 공동체의 일원으로 바르고 풍성하게 살아가는 법을 교육한다. 기본적으로 수학, 영어 등 이 시대에서 살아가기 위한 필요도 채우면서 지구 생명 공동체를 귀히 여기고 다른 사람을 배려하고 소통하는 법을 배운다. 필자의 생각으로는 이러한 생명 중심의 교육은 매우 가치 있으며 피폐해진 현재의 공교육을 대체할 대안으로 적극 고려해 볼 필요가 있을 것 같다.

강남의 명문 학교와 학원을 통해 교육받은 사람이 대안 학교 교육을 이수한 학생보다 더 나은 인생을 살 것이라는 확신은 들지 않는다. 콘크리트 바닥에서 태어나 자란 사람과 농토에서 벼가 자라는 것을 보면서 자란 사람은 인생의 깊이와 질이 다르듯이, 생명 중심, 하나님 중심의 대안 교육은 개인의 인생 전체의 여정에서 생각할 때 더 가치가 있을수 있다. 대안 학교가 활성화되기를 기대해 본다. 농촌뿐 아니라 도시에서도, 초등학교뿐 아니라 중고등학교와 대학교에 이르기까지 확대되어 하나님을 경외하고 사람을 존중하며 자연을 보살피는 인재들을 양성하면 좋겠다는 바람이다.

무너진 공교육과 대안학교 사이에서 절충적인 해결책이 될 수 있는 것은 '하나님을 사랑하고, 이웃을 돌아보며, 자연을 살피는 교육' 정신을 제대로 실천하는 제도권 사립학교가 세워지는 것이다. 이러한 교육을 뚜렷하게 실천한 몇몇 사례들이 있다. 한동대학교는 대학에서도 학생과 교수가 강한 연합을 이루어낼 수 있고 인성교육, 실무교육, 세계화교육을 동시에 구현할 수 있다는 가능성을 보여주어 한국 사회로부터 큰 주목을 받고 있다. 안산동산고등학교는 '하나님을 경외하고 이웃을 사랑하는 교육'은 학생들의 영성을 견고히 하는 것뿐만 아니라 학업성취도 측면에서도 불리한 교육방법이 아님을 보여주었다.[20]

---

[20] "수능 1등급자 비율 전국 1위, 안산동산고" 조선일보 (2010.04.19), "교사는 사역자, 학생은 성도" 국민일보 (2008.05.09). 안산동산고등학교 (http://www.dsgo.kr)는 하나님을 경외하는 영적 지혜 위에서 참교육을 실천하여 기독교 학교의 새로운 모델을 세워 나가고 있다. 말씀과 기도의 시간으로 하루를 시작하며, 하나님을 사랑하며 이웃을 돌아보는 것을 교육한다. 전국 최고의 학업성취도를 기록하며 전국적 주목을 받고 있으며 매년 스승의 날이 되면 많은 졸업생이 모교를 찾아오는 생명력 있는 학교이다.

교양교과	말과 글	우리 이야기와 생태적 시각으로 창작과 논술 등 글쓰기를 함으로써 자기 표현과 기쁨을 발견하며, 논리적인 사고와 서술, 논제 개발을 할 수 있도록 돕는다.
	수	수와 도형의 기초적인 개념, 원리, 법칙과 이들 사이의 관계를 이해하여 생태계에서 일어나는 여러 가지 문제를 수학적으로 관찰, 분석, 조직, 사고하여 해결한다.
	과학 실험	자연 현상에 대한 흥미와 호기심을 기르고, 과학의 기본 개념을 실험을 통해 이해하며 일상생활의 문제를 생태주의 관점에서 과학적으로 해결하려는 태도를 기른다.
	사회	사회 현상에 대한 지식과 사회과학의 개념 및 원리를 발견하여 인권 존중, 공동체의식, 문제해결 능력을 함양한다. 아울러 문화사와 역사에 대한 이해를 통해 과거의 지혜를 배운다.
	미술	회화, 조소, 행위 미술, 공예, 미술 감상을 통해서 창조적 삶의 자세를 갖고, 문화와 미술의 가치와 관계를 이해한다.
	음악	자신과 주위 소리에 대한 탐색 및 신체 소리와 악기를 사용한 창조적 표현활동, 합동 연주 등 다양한 음악적 활동들을 통해 심신의 조화와 더불어 창조성 및 사회적 책임과 상호 관계성을 배운다.
	몸 살리기	다양한 운동을 통하여 신체 활동의 흥미를 적극적으로 발전시키고, 기초적인 운동 이론을 운동에 적절히 활용하여 몸과 마음의 조화로운 발달을 이룬다.
	외국어	외국어와 외국 문화의 체득으로 외국어 표현 능력을 키우며 다양한 언어와 문화를 이해하고 공유하는 열린 마음을 갖는다.
대안교과	생태 농사	유기물과 자연 광석, 미생물 등을 이용한 생태 농법을 통해 생명의 이치와 순환을 깨닫는다. 먹을거리를 스스로 수확하며, 자생력을 갖고 생태적 삶을 실천한다.
	우주 생태	지구, 별, 인간, 생물, 생태계의 근원과 기원 이야기를 듣고 보고, 관찰하며 우주 걷기, 명상 등을 체험한다. 이를 통해 학생 개개인의 존재와 신비성, 고유성, 획일성을 자각하게 하고 우주 만물의 존재의 역사성과 그 가치를 인식하게 한다. 숲 체험, 자연 놀이, 텃밭 가꾸기, 동물 돌보기 등을 통해 모든 것은 모든 것에 관계되어 있다는 생태 황금률을 실천한다.

대안교과	표현 예술	상상과 경험의 세계를 말과 소리, 빛, 몸짓, 장치를 이용한 극 놀이를 해봄으로써 오감을 키우고 공감과 역동을 경험하여 자신과 타인에 대한 존재 인식을 돕는다.
	다도	차를 달이고 마시는 방식과 예의범절을 익히고, 고요 명상을 통해 몸과 마음의 자기 수양을 하게 한다.
	도예	흙을 빚는 생태적 감수성에서 개인 고유의 상상력과 창의력, 표현력의 예술성을 발휘하게 하고, 흙을 통한 인류 문화의 진화를 배운다.
	점심은 우리 손으로	요리를 해봄으로써 음식 만들기의 즐거움을 알고, 먹을 거리의 중요성을 일깨운다.
	모둠 회의	한 주간의 학교 생활에 대한 느낌과 규칙, 활동 계획 등에 대해 토론하는 시간으로, 상호 의사소통과 대화 능력, 문제 해결능력을 함양하여 사회성, 책임성, 자발성을 기른다.
	사랑 나누기	서로의 만남을 기뻐하고 소중함을 나누는 시간으로, 학생과 학부모, 교사가 학교 생활에 대한 안정감과 건강한 상호 관계를 갖게 한다.
합동교과	산지 여정	봄 가을로 우리가 먹는 식재료의 산지를 찾아 바른 먹을거리에 대한 이해를 익히는 동시에 생태계 순환의 원리를 깨닫는다.
	축제	운동회, 종강식, 학년 진급 등 다양한 행사를 축제화하여 자신들이 익힌 것을 발표하는 동시에 나누는 시간으로, 축제를 통해 공동체 생활의 기쁨을 익힌다.
	동아리	자기 주도적 학습으로 진행되는 동아리 활동은 교지 제작반, 방송반, 밴드부 등 자신의 재능과 취미를 살려 자기 스스로의 능력을 함양하며 이를 통해 학교를 돕는 활동을 한다.
	지역사회 탐방	지역의 역사, 문화 유적지, 전시관, 예술 시설, 생태 지역 등을 방문하여 학습함으로써 우리 지역의 고유성과 소중함을 배운다.

●●● 어느 대안학교의 교육 과정. 대안 교육에서는 지구 생명 공동체와 이웃과 더불어 살아가는 것을 가르친다.[21]

- **텃밭과 뒷동산을 돌아보자**

자연과 어우러지는 삶을 살기 위해서는 나와 자연은 가까이 있어야 한다. 가장 좋은 것은 텃밭을 확보하여 직접 농사를 짓는 것이

---

[21] 산자연학교(http://www.sanschool.org).

다. 그렇지 못하다면 나의 주변에 산과 호수와 들과 밭이 있어 자연 생명 공동체와 함께할 수 있는 곳에서 살아간다면 좋을 것이다. 그것마저도 어렵다면 산과 강으로 자연을 자주 찾고 그 가운데 살아 숨 쉬는 생명체들을 살펴주고 그들과 교감한다면 좋을 것이다.

나의 생활 가까이에 있는 자연과 생명체들을 잘 살펴주어야 한다. 일회성으로 알프스 산에 관광차 다녀오는 것을 통해서는 알프스 산의 생명체들을 지속적으로 보살펴 주기가 힘들다. 알프스의 자연은 스위스인들이 돌보아야 하고 우리 동네의 뒷산은 내가 돌봐주어야 한다. 나의 생활 주변에 있는 자연 환경은 지구 생명 공동체 안에서 나의 가족이요 친구이다. 자연에 숨어 있는 놀라운 하나님의 능력과 섭리는 알프스의 고산들뿐 아니라 도봉산에도, 우리 동네 뒷산에도 살아 숨 쉰다.

현대 사회를 살아가는 사람들은 많은 돈을 벌기 위해 밤낮으로 치열하게 노력하며, 그 돈을 사용하는 과정에서도 피곤한 삶을 살고 있다. 이제는 한 템포 쉬며 생각해 보는 것이 필요하다. 더 많은 돈과 더 많은 물건이 아니라 지구 생명 공동체와 어우러지며 그 안에서 참된 쉼과 안식을 누리는 삶이 필요하다. 하나님의 창조 질서에 맞는 삶을 통해 건강함과 평안을 누려야 한다.

(3) 지구 생명 공동체 살리기

🌏 자연과 환경의 보호

자연과 환경을 지키고 보호하는 것은 앞에서 언급한 바와 같이 하나님께서 사람에게 주신 자연을 다스리는 청지기로서의 기본 임무이다. 또한 하나님께서 완벽하고 아름답게 창조하신 창조의 작품을 지키는 일이다.

- 국가와 사회 차원의 실천 방안

자연환경 및 생활 환경을 보호해야 할 필요성이 더욱 중요해지면서 시민 사회단체를 중심으로 다양한 분야의 환경 운동이 펼쳐지고 있다. 환경운동연합과 녹색연합을 중심으로 에너지 절약 및 대안 에너지 모색, 자연 환경 보존, 야생 동식물 보호, 환경 정책 모니터링, 반핵 운동 등을 활발히 전개하고 있다. 환경정의시민연대의 경우 성장 중심, 자본과 개발 중심이 아닌 지속 가능한 환경 정의를 실천하는데 역점을 두고 노력하고 있다.[22] 정부의 환경 보호 정책 수립 및 실천은 환경부를 중심으로 이루어지고 있다. 환경부에서는 자연 환경 및 생활 환경의 보전과 환경 오염 방지를 위한 모든 정책 수립 및 관리감독을 주관하고 있다.

---

[22] 환경 관련 시민단체의 홈페이지는 환경운동연합(www.kfem.or.kr), 녹색연합 (www.greenkorea.org), 환경정의시민연대 (www.eco.or.kr).

정부와 대기업들도 개발 일변도의 의식 구조로부터 환경과 자연의 보호가 궁극적으로 국가와 기업의 이익에 영향을 미친다는 사실을 자각하기 시작하면서 친환경 정책, 친환경 기업 경영의 사례가 확대되고 있음은 바람직한 현상이다. 향후 전 세계적으로 지속 가능한 성장(sustainable growth)이라는 기준은 계속 확대, 적용될 전망이다.

그런데 정부의 환경 정책 수립 및 관리 감독의 한계점은 여전히 개발 논리에 의한 후퇴가 발생할 위험성이 상존한다는 것이다. 그러므로 환경 관련 시민단체와 개인의 관심과 견제가 지속적으로 필요하다. 대규모의 자연 파괴 및 환경 오염은 주로 기업의 생산 공정에서 발생한다. 제조업체들은 대부분 환경 오염 물질을 배출하며 특히 화학 및 화공 관련 업체, 반도체 업체, 제철소, 발전소 등이 유독한 오염 물질을 배출할 가능성이 크다. 기업의 자발적인 친환경 노력과 아울러 국가, 사회단체의 지속적인 관심이 필요하다.

- **가정과 개인 차원의 실천 방안**

무엇보다 공산품을 덜 사용하는 것이 가장 중요하다. 모든 공산품은 그 생산 과정에서 크고 작은 오염 물질을 배출하며, 이산화탄소 배출을 통해 지구 온난화를 가속화시킨다. 또한 수명을 다한 공산품은 분해되지 않는 쓰레기로 지구를 괴롭히게 된다.

폐기물을 줄여야 한다. 특히 일회용품은 그 사용량이 엄청나며 자연 환경에 큰 부담을 준다. 또한 음식물 쓰레기를 줄여야 한다. 한 해 동안 쓰레기로 버려지는 음식물을 금액으로 환산하면 20조원에 달하며, 이는 우리나라 국방 예산의 2/3 정도의 규모이다. 게다가 음식물 쓰레기를 처리하는 비용도 4,000억 원에 달한다고 한다. 각 가정과 식당에서 음식물을 남기지 않으면 연간 막대한 비용이 절약될 뿐 아니라 음식물 처리과정에서 이차적으로 발생하는 지하수 오염 및 다이옥신 배출 등의 문제를 줄일 수 있다.

●●● 자동차 트렁크나 지갑에 남은 음식물을 담을 수 있는 도구(수납통, 비닐)를 갖고 다니면 음식물 쓰레기의 발생을 크게 줄일 수 있다.

개인과 가정이 실천할 수 있는 또 다른 사례는 폐식용유 및 합성 세제의 사용을 줄이는 것이다. 가정에서 배출하는 생활 하수 중에서 생물학적 산소 요구량(BOD)을 가장 악화시키는 주범은 폐식용유이다. 합성 세제는 방류된 후 수중 플랑크톤의 번식을 방해하고 부영양화 현상을 일으켜 물을 썩게 한다. 일회용 기저귀는 매년 5억 장(3,000톤) 이상 사용되는데, 자연 상태에서 완전 분해되는 데 100년 정도의 시간이 걸린다. 폐기물 분리 수거는 소재별 자원 재활용을 가능케 하여 폐기물에 의한 환경 오염을 결정적으로 막게 된다. 또한 자원 재활용은 자연으로부터 신규로 자원을 획득하는 것에 비해 자원소모가 10~20%에 불과하여 자연의 자원들을 절약하는 획기적인 방법이다.

과도한 육식을 자제하는 것은 지구의 자원을 절약하는 효과적인 방법이다. 세계 식육 생산량은 과거 50년 사이에 5배 이상 급증하였으며, 이는 같은 기간 인구 증가율을 2배 이상 상회하는 것이다. 지난 50년간 1인당 식육 소비량은 17kg에서 38kg으로 두 배 증가하였다. 한편, 같은 기간 콩 생산량은 9배 증가하였는데 이는 가축의 사료로 그 수요가 급증하였기 때문이다. 쇠고기 1kg을 생산하는데 사료가 약 7kg 필요하며, 물은 10만ℓ가 소비된다. 한편 콩 1kg을 생산하는 데는 물 3500ℓ 정도만 있으면 가능하다. 같은 단백질이지만 쇠고기는 콩이나 두부에 비해 수십 배 많은 자원이 소모된다.

절약

지구 생명 공동체를 황폐하게 한 것은 인간의 욕심과 과소비이다. 과소비의 뿌리는 신자유주의 및 지구 자본주의와 맞닿아 있다. 신자유주의적 패러다임은 대규모의 자본으로 가격 경쟁력을 확보하고 더 많은 이윤을 창출하는 방식이다. 예컨대, 자동차 제조업체의 경우 다른 나라보다 더 큰 규모로 생산설비를 구축함으로써 가격 경쟁력을 확보한 후 세계 시장을 점유한다는 식이다. 이러한 규모의 경제를 떠받치려면 활발한 소비가 전제되어야 한다.

흔히 정부와 매스컴에서 소비자들이 지갑을 열어서 소비를 진작시켜야 경제가 활성화된다는 논리를 편다. 경제학적 관점이 아닌 지구 생명 공동체 관점에서 이런 주장은 타당해 보이지 않는다. 지구의 자원이 한정되어 있고, 지구 환경이 견딜 수 있는 개발 한계가 있는 것인데 어떻게 소비가 미덕이 될 수 있단 말인가? 소비 진작을 통한 경제 활성화라고 하는 것은 국가, 기업 또는 개인 투자 주체들이 남들보다 더 많은 경제적 이익을 빠른 시간 내에 가져가려는 전략으로 보인다. 지구 환경 보전을 위해서는 무조건적으로 자원을 아껴야 하며, 모든 삶의 영역에서 절약해야 한다. 불필요한 소비를 하지 말아야 하며, 한번 구입한 물건은 오래 사용해야 한다.

- **자원 절약**

공산품 구입을 최대한 줄이고 구입한 물품은 아껴 써야 한다. '아나바다'(아껴 쓰고, 나눠 쓰고, 바꿔 쓰고, 다시 쓰는 것)의 개념을 실천하면 자원 소비를 현저히 줄일 수 있으며, 환경은 획기적으로 보존된다.

4대 중요 소비재(주택, 자동차, 냉장고, TV)의 크기를 줄여야 한다. 주택의 규모가 커질수록 건축 자재가 많이 사용되며, 냉난방 에너지가 많이 들게 된다. 또한 TV를 비롯한 모든 가전제품도 덩달아 커지게 된다. 우리나라의 아파트 크기는 보통 30~40평 정도이다. 필자는 대학원 재학 시절 신림동 고시촌의 1.5평 방에서 몇 년간 생활한 적이 있다. 작은 책상 하나가 있고 나머지 면적에 누우면 좌우로 뒤척일 공간도 없는 정도의 넓이에서 생활했다. 처음에는 이 생활이 불편하지만 몇 달이 지나면 점차 적응하여 즐겁게 생활하게 된다. 홍콩에서는 대부분의 아파트 창 밖으로 빨래가 널려 있는데, 이는 실내가 매우 좁아 빨래를 널 공간이 부족하기 때문이다. 보통

7~8평 규모이다. 일본의 경우도 우리나라에 비해 아파트 면적이 평균적으로 좁은 편이다. 우리나라 주택의 크기를 좀더 줄여 나가면 어떨까 하는 생각이 든다.

대형 자동차 역시 제조 과정에서 많은 자원이 소비되며 운행 중에도 많은 연료를 사용한다. 냉장고와 TV 역시 과소비 문화를 부추기는 주범들이다.

- **에너지 절약**

무엇보다 가전제품의 용량을 줄여야 한다. 특히 냉장고와 TV가 지난 10여 년 동안 매우 커졌다. 냉장고의 용량은 1980년대의 경우 100~200ℓ급을 사용하는 가정이 많았으나 지금은 800ℓ급 이상으로 올라가서 월 평균 40kWh 정도의 전력을 소비한다. TV의 경우 1980년대의 경우 14~19인치급이 주를 이루었으나, 최근에는 40~60인치급이 일반적으로 보급되고 있다. 19인치급 TV의 경우 소비 전력이 80W 정도이지만, 50인치급 LCD TV의 경우 약 300W 정도로서 4배 정도의 전력을 시간당 더 소비한다. 스탠드형 에어컨은 전력 먹는 하마의 최고봉으로 2~3kW의 전력을 시간당 소모한다.

현재 우리나라의 최대 전력수요는 70,000MW 정도이며, 1인당 연간 전력 소비량은 8,000kWh 정도이다. 이러한 전력 사용 규모는 1980년 대비 10배 정도로 증가한 것이다. 산업 생산 확대에 의한 산업 전력의 확대와 대형 가전제품으로 무장한 각 가정이 전력 수요 증가의 주요 원인이다. 위험스러운 원자력 발전소를 어쩔 수 없이 운영하는 이유는 폭발적으로 늘어나는 전력 수요를 수력, 화력 발전으로 도저히 감당할 수 없기 때문이다. 핵 연료 역시 확인된 매장량이 100년 미만이므로 현재 인류가 에너지를 소비하는 추세는 자연이 도저히 감당할 수 없는 상태에 이르렀다.

2011년 초 일본 후쿠시마 원전이 폭발하는 대사고가 발생하여 대량의 방사능이 대기와 해수로 누출되었다. 이 사고를 일으킨 원인 제공자는 누구인가? 일차적으로는 원전 시설을 제대로 관리하지 못한 해당 전력사와 일본 정부에 있다. 궁극적으로는 더 큰 전자 제품, 더 큰 주택을 원했던 사람들의 욕심이 근본 원인이라 볼 수도 있다. 우리나라의 경우도 전력 수요가 워낙 폭발적으로 증가하고 있어 현재 30% 정도인 원자력 발전의 비중은 2020년 이후 45% 이상으로 확대될 전망이다 [23]. 우리나라에도 언제가 원전 사고로 인한 대형 참사가 발생할지 모르는 일이다. 전력의 과소비는 원가 이하로 낮게 책정된 전기 요금에도 그 원인이 있다. 다분히 정치적인 이유로 전기 요금이 현실화되지 못하고 있으며, 이로 인해 전기를 더 많이 소비하는 부유층들이 더 많은 혜택을 누리는 역설적 상황이 발생하고 있다(원가에 못 미치는 전기 요금의 부족분은 국민들이 낸 세금으로 보전되고 있다).

자동차는 에너지 낭비와 대기 오염을 초래하는 주범이다. 서울시의 경우 대기 오염의 80% 이상이 자동차 배기가스에 의해 발생된다. 현재 국내에 등록된 자동차 대수는 1,800만 대에 달한다. 매년 에너지 수입에 소요되는 비용은 1,500억 달러 정도이다. 자동차

---

[23] 지식경제부, 제5차 전력수급 기본 계획(2010).

는 운행 중에 이산화탄소를 배출하여 지구 온난화를 가속화시킨다. 자동차 한 대가 1km를 주행할 때 평균적으로 190g 정도의 이산화탄소를 배출한다. 큰 플라타너스 나무 한 그루가 하루에 흡수할 수 있는 이산화탄소는 약 3.5kg 이다. 자동차가 18km 정도를 주행하면 플라타너스 나무 한 그루가 하루에 처리할 수 있는 이산화탄소의 한계치에 도달하게 된다.

항공기는 승용차보다 더 많은 이산화탄소를 방출한다. 비행기가 운항하는 중에 대기로 방출하는 이산화탄소의 양을 승객 1인당 나누었을 때 승용차의 약 2배에 달한다. 항공기는 에너지 소비 측면에서도 타의 추종을 불허한다. 보잉 747-400 여객기의 경우 인천에서 뉴욕까지 운항하려면 항공유를 200ℓ짜리 드럼으로 약 1,000개, 약 20만ℓ를 소모하게 되는데, 이는 약 3,000대의 중형차 연료 탱크를 채울 수 있는 양이다. 인천에서 뉴욕까지의 편도 비행에 약 1억 원어치의 항공유가 소비된다.

현재 우리나라의 해외 출국자 수는 연간 1,000만 명 정도이다. 이중에 순수 관광 여행 및 관광성 공무 여행 등을 모두 합하면 아마도 70~80% 이상일 듯하다. 물론 세계를 배우기 위한 해외여행도 필요하지만, 항공기 이용을 줄여나가는 노력을 한다면 지구 에너지를 절약하고 지구 온난화를 늦추는 데 큰 도움이 된다.

아깝지 않은 것과 아까운 것

교통 범칙금을 내게 되거나, 연말정산에서 실수를 하여 세금 환급을 덜 받게 되면 내가 큰 손해를 본 듯한 느낌을 받게 된다.

그러나 이것이 글로벌 스케일에서의 손실은 아니다.(돈이 내 주머니에 있는가, 다른 사람들 주머니에 있는가 하는 차이에 불과하다).

그런데 내가 연비가 나쁜 대형 차를 운전함으로써 낭비하는 휘발유는 글로벌 스케일에서의 분명한 손실이다(내가 낭비한 기름이 다른 사람의 차에 들어가는 것이 아니므로). 음식점에서 음식 쓰레기를 남겨서 버리는 것 역시 글로벌 스케일에서의 명확한 손실이다. 이처럼 글로벌 스케일에서 생각해 보면 무엇을 아껴야 하고, 무엇은 아끼지 않아도 될지가 구분된다.

다음 세대를 위한 배려

많은 돈을 모은 자산가들 중에 남은 생애 동안 세계 곳곳을 돌아다니면서 돈을 쓰고 이 세상을 떠나겠다는 사람도 간혹 있다. 이것은 개인적 소비의 자유에 관한 것으로 위법한 것은 아니지만 후세대를 위한 배려는 아니다. 왜냐하면 후세대가 사용해야 할 자원을 미리 고갈시키기 때문이다.

현세대가 많은 에너지를 소비하고 대기와 물을 오염시켜 둔다면 그것은 후세대의 엄청난 위협과 불편 요소로 작용할 것이다. 바로 우리의 자녀들, 손자들이 그 피해를 당하게 된다. 특히 광물과 화석연료와 같은 재생산이 불가능한 자원들은 창조로부터 지구 생명 공동체에 존재하였고, 존재하고, 존재할 생명체들의 재산이다. 대략적으로 1970년대 이후 지구 자원의 남용이 빠르게 가속화되고 있다. 대략 50~100년 후면 석유, 천연가스, 구리, 알루미늄 등 주요 에너지 자원과 광물 자원이 고갈될 것으로 예상된다.

현대 신자유주의적 패러다임과 자유 무역 질서의 큰 맹점은 지구 생명 공동체를 건강하게 유지시키고 후세대에 물려줄 수 있는 시스템적 장치가 없다는 것이다. 예컨대, 자동차 배기가스는 지구 대기를 엄청나게 오염시켜 후세대의 건강을 위협하고 있는데, 이것이 유류 비용에 포함되지 않고 있다. 거대 자본은 지구를 무차별적으로 개발하여 이익을 거둬들이고 있는데 생태계 파괴로 인한 생명 공동체의 손상에 대해서는 비용을 지불하지 않고 있다. '공짜 점심은 없다'라는 말처럼, 어느 누군가는 이 비용을 지불해야 하는데 그 주체는 결국 다음 세대가 될 것이다. 늦었지만 지금부터라도 다음 세대를 위한 배려가 필요하다. 우리의 자녀들과 다음 세대가 하나님께서 창조하신 아름다운 자연에서 풍성한 삶을 살 수 있도록 해야 한다.

●●● 지구 환경을 보호하고 자원을 아껴 사용하는 것은 우리의 자녀들과 다음 세대를 위한 가장 소중한 배려이다.

6. 지구 생명 공동체의 청지기

성장(growth)과 발전(development)

전 지구적으로 벌어지는 무분별한 개발로 인한 환경 오염과 자원 고갈 등의 문제에 대응하기 위해 '지속 가능한 성장'(sustainable growth)이 중요한 화두가 되고 있다. 이는 미래 세대가 필요로 하는 환경과 자원을 최대한 보장하는 성장 정책을 의미한다. 그러나 지속 가능한 성장이란 모순적 표현이다. 성장은 반드시 멈추어야 하며 절대로 지속 가능하지 않다.

사람의 키는 170~180cm 정도가 되면 그 성장이 멈추어져야 하며, 200cm 또는 300cm로 끊임없이 성장할 수는 없다. 경제 성장, 우리의 소득과 소비 등도 일정 수준이 되면 멈추어야 한다. 경제 규모와 소득이 끊임없이 성장하면서 지구 환경과 자원을 보호할 수는 없다. '녹색 성장'(green growth)이라는 용어 역시 실현 불가능한 모순 개념이다.

지속 가능한 성장이 아니라 '지속 가능한 발전'(sustainable development)이라는 패러다임이 필요하다.

'발전'이란 양적 팽창이 아닌 질적 향상을 의미한다. 국가 GDP가 늘어나는 것이 반드시 발전을 의미하는 것은 아니다. 벌채로 인해 산림이 사라지고, 고갈 위기에 처한 지구 부족자원을 캐내서 판매할 때도 GDP는 올라간다. 누군가가 암선고를 받거나 교도소 수감자가 늘어나도 국가 GDP는 증가한다. 친환경적 산업생산, 생태 친화적 삶의 방식, 더불어 살아가는 사회 시스템 구축을 통하여 성장과 소비를 줄이면서도 국가와 개인의 삶을 더 풍요롭게 할 수 있다.

| 맺음말 |

　이 책은 생명에 관한 이야기를 담고 있습니다. 우주 안에 형성되어 있는 거대한 생명 시스템, 자연계에 존재하는 동물과 식물들에 있는 생명력의 견고함, 영적 거듭남과 생명력 있는 삶, 지구 생명 공동체의 생명 살리기 등에 관한 필자의 생각을 나누었습니다.

　현대사회는 더 많은 편리함과 쾌락을 얻기 위해 무한 질주하는 폭주 기관차와도 같습니다. 하늘을 쳐다볼 여유도 없이, 한 걸음이라도 더 빨리 달리기 위해 갖은 도구를 활용하면서 하루하루를 생활합니다. 그 결과 우리는 첨단 스마트폰, 고급 자동차, 대형 TV, 유비쿼터스 정보 네트워크를 소유하게 되었으나 그다지 행복한 것 같지는 않습니다.

　의식주의 기본적 문제들이 해결되었고 물질적으로 풍요함에도 불구하고 왜 행복한 삶을 살지 못하는 것일까요? 현대 사회의 황폐함과 그 속에서 살아가는 사람들의 고통은 인간이 하나님의 창조의 원리와 하나님께서 보여주신 삶의 원리에서 벗어나 역주행하고 있는 것에 그 원인이 있다고 생각됩니다. 하나님께서 창조하신 아름다운 자연을 파괴하고, 이웃을 돌아보지 않고, 나의 이익과 나의 쾌락을 얻기 위해 모든 수단과 방법을 가리지 않는 현대사회의 모습은 결코 지속가능한 방식이 아닐 뿐 아니라, 결국 각자에게 행복과 만족을 가져다주지 못하게 됩니다.

　필요 이상으로 더 많은 것을 소유하고 누리려는 인간의 욕심과

어느 과학자의
생명 이야기

방종으로 인해 자연과 지구 생명 시스템은 크게 훼손되었으며 그 폐해는 무섭게 인간들에게 돌아오고 있습니다. 인간의 필요(need)에 의한 소비가 아닌, 탐욕(greed)에 의한 소비가 이루어지는 것이 문제의 핵심입니다. 특히, 신자유주의적 무한 경쟁 구도와 자유무역을 기초로 한 생태계 질서의 부정 등은 지구 생명 공동체를 위협하는 가장 치명적 위협 요인입니다. 이러한 지구 생명 시스템의 손상과 고통을 해결하는 것은 인간의 과학기술이나 법과 제도의 정비로 가능한 것이 아니며 창조 질서의 회복을 통하여 가능합니다. 인간 중심, 물질 중심의 사고를 생명 중심의 사고로 전환하여야 합니다. 특히 그리스도인들이 하나님께서 인간을 창조하신 목적에 맞게 지구 생명 공동체를 살리는 선한 청지기로서의 삶을 적극적으로 살아간다면 사람과 자연의 생명성 회복에 큰 역할을 할 수 있을 것입니다.

　어떤 삶을 살면 행복해질 수 있을까요? 수백 억 원의 재산이 있어 배불리 먹고 크루즈선을 타고 세계를 유람하면 행복할 수 있을까요? 과학자로서 <사이언스> 같은 세계적 학술지에 논문을 등재하면 행복해질 수 있을까요? 강철 같은 체력과 건강을 유지하면 행복할 수 있을까요? 하나님의 영성을 따라 지음 받은 사람이 행복하게 되는 것은 결코 물질의 풍족함에 있지 않습니다. 하나님께서 인간을 창조하신 목적에 맞게 살아갈 때 참된 행복과 만족이 있다고

| 맺음말 |

생각됩니다. 이웃을 돌아보며, 사랑과 선행을 베풀며, 좌절하여 넘어져 있는 사람을 붙들어 일으키며, 지구 생명 공동체를 살려나가는 인생이 진정 행복하고 축복된 삶이라고 굳게 믿습니다.

세월이 흐르면 나의 몸은 하나님의 정하신 바대로 쇠잔하게 되어 결국 생명이 마치는 날이 오게 되어 있습니다. 하나님께서 나의 호흡을 허락하신 날 동안, 나의 귀한 생명을 누리며 또한 다른 생명을 살리는 일에 동참하는 인생을 살아가고 싶습니다. 다시 오실 주님 앞에 섰을 때 "잘 하였다 착하고 충성된 종아"라는 칭찬을 들을 수 있는 인생을 살아가도록 소망하며 이를 위해 하나님 앞에 무릎 꿇고 기도하게 됩니다.

"보라 내가 속히 오리니 내가 줄 상이 내게 있어 각 사람에게 그가 행한 대로 갚아 주리라……이것들을 증언하신 이가 이르시되 내가 진실로 속히 오리라 하시거늘 아멘 주 예수여 오시옵소서 주 예수의 은혜가 모든 자들에게 있을지어다 아멘"(계 22:12, 20-21)

이 책을 집필하게 된 것은 2011년에 진행되었던 교회 성경 공부(주제: "생명을 살리는 교회")가 계기가 되었습니다. 매주 금요일마다 밤이 늦도록 생명 살리기에 관한 열띤 토론을 했던 기억이 생생합니다. 삶을 통해, 묵상을 통해 많은 가르침을 주셨던 유태방 목자님

어느 **과학자**의
생명이야기

과 소그룹 식구들께 감사드립니다. 생명을 살리는 사역을 헌신적으로 실천하셔서 삶의 귀한 본을 늘 보여주시는 이명동 목사님께 감사드립니다. 하나님을 사랑하며, 아름다운 공동체를 이루어 서로 섬기며, 이웃을 깊이 돌아보는 의선교회 모든 성도님들께 깊이 감사드립니다.

2012. 5. 15.

박 재 환

판 권
소 유

어느 과학자의 생명 이야기

2012년 5월 10일 인쇄
2012년 5월 15일 발행

지은이 | 박재환
발행인 | 이형규
발행처 | 쿰란출판사

주소 | 서울 종로구 이화동 184-3
TEL | 02-745-1007, 745-1301~2, 747-1212, 743-1300
영업부 | 02-747-1004, FAX / 02-745-8490
본사평생전화번호 | 0502-756-1004
홈페이지 | http://www.qumran.co.kr
E-mail | qumran@hitel.net
　　　　　　qumran@paran.com
한글인터넷주소 | 쿰란, 쿰란출판사

등록 | 제1-670호(1988.2.27)

책임교열 | 김숙희 · 동경익

값 12,000원

ISBN 978-89-6562-303-8 03230

＊ 이 출판물은 저작권법에 의해 보호를 받는 저작물이므로 무단 복제할 수 없습니다.
　 잘못된 책은 교환해 드립니다.